J. Lee Grady

Sígueme

Editorial DESAFÍO

Este es el libro más impactante escrito por Lee Grady. Ha sido emocionante ver a Lee convertirse en un completo hacedor de discípulos, como Jesús. *Sígueme* no trata de la teoría, sino de un estilo de vida. El viaje de Lee es real, práctico, con un corazón entregado, un buen tiempo invertido en él, y las emociones expuestas. Este libro examina cómo reproducir la vida de Cristo en otros. Nunca más te preguntarás: "¿Debo hacer discípulos?". Te reto a leer y luego a vivir este libro. Cambia radicalmente el rumbo para la Iglesia global.

—NAOMI DOWDY
EX-PASTOR PRINCIPAL, LIDER APOSTÓLICO,
TRINITY CHRISTIAN CENTRE
SINGAPUR

Este libro es un regalo para la generación actual. Representa el trabajo de la vida de un hombre de Dios que ha derramado su vida amorosa, desinteresada y genuinamente en muchos otros, incluido yo. Las experiencias y la sabiduría de Lee descritas en *Sígueme,* encenderán en ti una pasión contagiosa por cumplir la Gran Comisión. El libro de Lee también te dará herramientas prácticas para preparar a otros a fin de que hagan lo mismo. Creo que este libro será utilizado en todo el mundo como un modelo saludable de cómo multiplicar un nuevo movimiento de discipulado.

—JOSH LINDQUIST
EVANGELISTA, GLOBAL REVIVAL HARVEST
ST. PAUL, MINNESOTA

Conozco a Lee Grady desde hace varios años, y sé que todo lo que ha escrito en este libro es un estilo de vida para él. Su discipulado y tutoría han impactado a muchos, incluyéndome a mí, hasta una isla lejana en Asia. Si has permanecido estancado espiritualmente en el mismo lugar por muchos años, o si has tenido dificultades para influir en otros por Cristo, este libro es para ti. *Sígueme* te ayudará a cambiar tu manera de relacionarte, y tendrá un impacto espiritual en tu vida que no puedes imaginar.

—DINESH MICHEL
PRESIDENTE, HISTORY MAKER GENERATION
COLOMBO, SRI LANKA

Hoy más que nunca necesitamos obreros para la cosecha del tiempo final. Lee Grady nos recuerda en este libro la importancia de hacer discípulos a la manera de Jesús. Nos embarca en un viaje por sus propias experiencias y a través de la historia bíblica, proporcionando ejemplos de muchos grandes hombres y mujeres que se convirtieron en seguidores de Jesús y luego levantaron a otros discípulos que cambiaron la historia. Lee deja una cosa en claro: la evangelización masiva no es efectiva a menos que exista también un discipulado masivo. Los verdaderos discípulos se hacen a través de relaciones profundas, con aquellos que Dios te ha confiado, edificadas a base de sacrificio y dedicación. Este oportuno libro es una gran herramienta para equipar a líderes que quieren ser efectivos en el cumplimiento de la Gran Comisión.

—NATASHA SCHEDRIVAYA
EVANGELISTA, VILLAGE GOSPEL HARVEST
MOSCÚ, RUSIA

Desde que conocí a Lee Grady, fue fácil advertir que su vida entera se centra en el discipulado. Lee es un hombre cabal. No se limita a hablar; él hace lo que dice. Y tú lo comprobarás porque eso brota de cada página de este libro, a medida que devoras una historia tras otra de su pasión. La Iglesia necesita volver al mandato central de nuestro Señor Jesús, que es el discipulado. Este debe ser el trabajo principal de la Iglesia.

—REV. YANG TUCK YOONG
PASTOR PRINCIPAL, CORNERSTONE COMMUNITY
CHURCH SINGAPUR

No puedo pensar en nadie más calificado para escribir un libro sobre el discipulado que Lee Grady. Donde quiera que vaya, los jóvenes recorren cientos de kilómetros para estar cerca de su mentor de confianza. También es una figura de Pablo en mi vida, como lo es para cientos de personas alrededor del mundo. Lee cree en el discipulado, ha dedicado su vida a ello, y este libro es un resultado de ese compromiso. No te limites a leer la información; capta el corazón detrás del mensaje. ¡Ve y haz discípulos!

—DANIEL WEEKS
PASTOR PRINCIPAL, BETHE CHURCH
GOLDSBORO, CAROLINA DEL NORTE

Como alguien que ha sido llamado a predicar el evangelio a terroristas en zonas de conflicto, a menudo con gran riesgo para mi seguridad personal, me he beneficiado enormemente del enfoque práctico del discipulado de Lee a lo largo de los diecisiete años que hemos mantenido una estrecha amistad. Hemos ministrado juntos en África, Europa, y Norteamérica. Muchos cristianos tienen dificultades para comunicar el evangelio a los demás. La mayoría de los creyentes no están seguros de cómo compartir el amor de Jesús o cómo ayudar a las personas a crecer en la fe cristiana. Este importante libro cambiará tu forma de seguir a Jesús al proporcionarte pasos prácticos para comunicar el amor de Dios y ayudar a los creyentes a prosperar y crecer espiritualmente. Recomiendo ampliamente este libro transformador, escrito por un experimentado hombre de Dios que practica sistemáticamente lo que predica.

—REV. KELECHI OKENGWU
EVANGELISTA
UMUAHIA (ESTADO DE ABIA), NIGERIA

Me he beneficiado mucho de las visitas de Lee Grady a Singapur, donde he pastoreado una congregación indonesia durante diez años. He observado la forma en que invierte con sacrificio en los demás como hacedor de discípulos. Y aprendí una importante lección de Lee cuando lavó los pies de la gente mientras predicaba aquí. Comencé a hacer con arrojo lo mismo yo también. Este libro te mostrará el poder del liderazgo de servicio.

—PETER SAM PASTOR, CORNERSTONE BAHASA
INDONESIA FELLOWSHIP
SINGAPUR

Puedes pensar que has elegido un libro para leer, pero tienes mucho más que eso en *Sígueme*. En esta obra tienes una ventana a la vida y ministerio de mi amigo Lee Grady. Él ha vivido su mensaje primero y lo ha escrito después. ¡Oro que seas animado, bendecido y agraciado por Dios para vivir una vida de discipulado relacional!

—CHRIS FRIEND
LÍDER NACIONAL, IPHC MINISTRIES
PERTH, AUSTRALIA

Lee Grady se ha propuesto a conciencia como misión seguir a Jesús mientras invita a otros a seguir sus pasos con verdadera intencionalidad. Lee se ha negado a hacer la obra del reino de Dios solo. No está tratando de ser una superestrella en la Iglesia; busca mostrar un modelo de verdadero servicio. Incluso antes de que se escribiera este libro, yo era un fruto maduro de este mensaje porque el compromiso de Lee con el discipulado me ha impactado personalmente.

—ANTIONE ASHLEY
PASTOR PRINCIPAL, ARISE CHURCH
DELAND, FLORIDA

He esperado un libro como *Sígueme* por veinte años. Pero más importante aún, esperé muchos años para que el Señor me enviara un mentor como Lee Grady, porque necesitaba discipulado como líder. Necesitaba un lugar seguro para ser vulnerable; necesitaba un amigo que no me juzgara ni me rechazara por mis debilidades. Sé que Lee es solo un hombre, pero es un hombre entregado que se pone a disposición para invertir en otros. El corazón de Lee sangra por el discipulado relacional porque quiere ver a hombres y mujeres sanados, fortalecidos, y maduros para que puedan hacer más discípulos.

—MICHAEL CORETTI
PASTOR PRINCIPAL, EVANGEL PENTECOSTAL CHURCH
BRANTFORD, ONTARIO

Lee Grady no solo escribe ideas poderosas en este libro, sino que vive este mensaje. Mi estilo de liderazgo y mi mentalidad han cambiado como resultado del mensaje de vida que Lee transmite tan bien. Recomiendo categóricamente *Sígueme* a cualquier creyente que quiera madurar. Este libro me ha ayudado, y sé que ayudará a todo aquel que quiera convertirse en un hacedor de discípulos relacional e intencional.

—MEESH FOMENKO
EVANGELISTA, BE MOVED
VENTURA, CALIFORNIA

Sígueme es un libro relevante para la iglesia del siglo XXI. Creo que debería estar en la biblioteca de cada líder. Lee ha escrito un libro ameno, práctico e inspirador que nos retrotrae a la Gran Comisión tal y como se llevó a cabo en el Libro de Hechos. El contraste entre el llamado de Jesús a hacer discípulos de todas las naciones y el modelo de Iglesia actual queda en evidencia. Doy gracias a Dios por la humildad de Lee Grady, por su énfasis en las relaciones y por vivir lo que predica.

—FIONA DES FONTAINE
EX-PASTOR PRINCIPAL, HIS CHURCH
DURBAN, SUDÁFRICA

Lee Grady es un humilde maestro de la Biblia cuyos libros y mensajes han impactado a personas de todo el mundo. Su vida y enseñanzas dicen mucho acerca de su carácter y su pasión por Cristo. *Sígueme* llevará a las personas a través de un importante proceso: pasarán de ser *fanáticos de Jesús* a verdaderos *seguidores de Jesús,* y luego a convertirse en verdaderos influencers. Este libro llevará tu andar diario con el Señor a un nivel completamente nuevo.

—RATNA KUMAR SAJJA
PASTOR PRINCIPAL, MESSIAH FELLOWSHIP CHURCH
VIJAYAWADA, INDIA

Está repleto de gemas de la verdad. Es una lectura obligada para todo cristiano, en especial para aquellos llamados a expandir su influencia. Las enseñanzas de Lee sobre el discipulado y la tutoría efectiva no son solo temas de un libro de texto. Es un hombre que recorre el camino e imparte de la riqueza de su conocimiento y experiencia. Este libro es un manual súper rico que vale la pena compartir con todas las Iglesias.

—HAZEIL MIÑOZA PASTOR, PLANTADOR DE IGLESIAS
CORNERSTONE COMMUNITY CHURCH
SINGAPUR

Si estás buscando producir un impacto que cambie la vida de las personas a través del discipulado relacional, este es el libro que debes estudiar. *Sígueme* está lleno de historias que levantan la fe, revelaciones frescas, y pasos que te capacitarán a fin de convertirte en un hacedor de discípulos eficaz. A lo largo de los años, he observado a Lee no solo enseñar apasionadamente sobre este tema, sino, lo que es más importante, vivirlo a diario. Te beneficiarás con este importante libro, al igual que todas las personas en las que influyas.

—PAUL HANFERE
PASTOR, OVERFLOW CITY CHURCH
SILVER SPRING, MARYLAND

A los hombres y mujeres de los que he sido mentor a lo largo de los años.

Os llevo siempre en mi corazón.

Doy gracias a mi Dios en cada recuerdo de vosotros, ofreciendo siempre la oración con alegría en cada una de mis oraciones por todos vosotros.

—Filipenses 1:3–4

Contenido

Nota del Autor

El símbolo Ichthus

A LO LARGO DE ESTE LIBRO observarás un símbolo que fue utilizado por los primeros cristianos durante la época del imperio romano. Lo llamamos el símbolo *ichthus* o *ichthys* porque se basa en la palabra griega para *pez*, que en el griego se escribe ἰχθύς[1] (también ΙΧΟΥΣ). Este símbolo del pez, compuesto por dos arcos simples, recordaba a los creyentes que Jesús llamó a sus discípulos a "ser pescadores de hombres" (Marcos 1:17).

Pero el ichthus tiene un significado mucho más profundo. En realidad era una herramienta mnemotécnica utilizada para enseñar el mensaje del evangelio. Cuando se deletreaba, las letras de la palabra *pez* formaban un acróstico: ἰ (iota) significa "Jesús", χ (chi) significa "Cristo", θ (theta) significa "Dios", ὐ (upsilon) significa "Hijo"; y ς (sigma) significa "Salvador".[2]

Los cristianos de los siglos I, II, y III d.C. ponían este símbolo en puertas, tumbas y lugares de reunión para recordar a la gente que adoraban a Jesucristo, el Hijo de Dios y Salvador del mundo. Si un cristiano en aquellos tiempos difíciles se encontraba con un extraño en el camino, podía garabatear uno de los arcos en la arena o en una roca, y la otra persona —si era cristiana— completaba el dibujo para demostrar que él (o ella) también era un seguidor de Jesús.[3]

El ichthus es un triste recordatorio del precio que pagaron los primeros cristianos para seguir al Mesías en una cultura hostil. También es un poderoso símbolo del discipulado. Desde el día en que Jesús invitó a sus discípulos a convertirse en pescadores de hombres, millones de personas han "dejado sus redes" (Mateo 4:20) para seguir al Salvador, y tras ser discipulados ellos mismos, han discipulado, a su vez, a otros. Esta es la razón por la que el evangelio continúa difundiéndose por todo el mundo. Mi oración es que tomemos nuestras cruces y lo sigamos plenamente. Que podamos completar la tarea de hacer discípulos a todas las naciones en nuestra generación. ¡Ven pronto, Señor Jesús!

Prólogo

Por Barry St. Clair

MÁS QUE CUALQUIER OTRA PERSONA en mi experiencia de vida, Lee Grady ha entendido y practicado el camino de Jesús para hacer discípulos. La influencia global que ha tenido Lee para hacer esto me asombra, tanto por las profundidad de las relaciones que tiene con sus discípulos como por el amplio número de discípulos en los que ha invertido. ¡Se encuentran por todo el mundo!

Aunque no puedo tomarme la atribución de exponer cómo el Señor ha utilizado a Lee para hacer tantos discípulos, puedo contarles cómo empezó. Hace años, a pesar de ser solo un novato en el ministerio juvenil, descubrí que los adolescentes no necesitaban entretenimiento ni eventos para seguir a Jesús, sino relaciones en un entorno de grupos pequeños. Sin embargo, no tenía ni idea de cómo lograrlo.

En mi primer intento de crear un grupo de discipulado en 1973, reuní a seis muchachos de quince años de mi iglesia y les enseñé lecciones bíblicas en mi sótano en los suburbios de Atlanta. Cuando les pedí que me hicieran preguntas, todo lo que escuché fueron grillos. Después de diez semanas de estas incómodas lecciones, supe que mi enfoque no estaba funcionando.

Esa percepción se hizo bastante evidente al enterarme de que un joven de nuestro grupo, Lee Grady, había decidido abandonar la iglesia. ¡Ese no era el resultado que tenía en mente! Cuando me reuní con Lee y le pregunté sobre su lucha espiritual, me respondió: "Estoy confundido". Esa conversación condujo a una relación más estrecha entre Lee and yo, a un refrescante reinicio de nuestro grupo de discipulado, y al comienzo de la relación personal de Lee con Jesús.

Durante los siguientes tres años Lee y los demás se reunieron conmigo cada semana para explorar quien es Jesús y cómo seguirlo. Desde entonces y hasta ahora, Lee y yo hemos compartido la vida juntos. Realizamos viajes ministeriales, fui padrino de su boda en Florida, y prediqué durante su ordenación en Georgia. También me visitó en mi casa el fin de semana que murió Carol, mi primera esposa.

Hablé además en varios de los retiros para hombres de Bold Venture de Lee. Recientemente los dos hicimos equipo para hablar en una cumbre sobre el discipulado, y nos ofrecimos como ilustraciones vivas que reafirmaban las palabras de Jesús: "Id y haced discípulos a todas las naciones". Lee y yo pasamos tiempo juntos cada vez que podemos. Reímos y lloramos, hablamos y oramos, y experimentamos lo que es la amistad en su nivel más profundo. Por cierto, me deleito al escuchar las historias personales del muy nutrido grupo que, para mi asombro, es entrenado por Lee en todo el mundo.

A través de los años, he observado cómo Lee sigue los pasos de Jesús a medida que orienta a las personas. El plan de acción de Jesús llevó a sus discípulos a experimentar cambios significativos en su vida, hasta que ellos mismos se convirtieron en transformadores de vidas. Veo este patrón de cuatro pasos en el Nuevo Testamento:

1. **"Yo lo hago".** Jesús nunca pidió a sus discípulos que hicieran algo que Él no hubiera hecho primero. Él marcaba el ritmo.

2. **"Yo lo hago y ellos están conmigo".** Jesús siempre tuvo a sus discípulos con Él, excepto en los momentos en que se escabulló para pasar tiempo con su Padre.

3. **"Ellos lo hacen, y yo estoy con ellos".** Eventualmente Jesús envió a sus discípulos a hacer lo que Él había estado haciendo; no obstante siempre estuvo cerca.

4. **"Ellos lo hacen, y yo estoy en el fondo para alentar".** Cuando Jesús ascendió al Padre, dejó al Espíritu Santo para que diera a sus discípulos todo lo que necesitaban, a fin de seguir haciendo lo que Él había estado haciendo.

Esta manera de hacer y multiplicar discípulos es lo que cambió al mundo en el primer siglo, y sigue siendo la única forma de alcanzar el mundo con el evangelio y cambiarlo en el siglo XXI. ¡El libro de Lee *Sígueme*, te dará lo que necesitas para que tú también puedes participar en el ministerio de Jesús de producir cambios en la vida y de cambiar vidas!

Invertir en la vida de Lee Grady y que Lee invirtiera en la mía ha sido uno de mis mayores privilegios. Lo que leerás en estas páginas te convencerá de hacer lo que Lee Grady ha hecho. Mejor aún, leer este libro y luego invertir tu vida en hacer discípulos a la manera de Lee, ¡hará que dediques tu tiempo a hacer exactamente lo que hizo Jesús!

Barry St. Clair fue el fundador y director de Reach Out Youth Solutions, un ministerio con sede en Atlanta centrado en la formación de pastores y líderes juveniles. Experto en discipulado de jóvenes, ahora es vicepresidente de Global Youth Engagement para East- West Ministries, con sede en el área de Dallas. St. Clair es autor de numerosos libros, entre ellos: Jesús no es igual, Influenciar tu mundo, Seguir a Jesús, Hacer a Jesús Señor, y Hablar con tus hijos sobre el amor, el sexo y las citas.

CONSEJO PARA EL DISCIPULADO

Sé relacional, no profesional

Imagina al apóstol Pablo en una fría y oscura prisión de Roma. Puede que tuviera los pies encadenados. Su celda pudo tener ratas o moho. Sabía que podía morir cualquier día, así que pensaba mucho en el cielo. Aun así, en medio de ese horrible lugar escribió a sus discípulos en Filipos: "Os tengo en mi corazón" (Fil. 1:7). También dijo "…cómo os amo a todos con el afecto de Cristo Jesús" (v. 8). Me imagino a Pablo llorando mientras escribía estas palabras. Sin embargo, cuando las leemos hoy en nuestras Biblias, no vemos las huellas de sus lágrimas.

¿Qué motivó a Pablo a derramar su vida "como libación" (Filipenses 2:17) por los demás? Tenía el profundo amor de Dios hacia las personas. Este mismo amor es el que alimenta mi pasión por el discipulado. Siento amor y afecto por aquellos a quienes oriento. Tengo sus fotos en mi teléfono, y oro por ellos diariamente. Los llamo, les envío mensaje de texto y chateo con ellos por Zoom. Me reúno con ellos para tener conversaciones cara a cara. Y sí, las despedidas son dolorosas. El discipulado no es clínico, programático, o profesional. Es cálido, relacional, y está manchado de lágrimas. Si quieres hacer discípulos como Jesús, pídele que ponga en ti Su gigantesco y amante corazón.

CAPÍTULO 1

"Sígueme": el llamado del Salvador

A PRINCIPIOS DE 2020, dos meses antes de que escuchara la palabra *coronavirus*, me detuve en una tienda cerca de mi casa en LaGrange, Georgia, para llenar el tanque de gasolina. Cuando entré a comprar algunos artículos, me di cuenta de que el empleado en la caja registradora tenía un marcado acento indio. "¿De qué parte de la India es usted?" pregunté al hombre, a primera vista bien entrado en los cuarenta.

El hombre parecía sorprendido de que conociera su origen étnico. Preguntó: "¿Conoce India?".

Le dije que había estado allí cuatro veces y que tenía buenos amigos en varias ciudades de los estados de Andhra Pradesh, Telangana, Maharashtra, Bihar, Tamil Nadu y Kerala.

"Soy de Hyderabad," dijo mientras me entregaba el cambio. "Ah, así que habla la lengua Telegu", dije. Ahora tenía toda la atención del hombre. No podía creer que un tipo de una pequeña ciudad de Georgia supiera algo sobre su país o su dialecto regional. Pareció impresionarle que me importara. Sonrió y movió la cabeza de un lado a otro, al estilo indio.

En ese momento todos los demás clientes abandonaron la tienda y pude centrar la conversación en mi nuevo amigo. Supe que su nombre es Mahipal, que tiene esposa y familia en su país, y que creció en una familia cristiana nominal.

Cuando le expliqué que soy ministro y que tengo algunos discípulos en Hyderabad, me preguntó a bocajarro: "¿Me harías un discípulo?"

Puedo prometerles que nunca había escuchado esas palabras estando de pie ante el mostrador de una tienda.

Fue el inicio de una fascinante amistad que se tornó más interesante cuando la pandemia de coronavirus interrumpió todos mis viajes y obligó a cerrar la mayoría de los negocios. Afortunadamente para Mahipal, su tienda se consideraba un negocio esencial, por lo que permaneció abierta. Y como trabajaba siete días a la semana, empecé a visitarlo casi todas las mañanas para ayudarle a crecer en su fe.

Unas semanas más tarde se dio cuenta de que en realidad no había nacido de nuevo. Como muchos cristianos nominales en India, Mahipal asistía a la iglesia solo una o dos veces al año y no se tomaba en serio su fe. Seguía una tradición religiosa muerta. Así que oramos juntos en una mesa en la parte trasera de su tienda, cerca de las máquinas de video-póker. Invitó a Jesús a tomar el control de su vida.

Así comenzó mi camino de discipulado con Mahipal. Él usaba tapabocas y guantes en el trabajo, y nos mantuvimos a dos metros para cumplir las normas de la pandemia. Nos saludábamos cruzando los codos en lugar de los abrazos. Pero la sonrisa de Mahipal se hacía cada día más brillante a medida que compartía el amor de Cristo con él, como mentor y amigo.

Todas las mañanas me detenía en la tienda para tomar un café y una lección bíblica informal con Mahipal. Hablábamos de la oración, del ministerio del Espíritu Santo, y de las diferencias entre Mateo, Marcos, Lucas y Juan. (Cuando empezamos nuestros estudios bíblicas él asumía que Juan el Bautista había escrito el Evangelio de Juan). Mahipal a menudo tenía que correr al mostrador para vender cigarrillos, cerveza, o billetes de lotería a los clientes, pero luego regresaba corriendo para leer otro versículo de la Biblia o hacer una pregunta más. Esto se prolongó durante meses.

Un día comenzamos a hablar sobre la importancia del bautismo en agua, y Mahipal preguntó si podía bautizarse. La mayoría de las iglesias no tenían servicios presenciales en ese momento, pero un pastor que conocía se ofreció a llenar el tanque bautismal de su iglesia un domingo por la tarde. Invité una decena de amigos que ocuparon todo el santuario distanciados y llevando tapabocas. Mis ojos se cubrieron de lágrimas cuando Mahipal se metió al agua y testificó que Jesucristo es el único Dios verdadero. Su jefe, que era hindú, observaba desde el fondo de la iglesia.

Lo llamo mi "milagro de la pandemia" porque nunca hubiera esperado asumir una asignación ministerial tan importante cuando el mundo estaba en total confinamiento. Mahipal me ayudó a entender que, incluso durante una crisis mundial, cuando la gente se refugiaba en casa, Dios seguía atrayendo a las personas hacia Él. El Espíritu Santo nunca está en cuarentena.

Después del bautismo de Mahipal, le hablé de la importancia de ser bautizado en el Espíritu Santo. Como no estaba familiarizado con el término bíblico, ¡pensó que otra vez necesitábamos llenar de agua el tanque bautismal para una segunda inmersión! Le expliqué que solo teníamos que orar y que Dios lo llenaría con el Espíritu Santo y lo ungiría para el ministerio. Oramos juntos la semana siguiente en su patio trasero, en medio de una calurosa tarde de Georgia, y Mahipal fue gloriosamente lleno con el poder y la audacia del Espíritu, mientras estaba sentado en una silla de jardín.

Al día siguiente recibí un mensaje de Mahipal. Decía: "¿Puedes seguir con esta persona? Acabo de orar con él para que reciba a Jesús". ¡Había llevado a un hombre a Cristo en la gasolinera!

En el transcurso de unos pocos meses, Mahipal oró con once personas para que se convirtieran en cristianos. En todos los casos estaban pagando cigarrillos o algún otro artículo, y él inició una conversación con ellos acerca de la fe mientras estaban parados ante la caja registradora. Una señora que compraba cigarrillos incluso se puso a llorar mientras oraba con mi amigo.

Pasaron unos meses más y Mahipal se dio cuenta de que tenía que volver a su hogar, en India, para atender a su familia. Antes de despedirnos, me contó su plan. "Pastor Lee, cuando regrese a Hyderabad voy a invitar a una comida en casa a todos mis amigos cristianos nominales y a mis amigos hindúes. Voy a compartir mi testimonio con ellos y a contarles cómo nací de nuevo en Estados Unidos. Quiero llevar a mucha gente a Jesús cuando regrese", dijo.

Animé a Mahipal a que viera algunos sermones clásicos de Billy Graham en YouTube, de modo que pudiera aprender a presentar el mensaje del Evangelio con claridad. Y el día que lo llevé al aeropuerto de Atlanta para volar a casa, oré con el jefe hindú de Mahipal para que se hiciera cristiano. El hombre que había observado el bautismo desde la parte trasera de la iglesia en mayo, también decidió seguir a Jesús.

Una reacción en cadena de la gracia había comenzado antes de que Mahipal llegara a casa al otro lado del mundo.

Me es imposible expresar adecuadamente la alegría que siento cuando veo cómo este querido hermano indio sigue a Cristo hoy. Hablamos a menudo por videollamadas. Se conectó con una iglesia saludable en Hyderabad, y está creciendo espiritualmente.

No sabía que lo conocería cuando entré a una estación de gasolina a principios de 2020 para comprar una botella de agua. No tenía idea de que este encuentro casual en la salida 14 de la interestatal 85 en Georgia conduciría a horas y horas de discipulado en su tienda. Y no tenía forma de sospechar que este hombre, en apariencia de voz suave y con marcado acento extranjero, terminaría regresando a India para llevar a otros a Cristo.

Esta historia demuestra el poder del discipulado relacional. Cuando influyes en una persona para Jesús, se desencadena un efecto dominó. Comienza como algo pequeño, pero el impacto crece con el tiempo. Es posible que cientos de personas en India encuentren a Cristo porque pasé tiempo estudiando el libro de Marcos con un indio converso en la parte trasera de una tienda en Georgia. Después de que Dios te use en una situación como la que acabo de describir, querrás pasar el resto de tu vida haciendo discípulos. El hecho que me haya utilizado de esta manera es la razón por la que el discipulado se ha convertido en mi pasión. Y la necesidad que cada creyente haga discípulos es la razón por la que el mensaje de este libro resulta tan importante.

Jesús comenzó con unos pocos

Mi esposa y yo tuvimos la oportunidad de recorrer Israel con un pequeño grupo de amigos en 2018. Nunca olvidaré el paseo por la orilla rocosa del Mar de Galilea, mirando los pequeños barcos de pesca e imaginando cómo habría sido ver a Jesús y a su pequeño grupo de discípulos en ese lugar, a pocos kilómetros al sur de Cafarnaúm

Cuando me acerqué al agua, me remangué los pantalones hasta las rodillas y me metí. Observé que algunos pescadores lanzaban sus redes a las aguas azules. Cerré los ojos y traté de visualizar a un joven Pedro y a su hermano, Andrés, mientras arrastraban su barca desde la orilla y lanzaban sus redes sobre las olas. La pesca había sido su rutina diaria durante mucho tiempo. Pero un día especial, Jesús se presentó y los llamó desde la orilla: *Seguidme y os haré pescadores de hombres* (Marcos 1:17, énfasis añadido).

Pedro y Andrés no entendían del todo lo que Jesús quiso decir cuando les extendió aquella extraña invitación. Pero sabían que era un rabino, y comprendieron que los estaba invitando a dejar sus trabajos mundanos en el agua y comenzar una nueva aventura espiritual. No dudaron. Marcos 1:18 dice: "Inmediatamente dejaron las redes y lo siguieron".

Ese mismo día Jesús invitó a Santiago y Juan (los hijos de Zebedeo) a unirse a su pequeño grupo. Los cuatro hombres fueron con Jesús a la sinagoga local, donde el sermón de su líder fue interrumpido repentinamente por los tormentosos alaridos de un hombre poseído por un demonio. El espíritu maligno le gritó a Jesús: "¡Sé quién eres: el Santo de Dios!" (Marcos 1:24). Entonces Jesús le ordenó que se marchara, y el hombre sufrió convulsiones antes de que el demonio gritara una última vez y abandonara su cuerpo (vv. 25–26).

¿Puedes imaginar lo que Pedro, Andrés, Santiago y Juan estaban pensando durante esta caótica escena? "¿Qué estamos haciendo aquí? ¿Va a ser así todos los días? ¿Cómo hizo eso Jesús?". Pero los cuatro hombres se mantuvieron cerca de Jesús cuando salieron de la sinagoga y caminaron hasta la casa de Pedro, que estaba cerca.

Todos en Cafarnaúm hablaban de Jesús ese día, y los cuatro jóvenes discípulos ahora eran parte de la acción. La gente del pueblo decía: "¡Él manda incluso a los espíritus inmundos, y estos le obedecen!"(Marcos 1:27). Pero Jesús no realizó esta asombrosa hazaña solo: tenía a sus cuatro amigos con Él. Sus nuevos compañeros formaban parte de esta audaz misión.

Esa noche, en casa de Pedro, Jesús sanó a la suegra de este de una fiebre (Marcos 1:29–31). El poderoso ministerio de Jesús se volvió muy personal para Pedro ese día. En cuanto se corrió la voz de aquel milagro, todos los habitantes de la ciudad llegaron a su puerta. Familiares y amigos trajeron a sus seres queridos enfermos para que fueran sanados, y otros fueron liberados de demonios (vv. 32–34).

La casa de Pedro se convirtió de repente en el epicentro de algo maravilloso. A la mañana siguiente, cuando Pedro fue a contarle a Jesús que había más gente buscándolo, el Señor pronunció estas palabras: "Vayamos a otra parte, a los pueblos cercanos, para que predique también allí; porque para eso he venido" (Marcos 1:38).

Observa que Jesús no dijo: "*Yo* necesito ir a otros pueblos" o "La gente *me* necesita en Nazareth o en Samaria". Su indicación a Pedro fue: "*Vamos.*" Jesús no consideraba que la misión fuera solo *Suya*. Quería que *Sus* seguidores se unieran a *Él*. Ellos eran *Su* equipo. Tenía toda la intención de incluirlos en su búsqueda.

Estas hermosas escenas nos muestran la esencia del discipulado bíblico. Jesús vino a salvar al mundo, y nos invita a unirnos a Él en Su obra. Por supuesto, no tenemos el poder de salvar a la gente del pecado. Somos vasijas de barro defectuosas. Sin embargo, Él nos llama a ser sus colaboradores, a caminar con Él, a sentir lo que Él siente y a formar parte de su audaz misión de cambiar el mundo entero.

Él quiere hacer su obra a través de nosotros.

Cuando Jesús dirigió Su invitación original a Pedro, dijo: "Sígueme, y te haré pescador de hombres" (Marcos 1:17). La misión de Jesús es "pescar" tantos "peces" como sea posible, pero lo hace entrenando a hombres y mujeres para que sean Su fuerza de trabajo. Si elegimos seguirlo, debemos pasar por un proceso de crecimiento y formación.

Uno no se convierte en pescador de hombres de la noche a la mañana. Jesús dijo: "Yo haré *que te conviertas en…*" (énfasis añadido). Él nos invita a inscribirnos en un proceso sobrenatural de formación espiritual. Cuando nos sometemos a ese proceso nos parecemos más a Él, y comenzamos a hacer Su obra a Su manera. Nos convertimos en verdaderos discípulos que llevan Su corazón, reflejan Su carácter y completan Su misión.

Pedro pasó por todo un proceso. Desde el momento en que Jesús se instaló en su casa, este pescador tuvo un asiento en primera fila mientras se desarrollaba la historia del Evangelio. Presenció la curación de paralíticos, leprosos, y mujeres sangrantes; escuchó atentamente las enseñanzas de Jesús mientras los discípulos recorrían caminos polvorientos; oyó a los fariseos cuestionar a Jesús y se asombró cuando Él los reprendía.

En un momento dado Jesús incluso llamó a Pedro para que saliera de la barca y caminara con Él sobre el agua (Mateo: 14:28–29). En otra ocasión Jesús le dijo a Pedro que fuera a buscar una moneda en la boca de un pez (17:27). Y después de que Jesús alimentara a una multitud con apenas unos trozos de comida, preguntó a Pedro: "¿Pero quién dices que soy yo?" y Pedro dio la respuesta correcta: "Tú eres el Cristo" (Marcos 8:29). Pedro iba camino a convertirse en un líder entre los seguidores de Jesús. Probablemente era el primero de ellos en darse cuenta de que Jesús era el Mesías.

El entrenamiento se hizo más riguroso después de que Jesús llamara a los tres hombres de Su círculo íntimo —Pedro, Santiago y Juan—para ver su gloria en el Monte de la Transfiguración. Pedro contempló con asombro cómo Moisés y Elías conversaban con Jesús y una nube de gloria resplandeciente los cubría. Los tres pescadores sin educación, con la boca abierta, tuvieron la oportunidad de presenciar cosas que los ángeles han anhelado ver durante siglos. Contemplaron al Mesías en Su gloria celestial y se dieron cuenta que Él es el punto central de toda la historia (Mateo: 17:1–8).

Todo esto formaba parte de un proceso de preparación divina. Pero Jesús no permitió que estas elevadas revelaciones inflaran de orgullo a Pedro; antes de la crucifixión de Jesús, el discípulo se encontró cara a cara con su propia debilidad, que abrumó su alma. En un momento de intensa tentación, Pedro casi se pasa al lado oscuro.

La noche en que Jesús fue arrestado, Pedro estaba estresado al máximo e intimidado con la multitud. Cuando la sirvienta del sumo sacerdote lo acusó de ser discípulo de Jesús, lo negó (Marcos 14:66–68, MEV). La muchacha repitió su acusación ante algunos transeúntes y Pedro una vez más negó conocer a Jesús (vv. 69–70). Cuando otros lo interrogaron, Pedro "comenzó a invocar una maldición sobre sí mismo y a jurar: "No conozco al hombre del que habláis" (v. 71, MEV). El valiente discípulo que había prometido a

Jesús que lo seguiría a cualquier parte se convirtió en un lamentable cobarde. Cedió ante la presión. Cuando el gallo cantó, Pedro recordó las palabras de Jesús: "Antes de que el gallo cante dos veces, me negarás tres" (v. 72, MEV).

Este podía haber sido el final para Pedro. Lloró amargamente y desapareció (Marcos 14:72). Más allá de su negación registrada en los evangelios de Mateo y Marcos, no hay más palabras. En el Evangelio de Lucas, leemos que Pedro fue a la tumba de Jesús y la encontró vacía. El Evangelio de Juan es el único que describe cómo Pedro encontró la plena restauración después de su fracaso.

Enfadado, solitario y abatido, Pedro volvió a lo que conocía: su aburrido trabajo de pescador. Había pescado toda la noche sin obtener nada (Juan 21:3). Quizás temía que Dios lo hubiera rechazado para siempre. Pero entonces Jesús apareció en la orilla e invitó a sus amigos a echar las redes a la derecha de la barca, y sacaron una red llena de peces (v. 6).

Esta fue una señal divina de que su Maestro todavía tenía planes de utilizar a Pedro a pesar de sus cobardes negaciones. Pedro debió sentir curiosidad cuando vio el humo del fuego de carbón que Jesús había encendido en la playa. ¿Cómo podía ser esto? Jesús no estaba molesto ni frunciendo el ceño. Tampoco aguardaba para lanzar una severa reprimenda. No regañó a Pedro, ni le recordó su negación. Este asombroso Salvador simplemente invitó a Pedro a sentarse con Él y a compartir un desayuno caliente. Jesús quería comer pescado a la parrilla con Su amigo y charlar con él al calor del fuego (Juan 21:9–13).

Antes de que terminara la conversación del desayuno, Jesús repitió algunos palabras importantes que Pedro había escuchado unos años antes en esa misma orilla rocosa.

Jesús volvió a decir: "Sígueme" (Juan 21:19).

¡Jesús no había descalificado a Pedro! Estaba renovando su invitación. El hombre resquebrajado e inestable al que Jesús había apodado "roca" no fue despedido (Mateo 16:18). Estaba de vuelta en el juego. Jesús había conducido a su querido amigo a través de un riguroso proceso de entrenamiento que incluyó un vergonzoso fracaso. Pero ese día reafirmó que usaría a Pedro para "atrapar" muchas almas y reproducir la vida de Dios en las personas.

Lo más sorprendente aún es la forma en que el inestable, impetuoso e inseguro Pedro se transformó después de haber sido bautizado en el Espíritu Santo, unas semanas más tarde en el Aposento Alto en Jerusalén. Este hombre débil, que se derrumbó bajo la presión cuando su Maestro fue arrestado, predicó entonces el Evangelio a una gran multitud, y tres mil personas tomaron la decisión de seguir al Mesías (Hechos 2:14–41).

Jesús hizo exactamente lo que dijo que haría: *hizo de Pedro un pescador de hombres.*

Es lo que Dios quiere hacer contigo, y con cada seguidor de Cristo. Así como Pedro tuvo que ser transformado, tú también debes pasar por un proceso para convertirte en un hacedor de discípulos. No te centres en tus defectos o fracasos; la gracia te cambiará. Cuando lees la primera epístola de Pedro observas que se convirtió en apóstol y en un sólido padre espiritual para sus seguidores (1 Pedro 1:1). Pedro escribió esta carta a los "recién nacidos" y los desafió a "crecer" (2:2). Jesús había cambiado milagrosamente a Pedro de un hombre débil a un poderoso *influencer* que nutría y guiaba a otros.

He sido testigo de cómo este patrón se desarrolla en mi propia vida. A medida que crecía espiritualmente, Dios empezó a traer personas a mi vida, y las ayudé a crecer.

Hace muchos años conocí a un joven llamado Paul Muzichuk en una conferencia en Florida. Paul nació en Ucrania, pero llegó a los Estados Unidos siendo niño y creció en iglesias de habla rusa. Tenía una gran pasión por Dios, pero le faltaba orientación porque la supervisión y el discipulado son inusuales en el contexto cristiano eslavo. Cuando Paul me habló pude percibir que tenía hambre de ser entrenado.

Invité a Paul a desayunar durante esa conferencia y hasta el día de hoy admite que no podía creer que quisiera reunirme con él. De hecho, cuando lo invité, no pensó que le hablara en serio. Ningún líder de su círculo prestaba mucha atención a los jóvenes. Vi potencial en este joven y quise alentarlo. Ignoraba por entonces que nuestra amistad crecería y que acabaría viajando conmigo en más de veinticuatro ocasiones a muchas ciudades de los Estados Unidos, así como a Hungría, Rumania y Colombia.

Con el tiempo Paul llegó a trabajar para mí como administrador de mi ministerio mientras trabajaba a tiempo parcial para su iglesia en Florida. Cuando estábamos juntos, Paul constantemente me pedía consejos de liderazgo o mi perspectiva sobre las Escrituras. Permanecíamos despiertos hasta tarde durante los viajes ministeriales hablando de cómo Dios se movía en las reuniones y lo que aprendíamos de diversos retos. Sabía que Paul me observaba, no solo mientras predicaba, sino también cuando experimentaba desilusiones, críticas, o cuando enfrentaba desafíos financieros.

En poco tiempo me encontré dándole a Paul el micrófono y dejándolo predicar en los eventos de mi ministerio. Nunca olvidaré la noche en que predicó a un grupo de hombres en Maryland sobre cómo Dios le enseñó a perdonar a algunas personas que lo trataron injustamente. ¡¡No hay satisfacción más grande que la que se experimenta al ver a tus hijos espirituales crecer y actuar como Jesús!

No puedo atribuirme el mérito de la madurez de Paul, pero sé que el Señor me permitió desempeñar un pequeño papel para ayudarlo a crecer como líder. Finalmente se le pidió a Paul que tomara una posición pastoral de tiempo completo con su iglesia en Florida, y tuve que cortar el cordón umbilical y liberarlo para que bendijera a otros. Esta es una de las cosas más difíciles del discipulado: debemos dejar ir a las personas. No pueden quedarse en el nido para siempre. Pero mi amistad con Paul sigue siendo fuerte hasta el día de hoy.

Durante los últimos años he tenido el increíble privilegio de ser el mentor de muchos líderes jóvenes como Paul: está Clem, un chico chino de Australia que comparte su fe con estudiantes y miembros de la comunidad médica; Robert, un pastor en Uganda que ha establecido una floreciente escuela para niños necesitados, así como un refugio para mujeres; Billy, un joven filipino que vive en Singapur y que ahora dirige una congregación de inmigrantes filipinos; Khuram, un paquistaní estadounidense que ha fundado una iglesia urdu en Baltimore; y Alex, un hombre de negocios que dirige el ministerio de discipulado masculino en su iglesia de Rumania.

Jesús me convirtió en pescador de hombres, tal como hizo con Pedro. Mi influencia se ha expandido más allá de mis sueños más disparatados simplemente porque Jesús me mostró cómo invertir en las personas. Creo que a esto se refería Jesús cuando nos prometió una vida abundante en Juan 10:10. No hay nada más gratificante que las relaciones significativas.

Pedro tenía un vínculo especial con las personas de las que era mentor. Y al final de su primera epístola menciona a su "hijo" Marcos (1 Pedro 5:13). ¡Se trata del mismo Marcos que escribió el Evangelio de Marcos! Pedro tuvo el privilegio de formar a un joven que nos dio uno de los cuatro Evangelios. Dios puede darte discípulos que alcancen a mucha más gente que tú. Cuando eliges seguir a Jesús, Él hace de ti una persona con una *influencia transformadora*.

OREMOS AL RESPECTO

Señor, hazme pescador de hombres. Lo hiciste con Pedro hace dos mil años. Hazlo de nuevo conmigo. Llévame a través de Tu santo proceso para que pueda reproducir Tu vida en otros. Dirige mis pasos para que me encuentre con personas que necesitan a Jesús. Dame la valentía para compartir el mensaje de Cristo con ellos y la paciencia para guiarlos en la fe. Amén.

UN PENSAMIENTO **FINAL**

Todo verdadero creyente nacido en la familia de Dios tiene el potencial de ser un reproductor.[1]

—Dawson Trotman, FUNDADOR,
The Navigators

CONSEJO PARA EL DISCIPULADO

¡Deja una marca permanente!

Cuando entrenas a alguien, das un ejemplo. Le muestras cómo vivir la vida cristiana. Estás diciendo: "Sígueme. Observa cómo lo hago. Déjame mostrarte lo que he aprendido". Pablo dijo a los corintios: "Sed imitadores de mí, así como yo lo soy de Cristo" (1 Corintios 11:1). También dijo a los tesalonicenses que Silvano, Timoteo y él se habían ofrecido a sí mismos "como *modelo* para vosotros, para que sigáis nuestro ejemplo" (2 Tesalonicenses 3:9, énfasis añadido).

La palabra utilizada para decir *modelo* en segunda de Tesalonicenses 3:9 es el término griego *typos*, que significa "la marca de un golpe o impresión" o "una figura formada por un golpe o impresión".[1] Cuando guías a alguien, dejas un sello permanente en su vida a través de tus oraciones , amor, e instrucción. Esta marca no solo está hecha de tus palabras, sino también de tus acciones. Cuando derramas tu vida con sacrificio en tus discípulos, nunca olvidarán lo que hiciste por ellos. Mediante el poder del Espíritu Santo dejas una impresión inolvidable. Esta es mi oración por ti: ¡que dejes una marca imborrable en aquellos a quienes conviertes en discípulos!

C APÍTULO 2

Dios quiere que seas un influencer

S E CREE QUE EL PEREGRINAJE DE KUMBH MELA, festival hindú que se celebra en uno de cuatro lugares a lo largo del río Ganges en India cada tres años, es uno de los encuentros más multitudinarios del mundo. El festival de Prayagraj, en Uttar Pradesh, se ha convertido en el más grande. En 2013 se calcula que 30 millones de personas asistieron a ese evento en un solo día.[2] Se cree que el concierto gratuito de la estrella del rock Rod Stewart en la playa de Río de Janeiro la víspera del año nuevo de 1994 (que supuestamente atrajo a 4.2 millones de personas si se incluye a los que asistieron solo por el espectáculo de fuegos artificiales a medianoche), es el mayor concierto jamás celebrado.[3]

¿Alguno de estos encuentros cambió su vida? Lo dudo.

Cuando pensamos en la influencia, nuestras mentes carnales siempre tienden a desviarse hacia los grandes números. De hecho, hoy tenemos un fenómeno llamado "*influencers* de internet." Se trata de personas que tienen enormes cantidades de seguidores en Instagram, Twitter, y otras plataformas de redes sociales. Básicamente son famosos por el hecho de ser seguidos, aunque lo que hagan en las redes sociales sea bastante trivial. Por ejemplo algunas *influencers* son famosas por la forma en que se maquillan, se diseñan las uñas o comparten un sinfín de fotos de sí mismas levantando pesas o modelando trajes de baño.

Una de las personalidades más comentadas de las redes sociales en 2021 fue James Charles, un chico que se hizo famoso por aplicar creativamente sombras de ojos y rímel de color neón. Cuando solo tenía diecinueve años se convirtió en el primer portavoz masculino de *Cover Girl*,[4] y al momento de escribir estas líneas tenía casi dos millones y medio de seguidores en Facebook y más de veintiséis millones en Instagram. Pero si nunca has oído hablar de James Charles, no estás solo. Que tenga muchos seguidores no significa que haya marcado una diferencia eterna.

Jesús atrajo a grandes multitudes, pero los números no lo impresionaron porque sabía que muchos de los que fueron sanados en sus reuniones no lo seguirían después de ir a la cruz. Dijo a los asistentes que las semillas del Evangelio que Él estaba sembrando se las comerían los pájaros, terminarían quemadas y marchitas, o serían ahogadas por las espinas. Solo un pequeño porcentaje, dijo, daría fruto (Ver Marcos 4:3–8).

Jesús buscaba *calidad*, no *cantidad*.

Al final, después de que cientos de personas escucharan el mensaje de Jesús y comieran sus almuerzos gratis, solo 120 de Sus seguidores se reunieron en el Aposento Alto el día de Pentecostés. ¡Ese no es un número impresionante, y los especialistas en crecimiento de las Iglesia de hoy podrían señalar que ¡Jesús no rompió la barrera de los 200 en tres años de ministerio! En el libro de Hechos de los Apóstoles hay algunas imágenes de multitudes. Pero la mayoría de las escenas de la iglesia primitiva son menos impresionantes. Un solo etíope se convirtió en un camino del desierto (Hechos 8:26–38). El Espíritu Santo cayó sobre los miembros de una familia italiana reunida en una casa de Cesarea (Hechos 10:30–33, 44). Una mujer llamada Lidia vino a Cristo en una pequeña reunión de oración junto a un río en Filipos, llegando a ser la primera conversa en Europa (Hechos 16:14).

¿Por qué estas historias aparentemente intrascendentes son destacadas por las Escrituras? Porque Dios se mueve tan poderosamente en las conversaciones "entre dos" y en los encuentros de grupos pequeños como lo hace en las grandes reuniones. Cuando seguimos la nube de Su presencia, a menudo nos lleva a uno, en lugar de a muchos. Él define la influencia de forma diferente a como lo hacemos nosotros.

El libro de Hechos termina con una escena de Pablo ministrando tranquilamente a la gente en un pequeño apartamento mientras está bajo arresto domiciliario (Hechos 28:30–31). Ciertamente Pablo no medía su impacto en términos de edificaciones importantes, grandes listas de correo, exposición en los medios de comunicación, o ventas de libros. Pablo nunca dirigió una mega-iglesia con diez sedes satélite. Y sus escritos no se hicieron populares hasta mucho después de su muerte. Parecería que la semilla de Pablo tuvo que morir en la tierra antes de brotar de nuevo.

Tenemos que dejar de evaluar nuestra propia eficacia —y la de los demás—por el tamaño de la multitud o la popularidad. Si eres un líder, sé fiel con la gente que tienes, ya sea una iglesia en casa con siete personas, un estudio bíblico universitario de diez, una congregación rural de treinta, o una mega-iglesia de dos mil. Ya sea que estés ministrando a un puñado de reclusos, en una sala llena de pacientes con Alzheimer, una docena de huérfanos, o a un amigo deprimido, olvida tu necesidad de ser el centro de atención. Si Dios te ha llamado a invertir en alumnos de tercer grado de una escuela del centro de la ciudad, en los drogadictos de un centro de rehabilitación, o en los estudiantes de un colegio comunitario rural, agradece a Dios tu esfera de influencia y planta allí tus semillas espirituales.

Jesús nos dio una perspectiva diferente y refrescante sobre el tamaño de la multitud. Les dijo a sus discípulos: "Porque donde hay dos o tres reunidos en mi nombre, allí estoy yo en medio de ellos (Mateo 18:20). Si Él ama las reuniones pequeñas, ¿por qué deberíamos menospreciarlas? En el reino de Dios, la influencia se mide de manera diferente a como se hace en este mundo caído y narcisista. Necesitamos ser liberados de adorar "a lo grande". En lugar de esforzarnos por llamar la atención y centrarnos en el tamaño, debemos invertir en unos pocos. Plantamos pequeñas semillas, y luego vemos cómo nuestro pequeño impacto se multiplica.

El plan de Dios para la multiplicación

Dios dijo a Adán y Eva: "Fructificad y multiplicaos, y llenad la tierra" (Génesis 1:28). Jesús reafirmó este mandato cuando dio lo que llamamos "la Gran Comisión": "Por tanto id, y haced discípulos" (Mateo 28:19). El Creador formó al primer hombre de la arcilla, le infundió vida y le encargó que procreara; Jesús, quien era Dios hecho carne, sopló el aliento de Su Espíritu en Sus discípulos (Juan 20:22) y luego les ordenó que se multiplicaran. El dador de vida nos ha encargado el mandato divino de impartir Su vida a los demás para que su reino pueda avanzar. Desde el comienzo de la Biblia hasta el final vemos este principio de multiplicación por medio de relaciones estrechas de mentoría. Moisés instruyó a Josué. Noemí instruyó a Rut. Mardoqueo instruyó a Ester. Elías instruyó a Eliseo.

Después de que David se convirtiera en rey, entrenó a treinta y siete hombres que llegaron a ser guerreros famosos. La Biblia los llama "poderosos" y sus nombres aparecen en 2 Samuel 23. Parece que la misma unción que hubo en David recayó en sus poderosos guerreros. Eran excepcionalmente leales, fuertes y valientes. Entre ellos estaban Adino, Eleazar, y Shammah. (Se les llamó "los tres" porque sus victorias fueron legendarias. Del mismo modo Jesús tenía tres hombres entre sus discípulos —Pedro, Santiago y Juan—, que caminaron con un poder excepcional).

Los poderosos hombres de David me recuerdan que Dios no me ungió solo para que pudiera tener un ministerio. No, Él quiere que comparta mi unción formando a otros. Quiere que me reproduzca. Dios anhela que tú hagas lo mismo. Al pasar tiempo con tus discípulos, alentarlos, entrenarlos, aconsejarlos, orar por ellos, y llevarlos contigo en las tareas del ministerio, ellos se convertirán en leyendas.

Elías fue un profeta poderoso. Multiplicó la comida y el aceite, resucitó a un niño de entre los muertos, puso fin a una sequía, e incluso hizo descender fuego del cielo más de una vez (véase 1 Reyes 17:13–16, 17–23; 18:36–38, 41–45; y 2 Samuel 1:10, 12). Pero Elías no quería que su ministerio terminara con él. Se centró en la siguiente generación. Tuvo escuelas de jóvenes profetas en al menos seis lugares (véase 2 Reyes 2:3, 5, 7),[5] e invirtió gran parte de su tiempo en entrenar a Eliseo, quien lo siguió más de cerca que cualquiera de los otros jóvenes profetas (véase 1 Reyes 19:19–21).

El legado de Elías no terminó cuando se fue al cielo en su carro de llamas. Su discípulo Eliseo estaba tan hambriento de Dios que pidió una "doble porción" del manto de su mentor (véase 2 Reyes 2:9,12). Tras la partida de Elías de esta tierra, Eliseo terminó realizando el doble de milagros que su mentor.[6] Y aunque Elías comenzó el proceso para acabar con el reinado de terror de Jezabel, Eliseo ungió al rey Jehú para completar el trabajo (véase 2 Reyes 9:1–3).

Este modelo Elías-Eliseo continuó en el Nuevo Testamento. Aunque Jesús ciertamente predicó a las multitudes, enfocó la mayor parte de su atención en doce hombres y un pequeño grupo de mujeres discípulas (algunos de los nombres de las mujeres se mencionan en Lucas 8:1–3). Los discípulos tenían pleno acceso a Jesús; Él no los mantuvo a distancia ni los utilizó como sirvientes. Jesús comía, hablaba, pescaba, jugaba y compartía con sus discípulos, y les transmitía todo lo que tenía.

Si vamos a cambiar a las personas para Cristo, debemos hacerlo como lo hizo Jesús. Debemos invertir en unos pocos.

En la iglesia de hoy medimos nuestro éxito por los grandes edificios, por el número de personas que se sientan en nuestras sillas acolchadas y por la cantidad de dinero que se deposita en el plato de las ofrendas. Los primeros discípulos tenían un criterio diferente. Medían la eficacia de su ministerio con base en la madurez de sus discípulos, y por el impacto que estos tenían en la gente que los rodeaba.

No medían la asistencia. Buscaban el fruto. Esperaban que los verdaderos discípulos de Jesús se reprodujeran.

Durante uno de los viajes misioneros de Pablo, fue a la ciudad griega de Troas porque "se me abrió una puerta en el Señor" (2 Corintios 2:12). Con una población de cien mil habitantes, Troas era un enorme campo para cosechar. Pero cuando Pablo llegó allí, se alteró. Dijo: "No tuve descanso para mi espíritu, al no encontrar a Tito, mi hermano" (v. 13). Pablo entonces abandonó Troas para encontrar a su amado discípulo Tito en Macedonia. ¿Por qué Pablo dejaría atrás una oportunidad tan grande en Troas para encontrar a una persona?

Pablo dejó ese lugar porque un hacedor de discípulos maduro era más valioso para él que una gran multitud. Después de una larga temporada de entrenamiento, Tito se había vuelto un hijo para Pablo. Era un multiplicador, y Pablo sabía que alcanzaría a mucha gente, incluso cuando su mentor se hubiese ido. Así que salió de la ciudad para hallar al indicado.

Muchos predicadores de hoy se preocupan por los aplausos, los grandes auditorios, y el número de clics en sus publicaciones en redes sociales, pero no saben cómo levantar, animar, y entrenar a los indicados. Necesitamos adoptar las prioridades de Pablo. Si inviertes en un "Tito", su impacto multiplicado durará mucho tiempo después de que las multitudes pierdan el interés.

Observa esta ilustración. La llamo los "Círculos Concéntricos de Influencia". Fue el método de transformación de Jesús. Él tenía un círculo íntimo de discípulos: Pedro, Santiago y Juan. Luego venía el grupo de doce discípulos varones, junto con un número no revelado de mujeres discípulas mencionadas en Lucas 8:1–3. Jesús pasó la mayor parte de Su tiempo entrenando a estos individuos para que llevaran a cabo Su obra.

CÍRCULOS CONCÉNTRICOS DE INFLUENCIA

Fuera de estos círculos, Jesús tenía un grupo de seguidores cercanos que eran conocidas como "los setenta", mencionados en Lucas 10:1. (Algunos manuscritos antiguos registran en la lista a setenta y dos). Obviamente Jesús pasaba mucho tiempo con estas personas, y los entrenaba para curar a los enfermos y expulsar a los demonios. Podrían considerarse una pequeña escuela ministerial que Jesús organizó, algo comparable con las escuelas de profetas formadas por Elías.

Jesús envió a sus aprendices a las ciudades cercanas de Israel para predicar (Lucas 10:1). Puedo imaginar que muchas de esas personas comían con Jesús, tenían acceso directo a Él, y podían hacerle preguntas, aunque no tuvieran una relación tan íntima y estrecha con Su Maestro como sus discípulos más cercanos.

Más allá de estos círculos de influencia, vemos que muchas personas tuvieron poderosos encuentros con Jesús. Entre ellas Bartimeo, el mendigo ciego (Marcos 10:46–52); Lázaro, el entrañable amigo de Jesús (Juan 11:43–44); la mujer samaritana cuyo nombre desconocemos (Juan 4:7–30); María y Marta, las hermanas de Lázaro (Lucas 10:38–42); la mujer que sangraba mencionada en Marcos 5:25–34; y Zaqueo, quien se arrepintió de su corrupción financiera después de que Jesús visitara su casa para comer (Lucas 19:1–10). La Biblia no dice que estas personas siguieran a Jesús tan de cerca como sus doce discípulos, pero es obvio que creyeron en Él y compartieron con otros el impacto que causó en sus vidas. De hecho, la mujer samaritana influyó en todo un pueblo para que creyera que Jesús era el Mesías.

Hacia los márgenes del diagrama encontramos a las multitudes. Sabemos que Jesús predicó a grandes audiencias en Galilea y más allá. En algunos casos sanó a muchos enfermos, y en dos ocasiones multiplicó los alimentos de manera sobrenatural para que todos tuvieran un almuerzo gratis de pan y pescado. Algunas veces Jesús incluso se aventuró fuera de las fronteras de Israel para ministrar a los no judíos.

Cuando miramos la Biblia a través de nuestros lentes del siglo XXI, asumimos que el ministerio de las multitudes era el principal objetivo de Jesús. Eso no es cierto. Sí, Jesús arrojó las semillas de su evangelio a las masas, sabiendo que algunas caerían en buena tierra y que muchas otras se desperdiciarían en suelo duro. Pero Jesús encontró terreno fértil en sus seguidores más dedicados. Sabía que las multitudes son inconstantes, y que la misma gente que comía Sus almuerzos gratis o que hacía fila para ser sanada, eventualmente exigiría que lo crucificaran. Jesús se centró en las relaciones personales, no en las multitudes sin nombre.

El discipulado relacional también fue el método para ministrar del apóstol Pablo. Aunque a veces habló en reuniones de iglesias más grandes o ante una multitud de escépticos en Atenas (Hechos 17:22–

31), su ministerio no se centró en eventos, sermones, o un estilo llamativo. Pablo no hacía nada para las cámaras; no había teatro ni trucos. Y ciertamente Pablo no estaba interesado en ofrendas de "alto calibre", en atraer a las personas con ademanes y gestos desde el púlpito, o en cuántas personas se desmayaron en el altar.

La definición de ministerio del apóstol se encuentra en 1 Tesalonicenses 2:8: "Teniendo un afecto tan grande por vosotros, estábamos dispuestos a impartiros, no solo el evangelio de Dios, sino también nuestras propias vidas, porque habéis llegado a sernos muy queridos". Al igual que Jesús, Pablo era todo relaciones. No se limitaba a dar un buen sermón; invertía su vida en las personas.

Pablo no vivía para las multitudes aduladoras. Habría odiado el estilo de ministerio de celebridades que hemos creado en el siglo XXI. La razón por la que pudo soportar palizas, naufragios, traiciones, alborotos, hambre, y encarcelamiento es que amaba a los hombres y mujeres de su equipo ministerial. Él también tenía un círculo íntimo y un grupo cercano de discípulos comprometidos.

Todo lo que hizo Pablo fue derramar la vida de Jesús en Timoteo, Silvano, Marcos, Febe, Epafras, Lucas, Onésimo, Priscila, Bernabé, Evodia, Síntique, y todos los demás héroes del Nuevo Testamento que consideraron a Pablo un padre espiritual. Y Pablo es descrito en la Biblia como nuestro ejemplo. En 1 Corintios 11:1 Pablo escribe: "Sed imitadores de mí, como yo lo soy de Cristo". Si no estamos imitando la metodología de Pablo, no estamos obedeciendo el mandato de Dios sobre el discipulado.

Cuando Pablo escribió a los tesalonicenses les recordó cómo funciona este principio de la influencia. Él afirmó:

> Porque nuestro Evangelio no llegó a vosotros solo de palabra sino también con poder, en el Espíritu Santo y con plena convicción; así como sabéis qué clase de hombres demostramos ser entre vosotros por causa vuestra. Vosotros también os hicisteis imitadores de nosotros y del Señor, habiendo recibido la palabra en medio de mucha tribulación y con el gozo del Espíritu Santo, de modo que llegasteis a ser ejemplo para todos los creyentes en Macedonia y en Acaya.
>
> —1 TESALONICENSES 1:5–7

Observa que los tesalonicenses primero escucharon el mensaje del Evangelio y se convirtieron en imitadores de Pablo y del resto de su equipo. Luego, los mismos que imitaron a Pablo se convirtieron en un ejemplo para otros cristianos. Los tesalonicenses no se quedaron en la infancia espiritual; ¡crecieron! Maduraron y comenzaron a influir en los demás. Este es siempre el plan de Dios.

Walter A. Henrichsen, autor de *Los discípulos se hacen, no nacen*, lo expresó de esta manera: "Al patriarca Jacob le nacieron doce hijos. La Biblia nos dice que se multiplicaron y llenaron la tierra de Egipto… Jesús eligió a doce hombres para que se convirtieran en sus 'hijos espirituales'. Invirtió tres años de Su vida en ellos y les dijo que se hicieran fructíferos, que se multiplicaran y que difundiesen el Evangelio, llevándolo a toda criatura. Tú y yo somos cristianos hoy porque doce hombres captaron la visión de Jesús e hicieron lo que Él les ordenó. ¡La reproducción espiritual funciona!".[7]

Siete razones por las que no hacemos discípulos

Allá por 2008 tuve un cumpleaños muy aterrador con un nuevo cero a bordo. Temía cumplir cincuenta porque ¡ese número sonaba tan viejo! Pero elegí aceptar la realidad. También decidí que pasaría el resto de mi vida invirtiendo en la próxima generación porque creo que el discipulado es el corazón del Evangelio.

Dios empezó a poner jóvenes en mi vida, y muchos de ellos me preguntaron si podía ser su mentor. Comencé a llevar a algunos de ellos a viajes misioneros. Otros me llamaron en busca de consejo o asesoría. Algunos necesitaban oración para superar hábitos o adicciones.

Cuanto más invertía en ellos, más me entusiasmaba ayudar a otros cristianos a crecer en su fe. Durante esos primeros días pasé mucho tiempo invirtiendo en jóvenes como AJ, a quien llevé conmigo en un viaje a Bolivia; Felipe, un inmigrante brasileño que finalmente comenzó a hacer discípulos por su cuenta; Antione, quien ahora es pastor en Florida; y David, un indio americano que dirige campañas de evangelización en los campus universitarios.

Ser mentor de jóvenes es lo más gratificante que hago. Disfruto predicar a las multitudes, pero si tuviera que elegir entre hablarle a un público de mil personas o conversar con un pequeño grupo de jóvenes líderes hambrientos espiritualmente, optaría por lo segundo siempre. Lo sostengo porque el discipulado relacional es el arte perdido de Jesús y el secreto del ministerio del Nuevo Testamento.

Hoy creo que el Espíritu Santo está atrayendo a la iglesia de regreso al modelo del Nuevo Testamento. Tanto los líderes como los feligreses están cansados del enfoque impersonal, basado en el desempeño de la gente que simplemente ocupa bancas. Estamos cansados del espectáculo. No hemos sido llamados para entretener a un público, sino para entrenar a un ejército.

Todos sabemos que Jesús pasó la mayor parte de su ministerio invirtiendo en un pequeño número de seguidores que, a su vez, invirtieron en otros. Entonces, ¿por qué no utilizamos ese mismo enfoque? Aquí hay siete razones obvias por las que no lo hacemos:

1. Ignoramos la Gran Comisión

Cuando Jesús estaba a punto de dejar esta tierra, impartió nuestras últimas órdenes de marcha en Mateo 28:19. No dijo: "Vayan y atraigan a las multitudes" o "Vayan y prediquen a las multitudes" o "Vayan y construyan iglesias". Ciertamente no hay nada malo en los edificios, los buenos sermones, o el evangelismo masivo, pero Jesús dejó claro que nuestra prioridad es el discipulado relacional: "Id y haced discípulos". Si Él pasó tres años y medio invirtiendo en un pequeño puñado de seguidores, ¿por qué pensamos que podemos hacerlo de otra manera?

2. Nosotros mismos no recibimos discipulado

Es imposible ser mentor de alguien si no has pasado por el mismo proceso con alguien que asuma ese rol en tu vida. Sin embargo, incontables pastores me han confesado que nunca tuvieron un mentor. Las universidades y seminarios bíblicos enseñan teología y metodología, pero los ministros no pueden ser producidos en serie en una línea de ensamblaje. Los siervos de Dios están hechos a mano. Necesitan alguien con quien puedan hablar, hacer preguntas, y observar desde la primera fila. Los médicos en este país deben pasar por un programa intensivo de prácticas, pero rara vez los líderes cristianos reciben una formación práctica de mentores solidarios. Pablo les dijo a los corintios: "Me convertí en vuestro padre por medio del evangelio" (1 Corintios 4:15), pero este concepto es extraño hoy en día porque la orfandad paterna de nuestra cultura también se ha extendido de modo alarmante en la iglesia. Debemos recuperar el arte perdido de la tutoría.

3. Preferimos los programas en lugar de las relaciones

Cuando Jesús llamó a sus discípulos, los designó *"para que estuvieran con Él* y para enviarlos a predicar" (Marcos 3:14, énfasis añadido). El primer deseo de Jesús fue construir una relación; el trabajo del ministerio era secundario. Hoy, hemos invertido las prioridades: nuestro enfoque está en el trabajo, y la importancia de las relaciones se minimiza o se ignora. Un pastor me dijo recientemente que, en su denominación, el ministerio se ha reducido a lo que él llamó "el ABC de la asistencia, los edificios, y el dinero". Cuando el ministerio se convierte en un negocio, sabes que has abandonado el verdadero discipulado.

4. Nos impresiona el tamaño

Los descendientes de Noé construyeron la Torre de Babel porque querían hacerse un monumento a sí mismos (véase Génesis 11:4). Esta ha sido siempre la tendencia de los hombres carnales. Amamos lo grande. Amamos las torres y la visibilidad porque acarician nuestro orgullo. Pero Dios descendió y confundió a los constructores de Babel porque Él quería que construyeran *hacia afuera*, no *hacia arriba* (véanse los versículos 5–9). Preferimos los monumentos altos para nuestra propia gloria, pero Dios quiere que nuestra influencia se extienda en dirección a los demás. Preferimos la *verticalidad*; Dios prefiere la *horizontalidad*.

Dawson Trotman, el fundador de la organización Los Navegantes, estaba comprometido con el concepto de discipulado porque sabía que si podía invertir en un pequeño grupo de cristianos hasta que alcanzaran la madurez, ellos luego invertirían en otros, y la reacción en cadena produciría un efecto multiplicador. Si cuatro personas se dedicaran a otras cuatro personas en un período de seis meses, dijo Trotman, y esas personas entrenaran a cuatro personas más en seis meses, esto daría como resultado 1024 discípulos después de cinco años. ¡Y al cabo de dieciséis años habría más de dos mil millones de discípulos![8] Si lo hiciéramos a la manera de Dios, podríamos alcanzar el mundo.

Walter Henrichsen ofrece un ejemplo similar. Supongamos que un evangelista lleva 1000 personas a Jesús cada día. Eso sería 365000 personas cada año. ¡Suena tan impresionante! Mientras tanto, supongamos que tú llevas solo una persona a Jesús por año y entrenas a esa persona, y luego esa persona instruye a otra persona al año siguiente. Al final del segundo año tendrías solo cuatro discípulos. No es demasiado emocionante, ¿verdad?

Pero si esta tendencia continuara, terminarías alcanzando a más de 365000 personas para el año diecinueve, y el número continuaría multiplicándose. Terminarías alcanzando a más personas que el evangelista, y todas serían guiadas en forma personal, con madurez espiritual y estabilidad para probarlo.

5.   Nos falta paciencia para el proceso

Pasar tres años dirigiendo un grupo pequeño parece poco impresionante. El discipulado no tiene nada de glamoroso ni de extravagante. Sin embargo, esto es exactamente lo que hizo Jesús —y uno de sus discípulos más cercanos, Pedro, terminó negándolo (véase Mateo 26:69–75)—. Judas, por su parte, abandonó el grupo y se ahorcó (véase Mateo 27:5). Muchos de nosotros nos habríamos dado por vencidos ante semejantes circunstancias.

Es posible que te sientas frustrado porque algunos de tus discípulos se desploman o crecen a paso de tortuga. Pero nunca sabes el impacto que tus discípulos tendrán al final. Después de todo, Pedro se reincorporó al equipo de Jesús una vez fue perdonado y restaurado (véase Juan 21:15–17). A veces los que sufren los mayores fracasos experimentan las mejores reapariciones.

En la iglesia de hoy queremos todo rápido y fácil; sin embargo, el camino de Jesús requiere tiempo y puede no parecer impresionante al principio. Tendrás que esperar por el fruto, y es posible que no se haga completamente evidente hasta después de tu muerte. Pero podemos confiar en que la semilla de Su Palabra no volverá vacía.

6. Nuestro quebrantamiento personal nos impide sanar a otros

El proceso de discipulado incluye la sanidad de nuestras almas de las heridas pasadas. No podemos ser maduros en Cristo si todavía continuamos atados por hábitos pecaminosos. Sin embargo, muchos cristianos de hoy están atascados en la infancia espiritual porque no han pasado por el proceso necesario de sanar, de modo que puedan caminar en santidad. Nunca llevarás a otros a la madurez espiritual si no has aprendido a superar tu propio quebrantamiento.

7. Queremos que los feligreses se mantengan inmaduros

Cuando los niños crecen, dejan sus hogares, se casan, y tienen sus propias familias. Este ha sido el plan de Dios desde que les dijo a Adán y Eva: "fructificad y multiplicaos" (Génesis 1:28). Jesús repitió este encargo a sus discípulos cuando dijo: "Mi Padre es glorificado en esto, en que llevéis mucho fruto, de modo que seáis mis discípulos" (Juan 15:8). Los verdaderos discípulos hacen discípulos. No se limitan a sentarse en la iglesia año tras año como espectadores.

Algunos pastores inseguros no quieren que los miembros de sus congregaciones crezcan porque se sienten amenazados por los creyentes maduros. Tienen miedo de que alguien les robe el ministerio. ¡Eso es una locura! Yo quiero que mis hijos e hijas espirituales me sobrepasen en fecundidad espiritual. Si estamos comprometidos con el discipulado bíblico, debemos tragarnos nuestro orgullo y regresar a la prioridad de invertir en las relaciones.

He aquí un ejemplo de cómo funciona la influencia multiplicada. Hace más de quince años empecé a aconsejar a un chico eslavo llamado Alex Novik. Su padre llegó a este país desde Bielorrusia hace muchos años, cuando Alex era un niño, debido a la persecución religiosa bajo el régimen soviético. Alex se puso en contacto conmigo para que le sirviera de mentor cuando era un joven de unos veinte años, y yo comencé a visitar su iglesia eslava en Filadelfia. Cuando puso en marcha su negocio de diseño gráfico, le hice una pequeña oferta en efectivo. ¡Me dijo que era su primer inversor!

Al poco tiempo tenía un nuevo grupo de jóvenes amigos con largos nombres rusos como Alex Ankudovich, Dmitry Kolesnikovich, Ruslan Romanov, Eugene Kolomoytsev, Olga Maksimchuk, y Vitaly Vitorsky, su esposa, Alesya, y su hermano, Gennady. No solo aprendí mucho sobre la cultura y la comida eslavas dando vueltas por esta iglesia, sino que también me convertí en parte de la vida de estos jóvenes.

En algunos casos celebré sus bodas; también oré por el nacimiento de sus hijos, y les ofrecí consejo y oración cuando pasaban por momentos difíciles. Disfrutamos juntos de retiros en las Montañas Humeantes, en Tennessee.

Durante una de mis múltiples visitas a la iglesia de Filadelfia, conocí a un hombre llamado Ulan Karypov, que era un inmigrante de la región centroasiática de Kirguistán. Ulan había sido un famoso periodista en su país de origen, pero se vio obligado a huir después de algunos disturbios políticos y sociales. En una conferencia de hombres, di una palabra profética de aliento a Ulan, recordándole que Dios lo utilizaría un día para alcanzar su nación para Cristo.

Varios años adelante, Ulan se ha dedicado a establecer emisoras de radio en toda Asia Central. Dios lo está usando a él y a su esposa, Asil, para alentar a las incipientes iglesias de esta región. He estado dos veces en Kyrgyzstan con Ulan y Asil, mientras mis otros amigos de habla rusa nos acompañaban y servían como traductores y consejeros de oración. Hemos visto una transformación dramática de las comunidades, todo porque Ulan fue lo suficientemente valiente como para llevar el Evangelio a su país.

Todo esto sucedió como resultado de mi amistad con Alex Novik. No tenía ni idea de que tanto fruto espiritual surgiría de esa única conexión. Por cierto, no sabía que afectaría a una nación al otro lado del mundo.

Todavía estoy por ver el impacto total de estas conexiones con mis amigos de habla rusa. Dios toma pequeñas semillas y las convierte en árboles enormes. Él multiplica el poder de nuestros pequeñas esfuerzos. Al igual que la caída de una sola roca en un estanque, el Señor crea un efecto dominó duradero que puede sentirse por generaciones. Invita al Espíritu Santo a utilizarte como *influencer*.

OREMOS POR ELLO

Señor, quiero influir en los que me rodean para Tu reino. Toma lo que has invertido en mí y multiplícalo. Permíteme sembrar semillas que crezcan. Muéstrame a las personas que quieres que oriente, y ayúdales a entrenar a otros después de que yo haya invertido en ellos. Deja que mi vida sea una gloriosa reacción en cadena de Tu asombrosa gracia. Amén.

UN **ÚLTIMO** PENSAMIENTO

Si tuviéramos que predicar a miles de personas año tras año, y nunca rescatáramos más que un alma, esa única alma sería una recompensa completa por toda nuestra labor, porque el valor de un alma es inconmensurable.[10]

—CHARLES SPURGEON, PREDICADOR BRITÁNICO

CONSEJO PARA EL DISCIPULADO

Necesitas el sobrenatural amor de Dios

El apóstol Pablo amaba apasionadamente a las personas. En sus cartas se refiere a sus discípulos más de cuarenta veces como "amados". Llamó a Timoteo su "hijo amado y fiel" (1 Corintios 4:17); describió a Epafras como "amado consiervo" (Colosenses 1:7); y llamó a Onésimo "hermano fiel y amado" (Colosenses 4:9). La palabra griega para *amado*, *agapētos*, significa estimado, querido, o favorito".[1]

Pero, ¿cómo podría ser más de una persona "la favorita de Pablo"? Normalmente esto no sería viable. Pero cuando el amor sobrenatural de Dios fluye a través de ti, puedes amar a todos tus discípulos como si fueran tus favoritos. Después de todo, Dios nos ama a todos como Sus hijos amados. El ferviente amor de Dios ensanchará tu corazón, ampliará tu capacidad de demostrar afecto cálido, compasión sincera, y una preocupación genuina y profunda. Este es el secreto de una mentoría eficaz. Ama a tus discípulos hasta que lleguen a ser "amados" para ti.

¿Qué pasó con las relaciones cercanas?

EN EL DÍA DE SAN VALENTÍN de 2018 un joven con problemas llamado Nikolas Cruz utilizó un rifle AR-15 para matar a diecisiete personas en su escuela secundaria en Parkland, Florida. Todos estábamos conmocionados por la noticia, pero no nos sorprendió escuchar cómo los conocidos describieron al asesino de diecinueve años.[2] Lo catalogaron como un "solitario".[3] Vemos un patrón aquí:

- Los periodistas utilizaron un término similar para describir a Dylann Roof, el hombre blanco de veintiún años que mató a nueva personas en la masacre de la iglesia de Charleston en 2015. Sus familiares lo definieron como un "solitario dolorosamente tímido".[4]

- Un antiguo compañero de clase describió a Omar Mateen, de veintinueve años, como "socialmente torpe" y dijo que "no le caía bien a nadie".[5] Esto ocurrió después de que el afgano matara a cuarenta y nueve personas e hiriera a cincuenta y tres en el tiroteo del club nocturno Pulse, en Orlando, Florida, en 2016.[6] Al parecer se le vio sentado solo varias veces en el club nocturno antes de la fecha de la masacre. De nuevo, un solitario.

- Stephen Paddock, el jugador que disparó mil cien balas desde su habitación de hotel en Las Vegas contra una multitud de veintidós mil aficionados a la música el primero de octubre de 2017, matando a cincuenta y ocho personas e hiriendo a más de ochocientas, también era conocido como tranquilo y solitario.[7]

La soledad, al parecer, puede llegar a ser mortal.

Hoy en día los estadounidenses están más solos que nunca, gracias a la desintegración de la familia, la sobreexposición a los medios de comunicación, los prolongados desplazamientos y las presiones laborales. Nuestra población ha aumentado, las carreteras están más congestionadas y supuestamente estamos más "conectados" que nunca a través de las redes sociales, pero gran parte de nuestra comunicación es virtual y superficial. Las conversaciones genuinas se están volviendo tan raras como las cartas escritas a mano. Y la soledad se agravó durante la pandemia de COVID-19, cuando la gente se vio obligada a entrar en cuarentena en casa, a no ir a la escuela y a usar tapabocas. También recurrimos a reuniones en la aplicación Zoom, lo que incrementó la sensación de conexión impersonal y a distancia.

Tenemos más cafeterías y restaurantes que nunca, pero muchas personas comen solas o se sientan con otras que están pegadas a sus teléfonos inteligentes. Tenemos más servicio de atención al cliente que nunca, pero en su mayoría automatizado. Tenemos más puntos de venta que nunca, pero no hablamos con un vendedor: compramos por internet. Pronto un dron (no un ser humano real que pueda sonreír y saludar) entregará los paquetes en la puerta de nuestra casa. Es demasiado pronto para valorar las estadísticas, pero sospecho que muchas de las personas que murieron durante la pandemia de coronavirus perdieron la vida como resultado de la depresión causada por el aislamiento. En muchos casos la soledad fue más letal que el propio virus.

Los psicólogos actuales han estudiado la soledad y han demostrado que también puede aumentar el riesgo de obesidad, presión arterial alta e inflamación, lo que puede desencadenar enfermedades cardíacas, derrames cerebrales e incluso cáncer.[8] De hecho la ciencia revela que los seres humanos necesitan relaciones estrechas, contacto físico significativo, y apoyo emocional amoroso para prosperar físicamente.[9]

El Dr. Vivek Murthy, que fue confirmado en marzo de 2021 para servir por segunda vez como cirujano general de los Estados Unidos, afirmó creer que la soledad es un profundo problema de salud en este país.[10] Otros dos médicos prominentes, la Dra. Jacqueline Olds y el Dr. Richard S. Schwartz, declararon en su libro *The Lonely American: Drifting Apart in the Twenty-First Century* que las personas que permanecen aisladas tienen múltiples problemas de salud y que la soledad es un riesgo tan grande para la salud como el hábito de fumar.[11]

He observado que la soledad también es un problema entre los cristianos. Muchos seguidores de Cristo han convertido su fe en una "actuación en solitario". Es una especie de "yo y Jesús". Escuchamos a nuestros predicadores favoritos en internet, pero consideramos que la asistencia a la iglesia es opcional. Los que abandonan la iglesia se preguntan: "A fin de cuentas, ¿quién necesita a la gente?". E incluso aquellos que asisten a la iglesia, si son sinceros, te dirán que les cuesta construir amistades auténticas.

Esta actitud contrasta con el mensaje de la Biblia. El cristianismo no es una religión privada. Se nos invita a reunirnos como una comunidad de adoradores. Hemos sido bautizados en "un cuerpo" (Efesios 4:4), la Iglesia. Dios nos llama a un amor radical y a una conexión estrecha. Primera de Pedro 1:22 dice: "Habiendo purificado vuestras almas en la obediencia a la verdad para amar con sinceridad a los hermanos, amaos de corazón, fervientemente, los unos a los otros". La palabra fervientemente en griego también puede traducirse "extendiéndose".[12] El Espíritu Santo quiere ensanchar nuestro amor para que sea del tamaño de Dios.

Cuando Jesús llamó a sus discípulos, los invitó primero a "estar con Él" y luego "a predicar" (Marcos 3:14). Jesús siempre antepuso las relaciones al ministerio. El Nuevo Testamento deja claro que las relaciones, no los programas, deben ser nuestra prioridad. Pero hoy muchas iglesias han perdido esa dinámica relacional. Debemos recuperarla si queremos convertirnos en hacedores de discípulos eficaces.

Cómo encontré *comunidad real* en Puerto Rico

En 2013 prediqué durante varios días en la Casa del Padre, una pequeña pero creciente iglesia en Trujillo Alto, Puerto Rico. La congregación se reunía en un sencillo local alquilado, con suelo de baldosas y sillas plegables. Todavía no tenían un líder de alabanza, por lo que un reproductor de CD proporcionaba el acompañamiento para el canto. El pastor, un tipo amable llamado Luis Roig, tenía un segundo trabajo como bombero para pagar las cuentas de su familia. Por aquel entonces la oficina de la iglesia estaba en el garaje.

A pesar de la sencillez de la Casa del Padre, un asombroso nivel de amor eclipsaba la falta de sofisticación de la iglesia. Cuando ministré el domingo por la mañana, la reunión comenzaba a las 10:30 a.m., pero no abandoné el edificio hasta las 5:00 p.m. (no porque predicara demasiado, sino porque nadie quería irse a casa). Después de la reunión disfrutamos de un almuerzo que duró tres horas.

Podrías sentirte tentado a decir: "Así son los puertorriqueños. Son muy relacionales". Es cierto que a los puertorriqueños les encanta la fiesta. Y su comida —especialmente el arroz, los fríjoles, la carne de cerdo, y el *mofongo* (puré de plátanos)— hace que la gente regrese por más. Pero el auténtico compañerismo que experimenté en Trujillo Alto no puede ser banalizado, como si se limitara a una expresión de la cultura latina. No, esta iglesia puertorriqueña entiende un secreto bíblico que muchos de nosotros hemos olvidado.

El libro de Hechos nos cuenta que, después de que los primeros discípulos fueron bautizados en el Espíritu Santo, "se dedicaban continuamente a la enseñanza de los apóstoles y a la comunión, al partimiento del pan y a la oración" (Hechos 2:42). La palabra griega que significa comunión, *koinonia*, aparece aquí por primera vez en el Nuevo Testamento, y se menciona un total de veinte veces en dieciocho versículos.[13]

La *koinonia*, que también puede traducirse como "compañerismo"[14] es una gracia sobrenatural que hace que los cristianos se amen profundamente. No era posible antes de Pentecostés porque se trata de una manifestación del Espíritu Santo que mora en nosotros. Al igual que el *dunamis* ("poder")[15] nos permite sanar a los enfermos o realizar milagros, la *koinonia* teje nuestros corazones y nos vincula.

El cristianismo es la única religión en la tierra que conecta invisiblemente a sus seguidores a través de un afecto sobrenatural. Nos hace sentir como una familia, y nuestro amor mutuo, si es verdaderamente del Espíritu, trasciende todas las fronteras de raza, género, edad o posición socioeconómica. Nos motiva a orar los unos por los otros, a llevar las cargas de los demás, y a dar la vida el uno por el otro.

Tras el derramamiento del Espíritu descrito en Hechos 2, la *koinonia* hizo que los primeros discípulos compartieran sus bienes desinteresadamente (vv. 44–45) y se reunieran a comer con frecuencia (v. 46). Muchas personas decidieron hacerse cristianas al ver esta comunidad amorosa (v. 47). La *koinonia* era un ingrediente esencial en la iglesia del Nuevo Testamento. Es lo que conectaba como equipo a Pablo, Timoteo, Lucas, Tito, Febe, Silas, Priscila y Aquila. Es lo que mantuvo unidas a las primeras iglesias y llevó a sus miembros a dar la vida por los demás.

Con toda nuestra sofisticación moderna, nos hemos olvidado de la necesidad esencial de una auténtica comunión. Hemos intentado edificar la Iglesia sin ella. Hemos desarrollado un modelo estéril de iglesia centrado en los eventos y en las celebridades, en lugar de relaciones cálidas y cercanas.

Construimos edificios estilo teatro, donde las multitudes se agolpan para escuchar hablar a un tipo. Las multitudes son desalojadas rápidamente del santuario para dejar espacio al siguiente grupo. Muchas de esas personas nunca procesan con nadie más lo que aprendieron, nunca se unen a un grupo pequeño, y nunca reciben alguna forma de discipulado de "uno a uno". Y luego muchos cristianos se quejan de que se sienten solos, incluso entre la multitud de su propia iglesia.

Por supuesto que necesitamos la "enseñanza de los apóstoles" mencionada en Hechos 2:42, pero sin la *koinonia* descrita en el mismo versículo, la enseñanza puede tornarse seca y acartonada. Se supone que la iglesia debe ser más una sala familiar que un aula de clases. Y por cierto, no es un concierto ruidoso e impersonal donde no se puede escuchar una conversación.

Debido a que hoy carecemos de relaciones significativas, hemos tratado de llenar el vacío con la tecnología. Pensamos que si podemos crear un factor sorpresa con videoclips geniales, sermones en 3D, bandas de adoración vanguardistas y máquinas de humo, las multitudes gritarán por más. No comparto eso. La moda puede volverse superficial rápidamente.

Hoy vivimos una crisis de relaciones. Los pastores y líderes cristianos me dicen a menudo que no tienen amigos. Las amistades íntimas son cada vez más escasas. Esto suele ocurrir porque fuimos traicionados en una relación anterior, debido a lo cual cerramos nuestros corazones y nos refugiamos en nuestros caparazones protectores. Muchos cristianos han renunciado a la Iglesia por completo, no por cuestiones doctrinales sino básicamente porque fueron heridos por alguien en la congregación.

¡Debemos volver a la *koinonia*! La cuestión es que no se descarga, no existe una aplicación para hacer eso, y no se puede obtener una copia pirata. (Si quieres un ejemplo concreto para imitarlo, puedo darte la dirección de la iglesia en Puerto Rico). Tendremos que desechar los programas artificiales diseñados a partir de eventos si queremos volver al cristianismo relacional del libro de Hechos.

Amplía tu capacidad de amar

No me gustan las despedidas, especialmente en el campo misionero. Si me conoces, sabrás que a veces me emociono en los aeropuertos. Fue realmente duro cuando dejé Singapur en 2019.

Había pasado dos semanas con personas de nueve iglesias diferentes, e invertí mucho tiempo y energía animando a la gente, incluyendo miembros de congregaciones indias, filipinas, e indonesias. Derramé mi vida en un grupo de jóvenes discípulos: Peter, Billy, Hani, Sireesh, Chee, Chandra, Alberto y Tim. También me reencontré con muchos líderes maravillosos, como Sanford, Anna, Naomi, Yang, Hazeil, Brenda, Nelson, Jonathan, Joshua y Leslie. Compartimos las comidas. Oramos juntos. Experimentamos el vínculo del Espíritu Santo. Y comimos *durian*, una fruta de extraño olor tan amada como odiada en toda Asia.

Cuando llegó el momento de pasar por el control de seguridad en el aeropuerto, algunas de estas personas vinieron a despedirme, y hubo quienes se quedaron casi hasta las dos de la madrugada, cuando llegó la hora de registrarme. No pude ocultar mis lágrimas. Recuperé mi compostura después de alcanzar mi asiento en el avión. Pero sentí como si me arrancaran el corazón del pecho.

¿Por qué sentimos una conexión tan fuerte con nuestra familia espiritual? Es porque el cristianismo, en esencia, consiste en relaciones. No solo somos bautizados en una relación personal con Dios, sino también en Su cuerpo corporativo, la Iglesia. Dios nos llama a seguirle con un grupo de compañeros espirituales.

Las despedidas difíciles se han convertido en una parte normal de mi experiencia cristiana. El apóstol Pablo también tuvo este dilema. Extrañaba a la gente desesperadamente. Les dijo a los romanos: "Porque anhelo veros" (Ro. 1:11). A los tesalonicenses les confesó: "Por eso, teniendo un gran amor hacia vosotros… porque nos erais muy queridos" (1 Ts. 2:8, MEV). A Timoteo le dijo: "Ansío volver a verte, pues me acuerdo de tus lágrimas cuando nos separamos. Y me regocijaré cuando volvamos a estar juntos de nuevo" (2 Ti. 1:4, NLT).

El evangelio de Pablo brotaba del corazón Nuestra fe se basa en la asombrosa verdad de que un Dios amoroso vino a la tierra para reparar nuestra relación rota con Él. Y desde entonces Dios ha enviado personas a través de océanos y cordilleras para contar a otros acerca de su amor. A menudo han tenido que soportar despedidas dolorosas.

Jesús modeló este amor lleno de afecto invirtiendo tiempo en sus discípulos. No levitaba por ahí como un gurú mientras impartía sabiduría de otro mundo. No se mostró distante o retraído. Caminó por Palestina con Sus amigos. Se ensuciaban los pies juntos y luego Él se los lavaba. Pescaba con ellos, comía con ellos, y simplemente pasaba el rato con ellos. Su relación no se limitaba a la tarea del ministerio. Él quería su amistad.

Hoy en día lo entendemos al revés. Tendemos a valorar el desempeño religioso, pero a menudo estamos en bancarrota en materia de amistades. Nos sentamos juntos en innumerables reuniones pero nunca abrimos nuestros corazones a los demás. Hemos creado un cristianismo robótico, programático y clínico, que cuenta cabezas pero carece del corazón del amor neotestamentario.

Hace tiempo que deseché esa versión estéril del cristianismo. He aprendido que el ministerio no consiste en reunir grandes multitudes, en llenar las sillas, tabular las tarjetas de respuesta, o arrancar aplausos estruendosos. No se trata de correr sobre la banda de la máquina de crecimiento de la iglesia. La religión que se centra en lo externo está marchita y su base es el rendimiento.

El verdadero cristianismo es cálido y afectuoso.

¿Cómo evaluarías tus relaciones con los demás en este momento? ¿Son íntimas? ¿Profesionales? ¿Distantes? ¿Frías? ¿Tienes amigos cercanos? ¿Vives tu fe en un confinamiento solitario? ¿Has tomado distancia de las relaciones significativas en la iglesia porque alguien te lastimó? La forma como respondas a estas preguntas determinará si tendrás éxito haciendo discípulos, porque solo las personas que se relacionan tienen la capacidad de invertir en los demás.

Ojalá todos queramos ver un renacimiento global del cristianismo. Queremos ver milagros y conversiones masivas. Pero olvidamos que el avivamiento del Nuevo Testamento no ocurre sin el amor del Nuevo Testamento. No puedes decir que amas a Dios si no amas a las personas.

El predicador británico Charles Spurgeon fue categórico al respecto. Dijo: "No eres un amante de Cristo si no amas a sus hijos. Tan pronto como el corazón se entrega al dueño de la casa, se entrega a los hijos de la casa. Amad a Cristo y pronto amaréis a todos los que le aman".[16]

Veo este amor manifestado de algunas maneras específicas:

- Liderazgo con corazón de siervo. El apóstol Pablo y los líderes de su equipo no se consideraban "todo eso". No eran estrellas del púlpito. No andaban en limusinas ni exigían habitaciones de hotel de cinco estrellas. Pablo incluso estaba dispuesto a trabajar en un empleo a fin de no ser una carga para los tesalonicenses.

- En las iglesias de hoy, algunos pastores se han transformado en directores ejecutivos alineados con las últimas tendencias, que solo aparecen en el púlpito y en la pantalla de video. Puede que lleven un mensaje poderoso, pero la idea de la impartición personal se ha convertido en una reliquia de una época pasada. En la era de la "Iglesia" no nos ponemos al nivel de la gente. Es una pena, porque los sermones, por sí solos, no hacen discípulos. Las personas necesitan un toque personal de parte de líderes que sientan un profundo afecto por aquellos a quienes forman.

- Inversión desinteresada. Cuando Pablo estaba en la cárcel, no hizo una escena de despecho y autocompasión. Pensaba veinticuatro horas al día, siete días a la semana, en las personas que había guiado a Cristo. Deseaba volver a verlos desesperadamente. Estaban en su corazón. Oraba de manera continua por ellos "para poder ver vuestros rostros y completar lo que falte a vuestra fe"(1 Tesalonicenses 3:10). Esta clase de amor desinteresado, modelado por líderes humildes, pone el listón muy alto para toda la Iglesia.

- Afecto absoluto. La palabra *hermanos* aparece diecisiete veces en la primera epístola de Pablo a los tesalonicenses. Pablo entendía que cuando nos unimos a la comunidad de los redimidos, estamos conectados por el Espíritu Santo, que vive en todos nosotros. Este precioso vínculo espiritual debe ser atesorado. Por eso Pablo escribió: "Que el Señor os haga crecer y abundar en el amor mutuo" (1 Ts. 3:12). Él sabía que la verdadera medida de la madurez cristiana es el amor ferviente.

Pablo también les dijo a los tesalonicenses: "Saludad a todos los hermanos con un beso santo" (1 Ts. 5:26, NKJV). Hoy en día explicamos este versículo sugiriendo que el beso era una tradición cultural que no se aplica a nosotros. ¿De verdad?

He estado en iglesias donde las personas mantienen una distancia cortés, y su falta de afecto es un indicador de su gélida condición espiritual. Algunas personas critican lo que llaman "amor agape descuidado", pero he aprendido que cuando los cristianos se abrazan, también son más propensos a convertirse en seguidores apasionados de Jesús. El afecto profundo es la clara señal de un amor igualmente profundo a Dios en las personas.

Uno de mis capítulos favoritos de la Biblia es Romanos 16. Algunas personas lo pasan por alto, porque es solo una lista de nombres. Pablo envía cálidos saludos a treinta y tres personas que conocía en Roma. Escribe sobre "Epeneto, mi amado" (v. 5), "Amplias, mi amado en el Señor" (v. 8), y "Herodión, mi pariente" (v. 11). Pablo derrama su amor por estas personas, mostrándonos que se preocupaba profundamente por aquellos que servían con él.

En verdad Pablo era lo que llamaríamos "una persona sociable". Valoraba las relaciones más que nada. Llevaba personas en su corazón, las echaba de menos, y estoy seguro de que lloraba cuando oraba por ellas. No puedo compararme con Pablo, pero también me siento así con la gente. Cuando inviertes en los demás, viven en tu corazón, y sientes un afecto piadoso por ellos. Nunca trates a las personas como proyectos. Nunca pases por encima de ellos para alcanzar metas egoístas.

Algunos líderes aman a las multitudes, pero no valoran a los individuos. Deberíamos tomarnos el tiempo necesario para mostrar amor a cada Epeneto, Amplias, y Herodión en nuestras vidas. Hay una conexión directa entre el amor extravagante de unos por otros y el espíritu de avivamiento del Nuevo Testamento. Debemos redescubrir esa clase de amor si queremos ser eficaces en el discipulado.

Aprende a ser un amigo

La Biblia nos ofrece la historia de Jonatán y David como modelo de la verdadera amistad. El registro bíblico deja claro que Dios puso a Jonatán en la vida de David en un momento crucial de su camino al trono. Si no fuera por el pacto en la relación con Jonatán, su amigo David nunca habría podido superar los obstáculos que enfrentó durante el reinado de Saúl.

La misma verdad aplica para todos nosotros. Nunca alcanzarás tu máximo potencial espiritual sin la ayuda de esas relaciones clave que Dios pone a tu alrededor. Sin embargo, para beneficiarte de estas relaciones debes abrir tu corazón y correr el riesgo de ser un amigo.

¿Cómo puedes pasar de estar aislado a desarrollar amistades cercanas? Proverbios 18:24 dice: "El hombre que tiene amigos debe ser amistoso" (NKJV). No puedes esperar hasta que un amigo se acerque a ti. Da el primer paso y disponte a romper el anquilosamiento. Charles Spurgeon lo expresó de esta manera:

"Cualquier hombre puede desear egoístamente tener un Jonatán; pero está en el camino correcto quien desea encontrar un David para el que pueda ser un Jonatán".[17] Aquí hay seis cualidades que veo en Jonatán que me desafían a ser un mejor amigo:

1. **Jonatán alimentó un vínculo espiritual.** Después de que David mató a Goliat y se mudó al palacio de Saúl, la Biblia dice que "el alma de Jonatán se unió al alma de David" (1 Samuel 18:1). Esta es la obra del Espíritu Santo. Todos los cristianos deberían experimentar un sentido de conexión familiar, pero hay ciertos

amigos con los que te sentirás profundamente conectado porque Dios está poniendo a cada uno en la vida del otro por una razón. No te resistas a ese proceso. Deja que Dios te una a las personas.

Estoy casado con mi mujer, Deborah, desde 1984. Es mi mejor amiga. En términos del nivel de intimidad que compartimos, nadie puede reemplazarla. Pero el hecho de estar casado no significa que yo no necesite amigos varones.

Un estudio de Relationships Australia reveló que son más los hombres que las mujeres que no tienen amigos cercanos por fuera de sus relaciones duraderas en el largo plazo. Los investigadores descubrieron que los hombres que cuentan con una sólida red de apoyo por parte de amigos no lidian con tanto estrés y se mantienen más saludables físicamente. Y un grupo de investigadores españoles encontró que la soledad puede provocar un aumento del 26% en el riesgo de demencia y un riesgo aún mayor de deterioro cognitive leve.[18] Necesitamos las relaciones para estar sanos.

2. **Jonatán mostró un amor sacrificado.** Jonatán amó tanto a David que arriesgó su vida para ayudarle a cumplir su misión. Incluso esquivó la lanza de Saúl en su esfuerzo por ayudar a su amigo. Vivió en el espíritu de las palabras de Jesús sobre la amistad: "Nadie tiene mayor amor que este: dar la vida por sus amigos" (Juan 15:13, NIV). El mundo dice que solo debemos preocuparnos por nuestro propio éxito. Pero la mejor manera de llegar a ser más como Jesús es ayudar a otro a tener éxito.

3. **Jonatán siempre infundía aliento.** Cuando David huía de Saúl en el desierto, Jonatán viajó a Hores para animar a su amigo (véase 1 Samuel 23:16.) Hubo momentos en la vida de David en los que tuvo que animarse a sí mismo, pero en este caso Jonatán fue el instrumento de Dios. ¡Nos necesitamos el uno al otro! Si permites que el Espíritu Santo hable vida y esperanza a través de ti, tus palabras pueden propulsar a tus amigos hacia sus destinos.

4. **Jonatán ofreció protección a su amigo.** Cuando Jonatán se dio cuenta de que su padre estaba conspirando para matar a David, no solo le advirtió del peligro, sino que ideó un plan para liberar a su amigo (véase 1 Samuel 19:1–4). Los amigos no permiten

que sus amigos sean masacrados en la guerra espiritual. Se cuidan las espaldas. Si ves que un amigo comete un error tonto o sientes que el enemigo lo tiene en la mira, Dios puede usarte para evitar un desastre. Habla la verdad en amor.

5. **Jonatán mantuvo en secreto el dolor de su amigo.** David confiaba en su amigo Jonatán, y en algunos casos derramó su corazón con frustración. En un momento dado le dijo: "¿Qué he hecho? ¿Cuál es mi iniquidad?" (1 Samuel 20:1). Cuando estoy pasando por una prueba difícil, a veces solo necesito desahogarme. Felizmente, tengo amigos leales que me permiten procesar mi dolor y que no corren a contar mi debilidad a otros. Esa es la verdadera amistad.

6. **Jonatán no albergaba celos.** En un momento del viaje de David, Jonatán se dio cuenta de que su amigo algún día sería rey de Israel. La posición de rey en realidad era herencia de Jonatán, por ser hijo del rey Saúl, pero este amigo reconoció que Dios había escogido a David en su lugar. Así que le dio a David su manto real, su armadura, y sus armas (véase 1 Samuel 18:4.) El gesto de Jonatán es una hermosa imagen de cómo debemos preferirnos y honrarnos unos a otros. Los celos destruyen la amistad. Si tenemos el amor de Dios en nuestro corazón, querremos que nuestros amigos nos superen.

Si has resultado herido en relaciones anteriores, sal de tu aislamiento y pídele a Dios que sane tu corazón. Luego elige ser un Jonatán para alguien más.

Veo la amistad como un regalo de Dios. Nunca podría establecer un valor económico al beneficio que recibo de las personas especiales que el Señor ha puesto en mi vida. Ya sea Luis, James, Gary, Chris, Doug, Ian, Matt, Michael, Rafael, Ryan, Sam, Quentin, Grant, Chad, Steve, Lewis, Eddie, o cualquiera de mis otros amigos más cercanos, siento que les debo mi vida por lo que han invertido en mí.

Estos hombres han llevado mis cargas, me han animado, han estado atentos a mi dolor y confesiones, me han ofrecido consejo, han orado por mí, o simplemente me han proporcionado una caja de resonancia. Hoy soy un líder fuerte gracias a las personas que caminan conmigo, y sería un desastre sin el apoyo que .me brindan.

¿Te has convertido en un cristiano solitario? Todo el tiempo les recuerdo a mis discípulos que las relaciones suponen un riesgo. Cada vez que abres tu corazón para hacer un nuevo amigo, te enfrentas a la posibilidad de salir lastimado. Pero no puedes permitir que el miedo a la traición te impida invertir en la personas.

Sí, a veces la gente se alejará de ti. A veces te tenderán una emboscada, te atacarán, o desaparecerán durante meses o años. Pero si tenemos el amor sobrenatural de Dios en nuestros corazones, seguiremos amándolos.

Conozco a muchos cristianos que han cerrado totalmente la puerta de sus corazones porque resultaron "trasquilados" en relaciones pasados. No se dan cuenta de que el resentimiento conduce a una mayor desolación. Aislarte de la gente no es saludable, independientemente de cómo lo justifiques. Efesios 4:31 dice: "Quitad de vosotros toda amargura, rabia, ira, peleas y calumnias, y toda malicia" (MEV). Si estás lleno de negatividad sobre las personas, tus actitudes tóxicas te envenenarán.

Decide hoy ser amigo. Abre tu corazón por completo a las personas si quieres marcar una diferencia en sus vidas. Volverse relacional es el primer paso para convertirse en pescador de hombres.

OREMOS AL RESPECTO

Señor, ayúdame a abrir mi corazón. Expande mi amor y haz de mí una persona que ame sinceramente a los demás. Me arrepiento de haber cerrado mi corazón por miedo a salir lastimado. Renuncio a cualquier amargura o resentimiento que haya enfriado mi corazón. Haz que la llama de Tu amor arda en mi corazón para que todas las personas con las que me encuentre puedan sentir tu misericordia, bondad e incontenible afecto. Amén.

UN PENSAMIENTO **FINAL**

Algunos cristianos tratan de ir al cielo en soledad, pero los creyentes no se comparan con los osos, ni con los leones, ni con otros animales que deambulan solos; por el contrario, quienes pertenecen a Cristo son ovejas en ese sentido, les gusta reunirse. Las ovejas andan en rebaños, y así también el pueblo de Dios.[19]

—CHARLES SPURGEON, PREDICADOR BRITÁNICO

CONSEJO PARA EL DISCIPULADO

Necesitas mentores y amigos

Cuando Israel luchó contra los amalecitas, Moisés permaneció de pie en una colina, observando la batalla. La Biblia dice que cuando Moisés levantaba los brazos, Israel tomaba la ventaja; pero al bajarlos, el enemigo empezaba a ganar. Así que Aarón y Hur se pararon junto a Moisés y sostuvieron sus brazos en alto todo el día, e Israel derrotó al enemigo (véase Éxodo 17:8–13). Me encanta que la Biblia nombre a los hombres que ayudarán a Moisés.

Esto es verdadero trabajo en equipo. Moisés no podía hacer su parte solo. Aunque tenía una poderosa unción, necesitaba que sus hermanos estuvieran a su lado. Muchos líderes son tentados a hacer todo ellos mismos. No saben delegar, o son reacios a pedir ayuda. Si quieres ser un líder fuerte, no seas un solitario. ¿Quiénes son tus Aarones y tus Hures? Rodéate de mentores, consejeros y amigos de confianza que te levanten los brazos. Y cuando llegue el momento de celebrar, honra a las personas que te ayudaron a ganar. ¡No podrías haberlo hecho sin ellos!

Tres relaciones vitales que todo cristiano necesita

ASISTÍ A LA IGLESIA CUANDO ERA adolescente, pero en ese momento de mi vida podría mejor ser descrito como "espiritualmente despistado". Tenía una relación distante y superficial con Dios, no estaba familiarizado con la Biblia y no recuerdo haber escuchado con atención ningún sermón dominical. Me distraían las tentaciones mundanas, y lo más probable es que hubiera perseguido mis propias metas y deseos pecaminosos, de no haberse interesado en mi crecimiento espiritual un joven llamado Barry St. Clair.

Cuando tenía quince años, Barry me invitó a asistir a lo que él llamaba un "grupo de discipulado", que organizaba en su casa de los suburbios de Atlanta los martes por la noche. No tenía ni idea de lo que era el discipulado. Algunos de mis amigos de la secundaria, todos estudiantes de décimo grado, también planeaban ir.

Barry solo tenía veintiocho años por aquel entonces, pero ya era un conocido especialista en el ministerio juvenil (aunque hoy admita que no tenía ni idea de lo que hacía cuando creó el grupo). También me parecía muy adulto, porque estaba casado y tenía un hijo pequeño. Incluso lo admiraba antes de conocerlo porque era bastante "viejo".

Había unos diez jóvenes en el grupo, y nos reuníamos en el sótano de Barry durante una hora y media cada semana. No había nada elegante en la reunión, si se compara con los estándares modernos del ministerio juvenil de hoy. No había guitarras, ni música de adoración a todo volumen. No había luces estroboscópicas ni máquinas de humo. Barry no utilizaba diapositivas geniales de PowerPoint ni clips de películas para ilustrar sus mensajes (el PowerPoint solo se inventaría varias décadas después).

Solo éramos un grupo de diez tipos normales, sentados en círculo en una habitación con una alfombra de lana, al estilo de los años setenta. Y la esposa de Barry, Carol, siempre nos preparaba un aperitivo de papas fritas y refrescos después de la sesión.

No recuerdo el contenido de las lecciones de Barry. Pero yo sabía que él estaba apasionado por Dios y que quería enseñarnos a mí y a los demás cómo tener una relación más estrecha con Jesús. Él nos enseñó cómo tener un tiempo de oración diario. Nos animó a leer las Escrituras con regularidad. Y a menudo decía que oraba por nosotros durante su propio tiempo con Dios.

Tuve mis altibajos en esos días. Luchaba con dudas y temores, y mi compromiso cristiano era débil. No me di cuenta de que Barry estaba plantando las semillas de la Palabra de Dios en mi vida durante esos años de formación y que el Espíritu Santo estaba obrando en mí gracias a sus oraciones.

Una de las frases favoritas de Barry era: "Jesús es el Señor". Decía esas palabras a menudo, y las escribía al final de cualquier carta que me enviaba. Uno de los muchos versículos que Barry nos desafió a memorizar fue Romanos 10:9: "Que si confiesas con tu boca que Jesús es el Señor, y crees en tu corazón que Dios lo levantó de entre los muertos, serás salvo".

Nunca olvidaré una experiencia que tuve durante el verano de 1976, solo unos meses antes de irme de casa a la universidad. Mientras cortaba el césped en una calurosa tarde de junio, vi en mi imaginación una carretera que se bifurcaba en dos caminos. Súbitamente vino el vívido recuerdo de otro versículo que Barry había compartido con nosotros sobre dos caminos muy diferentes. Jesús dijo: "Entren por la puerta estrecha. Porque ancha es la puerta y espacioso el camino que conduce a la destrucción, y muchos entran por ella. Pero estrecha es la puerta y angosto el camino que conduce a la vida, y son pocos los que la encuentran" (Mateo 7:13–14, NIV).

Creo que fue en ese momento cuando todo lo que Barry me había dicho se cristalizó. De repente pude sentir que los tres años de inversión de Barry pesaban mucho en mi alma. Podía escuchar a Barry diciéndome, con su voz suave pero llena de autoridad: "Si Jesús no es el Señor de todo, no es el Señor de nada".

Sabía que si no reconocía seriamente a Jesús como el Señor de cada área de mi vida, lo más probable era que me desviara por el camino ancho de la mundanalidad cuando me mudara a la universidad. Fue en ese momento que materialicé con firmeza mi decisión de seguir fielmente a Cristo. Elegí el camino estrecho porque Barry me había mostrado que era la mejor ruta.

Cuando cumplí dieciocho años al mes siguiente, Barry me llamó y me preguntó si podía invitarme a un centro comercial cercano para celebrarlo. Me llevó a un restaurante, donde nos esperaban varios de mis amigos del grupo de discipulado. Era todo una sorpresa, y Barry, el instigador. Barry no solo estaba interesado en predicarme en nuestro pequeño grupo; quería mi amistad. Con su ejemplo me mostró el modelo de lo que significa ser un buen mentor.

Cuando llegué a la universidad, todo lo que Barry me enseñó empezó a surtir efecto. Comencé a tener un tiempo de quietud cada mañana en mi dormitorio. Estudiaba la Biblia diariamente porque sabía que necesitaba la Palabra de Dios en mi corazón para mantenerme fuerte. Me involucré en un ministerio universitario y comencé a aconsejar a otros estudiantes; todo lo que aprendí de Barry guio mis métodos. Y si necesitaba orientación adicional, sabía que podía llamar a Barry o visitarlo a noventa minutos de distancia en Atlanta.

En aquellos días no me refería a Barry como mentor. Ni siquiera sé si estaba familiarizado con el término por ese entonces. Todo lo que sabía era que admiraba a Barry como un modelo a seguir, y que probablemente fuese la persona más importante en mi vida. Mi padre fue un gran proveedor, fiel a mi madre y a nuestra familia, pero emocionalmente permanecía distante porque su propio padre en realidad nunca supo cómo afirmarlo. Barry se convirtió en una figura paterna adicional para mí. Quería ser como él.

Pasarían muchos años antes de que me diera cuenta de lo valiosa que era la inversión de Barry en mí. Gracias a Dios, incluso en días anteriores a los teléfonos inteligentes y al FaceTime, Barry permanecimos unidos. Estuvo en mi boda en 1984. Me senté en su porche trasero y lloré con él cuando su primera esposa, Carol, murió en 1993. Oró por mí en mi ordenación en 2000. Al año siguiente compartimos un viaje misionero a China. Y una vez inició mi ministerio de predicación, Barry y yo ofrecimos numerosas conferencias juntos.

Hoy, cuando Barry describe el pequeño grupo de discipulado que comenzó en 1974, lo recuerda de forma diferente a como yo lo retengo en mi memoria. A menudo se disculpa y dice: "En realidad no tenía ni idea de lo que estaba haciendo". Se sentía inexperto, y se refiere a mí y a esos otros chicos de décimo grado como "conejillos de indias" en su experimento de discipulado.

Tal vez le faltara experiencia, pero le guardo la más profunda gratitud por asumir el riesgo de orientarme cuando pudo haber optado por esperar hasta sentirse más capacitado. Yo podría haber seguido el ancho camino que conduce a la destrucción si él no hubiera obedecido los impulsos del Espíritu Santo. La moraleja de esta historia es: No esperes hasta estar completamente equipado para hacer una diferencia en la vida de alguien. ¡Empieza ahora!

Necesitas a la gente y la gente te necesita a ti

Hoy me doy cuenta de lo bendecido que soy por haber tenido —y seguir teniendo— a un hombre como Barry St. Clair en mi vida. Durante mis viajes por el mundo me he dado cuenta de que muchas personas nunca reciben capacitación de una persona que les trace el camino cristiano. La mayoría de los pastores me dicen que asistieron a lo que se ha llamado "la escuela de los golpes", lo que básicamente significa que se les arrojó a la parte más profunda de la piscina y se esperaba que nadaran. La formación era escasa; la tutoría personal, inexistente. Nunca recibieron una instrucción individualizada, por lo que no se dan cuenta de lo importante que es proporcionar esa instrucción a los demás.

Mi trabajo es agitar una gran bandera roja y decir a todos los que quieran escuchar que debemos cambiar nuestros viejos hábitos. El discipulado relacional no es opcional. No podemos lograr los resultados del cristianismo del Nuevo Testamento si no usamos el modelo del ministerio del Nuevo Testamento. Y el Nuevo Testamento nos muestra que Dios utiliza las relaciones para desarrollar la madurez cristiana.

Cuando Jesús comenzó Su ministerio, no alquiló un coliseo para una campaña evangelística, ni creó una lista de correo, ni colocó vallas publicitarias por toda Jerusalén anunciando su ministerio de sanidad. No contrató un avión para desplegar por el cielo una gran pancarta que dijera: "Dios te ama". No, lo primero que hizo fue reunir un grupo de seguidores cercanos. Los llamó Sus amigos.

Marcos 3:14 dice que Jesús designó a los Doce "para que estuvieran con Él y para poder enviarlos a predicar". Nota que Él no simplemente estaba llamando seguidores a cumplir una tarea. No era un capataz que empleaba mano de obra. Él quería primero su amistad, y después los dejaría libres para que predicaran lo que de Él aprendieron.

En Jesús todo nos habla de relaciones. Y especificó a sus discípulos que no quería que su relación con ellos se basara en el desempeño. Dijo: "Ya no os llamo siervos… pero os he llamado amigos, porque todo lo que he oído de mi Padre, os lo he dado a conocer"(Juan 15:15). En muchos aspectos de la iglesia nos hemos olvidado de la necesidad esencial de compañerismo y tratamos de edificarla prescindiendo de este. Hemos desarrollado un modelo estéril de iglesia, que se basa en los eventos, en lugar de ser genuinamente relacional.

Construimos edificios a manera de teatros donde las multitudes escuchan hablar a un tipo. Se instruye al gentío para que abandone pronto el santuario y deje espacio al siguiente grupo. ¡A veces hay tanta gente en la iglesia que se necesitan binoculares para ver al predicador! Muchas de estas personas nunca procesan con nadie más lo que aprendieron, nunca se unen a un grupo pequeño, y jamás reciben alguna forma de discipulado uno a uno.

Nos hemos familiarizado tanto con esta mentalidad de espectador que nos parece normal. Debido a la falta de relaciones hoy en día tratamos de llenar el vacío con la tecnología. Pensamos que si podemos crear un factor sorpresa con sermones geniales y bandas de adoración vanguardistas, las multitudes rugirán pidiendo más. El problema es que si edificas tu iglesia sobre lo que es *cool* y *trendy*, esas tendencias envejecerán rápidamente. Entonces la multitud irá en busca de una iglesia más fresca, con tendencias más modernas.

Ya tuve suficiente de esta búsqueda interminable de lo que está de moda y es genial. He aprendido que el ministerio no consiste en correr y correr sobre la banda de la máquina de crecimiento de la iglesia. La religión que se enfoca en lo externo no puede producir vida. Si nuestra fe no fluye de la relación con Dios y resulta en relaciones profundas con los demás, es una pobre imitación de la clase de iglesia que encontramos en el libro de Hechos.

Dios no quiere que vivamos aislados. Hace muchos años descubrí que necesito desesperadamente a las personas en mi vida para cumplir mi propósito. Mis padres invirtieron en mí, al igual que los maestros, entrenadores, empleadores, pastores, líderes que son modelo, y buenos amigos. No me he "hecho" a mí mismo, y tú tampoco. Cualquier éxito que hayamos alcanzado es el resultado de que alguien se tomó el tiempo de instruirnos, animarnos o corregirnos.

¿Necesitas profundizar en tus relaciones? A todos los cristianos del mundo les digo que necesitan tres clases de relaciones en sus vidas, sin contar las relaciones familiares:

1.   **Los "Pablos" son padres y madres espirituales en quienes confiar.** Todos necesitamos cristianos mayores y más sabios que puedan guiarnos, orar por nosotros y ofrecernos consejo. Mentores como Barry St. Clair me han animado cuando he estado a punto de rendirme y me han impulsado a seguir adelante cuando he perdido de vista las promesas de Dios. En la travesía de la fe, no tienes que andar a tientas en la oscuridad. Dios le dio a Rut una Noemí, a Josué un Moisés, y a Ester un Mardoqueo. Puedes pedirle al Señor un mentor que te ayude a guiarte y entrenarte.

2.   **Los "Bernabés" son compañeros espirituales cercanos y amigos íntimos.** Todo el mundo debería conocer el beneficio de Proverbios 18:24: "Hay un amigo más cercano que un hermano". Pero no puedes encontrar amigos fieles sin intentar ser uno primero. No esperes a que tu Bernabé venga a ti: ve y encuéntralo.

Los "Bernabés" lo saben todo sobre ti, pero aun así te quieren. También están dispuestos a corregirte, ¡sin rodeos si es necesario! Te ayudan a ser responsable y a rendir cuentas a Dios en áreas de tentación personal. Su oído está atento para escucharte, y su hombro, para que puedas llorar en él. Y podrían quedarse despiertos toda la noche orando por ti si enfrentas una crisis.

3.   **Los "Timoteos" son los cristianos más jóvenes que ayudas a crecer.** Hechos 16:3 nos dice que cuando Pablo conoció al joven

Timoteo en Asia Menor, "quiso que este fuera con él". ¿Por qué? El apóstol debió haber visto potencial en el converso medio griego. Timoteo era inexperto y luchaba contra la timidez. Pero después de viajar con Pablo y recibir una tutoría amorosa, lideró la iglesia en Éfeso. Más tarde Pablo dijo que Timoteo era como un hijo para él, y que no había nadie más con su "valía demostrada" (Filipenses 2:22).

Como Pablo, debemos salir a buscar a nuestros Timoteos. Debemos invertir en ellos personalmente. No se trata de predicarles; ellos quieren una relación genuina con nosotros. Quieren madres y padres espirituales que sean accesibles, que los acepten, afirmen y empoderen. Si no los orientamos ahora, no habrá nadie que corra a nuestro lado cuando llegue el momento de entregar el relevo.

¡Mantente atento a tus Timoteos (o Timoteas)! Dios los pondrá en tu camino. Invierte tiempo en ellos. Acógelos bajo tus alas. No serán perfectos y pueden provenir de una familia fracturada o luchar con desafíos personales. Pero si miras más allá de sus defectos, tu amor y aliento pueden transformarlos en líderes maduros que incluso superen tu impacto espiritual.

El discipulado relacional requiere mucho tiempo y energía, pero invertir tu vida en los demás es una de las experiencias más satisfactorias de la vida. Una vez hayas derramado tu vida en la de otro hermano o hermana y lo hayas visto madurar en Cristo, nunca más te conformarás con una religión artificial.

Encuentra un Pablo y sé uno

La tutoría es un principio bíblico básico. El libro de Proverbios comienza con una exhortación a escuchar no solo a los padres sino también a las "palabras de los sabios" (Pr. 1:6). El mensaje de Cristo se transmite mejor a través del proceso de tutoría. Pero este arte se ha perdido en la iglesia de hoy, en parte debido al resquebrajamiento de la familia, y en parte porque nuestra cultura, obsesionada con las celebridades, endiosa el esfuerzo propio y los resultados instantáneos. La tutoría es demasiado lenta para la mayoría de nosotros porque preferimos la sensación de lo que deslumbra de la noche a la mañana. El reino de Dios se construye mediante un proceso tedioso, para el que no tenemos paciencia.

Sin embargo, creo que podemos recuperar el discipulado bíblico. De hecho, estoy convencido de que la iglesia está retornando en forma radical al plan original de Dios cuando rechazamos la "exhibición en solitario de un solo hombre", algo que ya pertenece a alguna temporada anterior. Dondequiera que voy encuentro personas con hambre de relaciones auténticas, que pueden ayudar a otros a convertirse en jugadores de equipo y mentores maduros.

He encontrado seis tipos de mentores que me han ayudado a lo largo de mi travesía espiritual:

1.   **Mentores lejanos.** El autor y predicador británico Charles Spurgeon murió en 1892, pero lo considero un mentor porque leo sus libros con frecuencia. Lo mismo ocurre con otros autores ya fallecidos como Andrew Murray, Corrie ten Boom, Watchman Nee, y A. W. Tozer. No es necesario conocer a una persona para recibir instrucciones de ella. Nunca he conocido al autor Henry Blackaby, pero sus libros, especialmente *Experiencing God,* han influido profundamente en mí. Lo mismo puede afirmarse del autor Randy Alcorn, cuyo libro *Heaven,* de 2004, es uno de mis favoritos.

2.   **Mentores ocasionales.** El hermano Andrew, fundador del ministerio Puertas Abiertas, se convirtió en un héroe para mí después de leer su libro *God's Smuggler* (El Traficante de Dios) en la década de los setenta. Luego, en 2004, tuve el privilegio de entrevistarlo en su casa, en Holanda. Algunas de las cosas que me dijo ese día aún resuenan en mis oídos. Nunca volveré a visitarlo, ya que tiene la edad de mi padre, pero hizo una inversión eterna en mi vida.

3.   **Mentores negativos.** No todos los que conoces son un buen ejemplo. A veces me he encontrado con personas en posiciones de liderazgo que mostraban serias fallas. Algunos tenían actitudes orgullosas; otros, pocas habilidades para tratar con la gente; unos cuantos tenían agendas egoístas. En lugar de dejarme llevar por la amargura o el juicio, estudié su comportamiento y decidí evitar hacer lo mismo. Me dije: "Que esto sirva de lección.

Así *no* se puede liderar".

4.   **Mentores inesperados.** También puedes aprender de los más jóvenes. Invierto en muchos Timoteos, y les encanta pedirme consejo. Pero a veces cambio los papeles y les saco partido. Uno de los

chicos de los que soy consejero, Alex, es un fanático de la tecnología, así que sé que tendrá la respuesta cuando surja una pregunta sobre mi ordenador, mi teléfono inteligente, o la aplicación más reciente. También recibo regularmente comentarios de los chicos que asesoro, porque quiero saber si me estoy comunicando de una manera que sea relevante para su generación. ¡A veces la mejor manera de ser mentor es hacerles preguntas!

5.   **Padres y madres espirituales.** Dios ha utilizado muchos mentores diferentes en mi vida, pero hay algunos que invirtieron en mí de una manera muy personal durante un largo período de tiempo. Como ya expliqué, Barry St. Clair ha sido un modelo para imitar, un consejero y padre espiritual durante la mayor parte de mi vida, y su inversión en mí ahora se ha transmitido a docenas de personas

Por el mismo tiempo que conocí a Barry, el Señor también me conectó con una mujer de mi iglesia en Atlanta llamada June Leverette. June era una madre joven, pero de alguna manera ella y su esposo, Jerry, encontraban tiempo en su apretada agenda para preparar una lección de escuela dominical y organizar eventos especiales para adultos jóvenes. June tenía una relación especial con el Señor y pasaba mucho tiempo estudiando la Biblia y orando.

Un día me invitó a su casa, y compartió conmigo algunos pasajes de las escrituras sobre el Espíritu Santo. Sus palabras me hicieron sentir hambre de una relación más profunda con Dios, y finalmente, gracias a su influencia, le pedí a Jesús que me llenara con el poder del Espíritu Santo. Después de esa experiencia, fui muchas veces a la casa de June y Jerry para escuchar sus testimonios y hacer preguntas sobre su recorrido en el Espíritu. June se convirtió en una madre espiritual para mí, y esa relación duró más de cuarenta años hasta que murió en 2020.

Si no tienes mentores, te animo a que los encuentres. Si has tenido la dicha de haber sido orientado por un mentor, entonces devuelve lo que has recibido e invierte en alguien más. Si quieres iniciar una relación de tutoría, familiarízate con el patrón de Dios para el discipulado en la Biblia.

Aquí hay diez cualidades que debes buscar en un mentor saludable:

1.   **Los mentores sanos tienen mentores.** Los mejores líderes que conozco hablan a menudo de las personas que les ayudaron a crecer como cristianos. Ningún líder maduro se hace a sí mismo. Incluso el apóstol Pablo tuvo a Ananías para que lo orientara cuando recién había llegado a la fe. Si un mentor afirma que él o ella "aprendió todo directamente de Dios", puedes estar seguro de que tiene un espíritu de orgullo. Nunca confíes en un solitario.

2.   **Los mentores sanos son accesibles.** Algunos mentores se mantienen a una distancia conveniente de la gente y te hacen esperar hasta que los planetas se alineen para agendar una cita. Ese no es el camino de Jesús. El apóstol Pablo dijo a los cristianos de Roma: "Ansío veros, para impartiros algún don espiritual" (Ro. 1:11). No te hagas el importante. Si fuiste llamado a ayudar a otros discípulos a crecer, dales tu número de teléfono, responde a sus mensajes de texto, y abre tu corazón, lo mismo que la puerta de tu oficina.

3.   **Los mentores sanos no solo hablan, también escuchan.** Jesús es la fuente de toda sabiduría, pero cuando estaba con Sus discípulos, no se limitaba a darles lecciones. Solía hacerles preguntas, y escuchaba sus respuestas (véase Marcos 8:27–30). Dios nos dio una boca y dos oídos, por lo que deberíamos escuchar el doble de lo que hablamos. Los buenos mentores saben cómo usar sus oídos para mostrar que les importa.

4.   **Los mentores sanos son pacientes y comprensivos.** Si has sido llamado a ser un mentor, debes darte cuenta de que las personas no siempre toman tu consejo la primera vez que lo ofreces. Los cristianos jóvenes cometerán errores garrafales, ignorarán tu consejo, y te frustrarán tanto que tendrás la tentación de enojarte, tirarte de los pelos (o de los suyos), y rendirte con ellos. Asegúrate de estar ahí para ellos cuando tropiecen, y llora con ellos cuando sea necesario.

5.   **Los mentores sanos tienen valor para confrontar.** El apóstol Pablo dijo a los tesalonicenses que los cuidaba "como una madre lactante cría a sus propios hijos" (1 Ts. 2:7). Pero también advirtió con severidad a sus seguidores que evitaran el pecado. No hay que comprometer los fundamentos bíblicos para mostrar compasión. El amor es amable, pero nunca es blando. A veces lo más amoroso que puedes hacer es reprender a una persona que está actuando de manera insensata.

Walter Henrichsen dijo sabiamente: "La confrontación es una de las expresiones más elevadas del amor. Cuando se practica desde el amor y la compasión, la confrontación es una de las cosas más amables que puedes hacer por otra persona. Negarse a confrontar cuando es necesario, es una de las cosas más egoístas que puedes hacer".[1]

6.   Los mentores sanos están comprometidos con la confidencialidad. Cuando tu discípulo te descubra su alma, no te quedes boquiabierto ni te escandalices. Cubre sus pecados con la sangre de Jesús y nunca cuentes a otros lo que ha dicho. Primera de Pedro 4:8 dice: "El amor cubre multitud de pecados". Estás traicionando a tu discípulo si revelas a otros su confesión privada. A menos que confiese un abuso sexual a menores o un asesinato (que según la ley debes reportar a la policía) su confesión queda entre tú y él. Ofrécele a tu discípulo un lugar seguro para sanar.

7.   Los mentores sanos viven lo que predican. Cualquiera puede publicar sus sermones en YouTube y atraer a una gran audiencia. Pero los sermones por sí solos no hacen a un hombre o a una mujer de Dios. No te dejes engañar siguiendo a las personas solo por el encanto del púlpito o la popularidad en línea. Lo que necesitas en un mentor es un carácter probado, no su capacidad de hacer exclamar: ¡*wow*! Y el verdadero carácter no se forma bajo la luz de los reflectores y ante las cámaras, sino en la oscuridad de las pruebas de la vida.

8.   Los mentores sanos se enfocan en unos pocos. Todos somos tentados a medir el éxito por los números. Pero los buenos mentores, incluso si predican a grandes multitudes, invierten la mayor parte de su tiempo en ayudar a un pequeño grupo de discípulos a alcanzar la madurez.

9.   Los mentores sanos siempre están creciendo espiritualmente. Jesús dijo que un buen administrador en Su reino "saca de su tesoro cosas nuevas y viejas" (Mt. 13:52). Los mentores no son efectivos si solo enseñan lo que aprendieron hace cuarenta años. Deben mantenerse actualizados. Los buenos mentores siempre están leyendo libros, aprendiendo cosas nuevas, y aplicando las verdades antiguas a los nuevos desafíos para poder preparar a una nueva generación.

10.   Los mentores sanos conocen sus límites. Jesús era el Hijo de Dios, pero se cansaba porque también era plenamente humano. Cuando las multitudes agotaban Su energía, "a menudo se retiraba al desierto a orar" (Lucas 5:16). Los buenos mentores saben cuándo sus tanques están vacíos, y se alejan de la gente para recargarlos. No cometas el error de considerarte un mesías. Solo puedes ofrecer a las personas lo que Dios te da a ti. Aprende a descansar, orar, jugar y reponer energías.

Si necesitas un mentor, busca uno sano. Y si eres un creyente maduro, haz que tu objetivo sea impartir lo que has aprendido de Jesús a toda una nueva generación de cristianos que necesitan contar con modelos saludables.

Necesitas amigos como Bernabé

Me enfrento a serias luchas con regularidad. Lidio con la inseguridad, el desánimo, el miedo, la inferioridad, la tentación y la frustración. De hecho, ¡a veces quiero renunciar por el estrés del ministerio! Nadie es inmune a la debilidad humana. Pero siempre traigo mis problemas a Dios primero porque la Biblia dice:

"Depositen toda ansiedad en Él, porque Él cuida de ustedes" (1 P. 5:7, NIV). La oración es siempre mi primer paso cuando me enfrento a un desafío.

No obstante, también busco el apoyo de mis amigos cercanos. El cristianismo es un deporte de equipo. No seas tan orgulloso que no puedas pedir ayuda cuando estés sufriendo. En el momento que la fe de Moisés flaqueó, Aarón y Hur sostuvieron sus brazos (Éxodo 17:10–12). Cuando David sintió miedo, Jonatán lo animó (1 Samuel 23:15–16). Incluso el apóstol Pablo necesitaba amigos. Dijo que Aristarco, Marcos y Justo "resultaron ser un estímulo para mí" (Colosenses 4:10–11). No sufras solo. Fuiste creado para la comunidad, no para el aislamiento. Abraza a las personas que Dios ha enviado para ayudarte a crecer.

Tras la muerte de mi padre en 2018, temía el Día del Padre porque me ponía triste. Sinceramente sentía ganas de arrastrarme a un agujero. Pero en lugar de reprimir mi dolor, contacté a algunos de mis amigos más cercanos y les pedí que me enviaran un mensaje de texto o un video para animarme.

Puede que mi petición te suene egoísta, pero mis amigos no lo vieron así. Los mensajes de texto empezaron a bombardear mi teléfono esa mañana de domingo, y siguieron llegando durante todo el día. Guardé cada mensaje, y hasta el día de hoy los releo. Las palabras de mis amigos me sacaron de un pozo oscuro.

He aprendido a sacar fuerzas de mis compañeros más cercanos. No tengo miedo de enviar un mensaje de texto a alguno de ellos pidiendo oración. Siempre me responden y hacen preguntas o se comunican para chatear. Saben que haré lo mismo por ellos cuando lo necesiten. Pero, ¿cómo encontrar esa clase de amigos de calidad que darían su vida por ti? He aprendido a observar y discernir con quién me conecta Dios.

Si quieres ser efectivo a la hora de hacer amigos, primero debes estar dispuesto a ser un amigo. Proverbios 18:24 dice: "El hombre que tiene amigos debe mostrarse amistoso"(MEV). No esperes a que un amigo te tienda la mano. Da el primer paso y disponte a romper el estancamiento. Charles Spurgeon lo puso así:

"Cualquier hombre puede desear egoístamente tener un Jonatán; pero está en el camino correcto quien desea encontrar un David para el que pueda ser un Jonatán".[2]

Después de que David mató a Goliat y se mudó al palacio de Saúl, la Biblia dice que "el alma de Jonatán se unió al alma de David" (1 Samuel 18:1). Esta es la obra del Espíritu Santo. Todos los cristianos deberían experimentar un sentido de conexión familiar, pero hay ciertos amigos con los que te sentirás profundamente conectado porque Dios está poniendo a cada uno en la vida del otro por una razón. No te resistas a ese proceso. Deja que Dios te una a las personas.

Hace unos veinte años, un líder de una organización misionera internacional de Alabama se puso en contacto conmigo en la empresa donde trabajaba como editor de una revista cristiana. Se llamaba James. Se sorprendió de que yo respondiera a su correo electrónico porque asumió que le pediría a un asistente que contestara su pregunta. James y yo comenzamos a tener muchas conversaciones sobre los retos para su ministerio en los distintos países donde trabajaban sus equipos misioneros.

Nuestra amistad a distancia creció. En el transcurso de dos o tres años hablábamos una o dos veces al mes, y empecé a preguntarle a James sobre su vida personal. No podía creer que en realidad yo quisiera conocerlo como amigo. Por demasiado tiempo la gente simplemente había utilizado a James para conseguir lo que quería, ya fuera una plataforma ministerial, apoyo financiero, o asesoría gratuita. James luchaba por abrir su corazón, porque muchos cristianos lo habían lastimado. No estaba seguro de confiar en mí, pero finalmente dejó de contenerse.

James abrió su corazón y compartió algunas de sus luchas personales más profundas. Nunca había sido capaz de mostrarse tan abierto con otros amigos. Tuvimos algunas conversaciones telefónicas largas, pero finalmente nos reunimos en persona para hablar de algunas experiencias dolorosas de su pasado. James compartió conmigo cosas que nunca le había dicho a ningún ser humano. El resultado, fue una sanidad indescriptible. Fue como si descargara de sus hombros cien libras de peso.

Cuando pregunté a James recientemente qué pasó durante esas sesiones en las que expuso su vulnerabilidad, me dijo: "Las cosas con las que luché por varios años quedaron al descubierto, y las mentiras que creí sobre mi supuesta inutilidad, se deshicieron. Empecé a sanar de maneras que nunca imaginé posibles".

Cuando conocí a James en persona ya tenía cincuenta y un años y estaba totalmente agotado. No conservaba ninguna esperanza de continuar en el ministerio. Pero tener un amigo cercano le dio a James una razón para esperar cada día y le abrió el camino para seguir avanzando. En palabras del mismo James: "Tener un amigo de confianza que me escuchara, que me dijera la verdad, que me recordara que debo responder, que me alentara y se riera conmigo, me hizo alejarme del borde de la cornisa por la que caminé, a punto de perder todo lo que tenía. Hoy estoy completo. Debido a que Lee me enseñó a ser un amigo, he aprendido a dar eso a otros que me rodean. Y ahora tengo una gran cantidad de amigos".

James es ahora uno de mis mejores amigos, y ofrece el mismo tipo de consejo y apoyo que le di en un principio. De hecho, se convirtió en un *coach* profesional y ayuda a innumerables personas a sobresalir en sus carreras. Yo también soy un mejor hombre gracias a que conozco a James. No puedo recordar cuántas veces ha orado conmigo o me ha ayudado a superar los desafíos. Tú también serás una persona mucho mejor cuando permitas que tus amigos cercanos traspasen tu dura coraza exterior y puedan ayudarte.

¿Dónde están tus Timoteos?

Hace más de 150 años Charles Spurgeon escribió: "¡La Iglesia del Dios vivo necesita sangre joven en sus venas! Nuestra fuerza para mantener la fe puede reposar en los santos experimentados, pero nuestro celo para propagarla debe ser encontrado en los jóvenes!"[3]. Esto significa que no podemos permitir brechas generacionales en el ministerio; los jóvenes y los mayores deben trabajar juntos a fin de alcanzar el mundo para Jesús. Por eso es tan crucial la tutoría de la próxima generación.

A menudo pensamos en la tutoría como un plan vertical, de arriba hacia abajo. Consideramos que el discipulado básicamente consiste en decir: "Escúchame, obsérvame, y haz lo que yo hago". Para empeorar las cosas, algunos líderes mandones, ensimismados, o de mano dura, terminan lastimando a quienes reciben esta mentoría. O la ven como una forma de obtener mano de obra barata, obligando a sus supervisados a servir como guardaespaldas, mayordomos, niñeras, o valets personales glorificados.

Deberíamos desechar ese modelo horriblemente defectuoso y reconocer que Jesús llama a los mentores a servir a sus discípulos. Si adoptamos un enfoque más humilde de la tutoría, de hecho podríamos aprender algo de los más jóvenes, mientras modelamos el carácter de Cristo y enseñamos habilidades valiosas.

El apóstol Pablo aprendió esta lección. Al principio de su ministerio, él y su colega Bernabé se separaron porque Pablo no quería viajar con Juan, conocido como Marcos (véase Hechos 15:36–39). Pablo estaba molesto porque Marcos había abandonado su equipo misionero. Así que lo descartó.

Felizmente esta relación estratégica se restableció. Muchos viajes misioneros después, Pablo escribió a Timoteo: "Toma a Marcos y tráelo contigo, porque me es útil para el ministerio" (2 Ti. 4:11). Marcos resultó de mucha utilidad porque escribió el Evangelio de Marcos, basado en el testimonio oral de Pedro.

Creo que Pablo tuvo un cambio de paradigma sobre el discipulado a medida que maduraba. Los primeros años no veía cómo Marcos podía ser útil y no quería desperdiciar su tiempo entrenando a un joven que había "perdido la pelota". Más tarde, Pablo se dio cuenta de que Marcos tenía dones espirituales que la iglesia necesitaba. Y Pablo describe a Marcos como su "colaborador" en Filemón 24.

Muchos jóvenes cristianos de hoy son como Marcos. Tienen un mensaje que arde en sus corazones y sienten un llamado espiritual. Pero carecen de entrenamiento, y pueden tener dificultades para ser consistentes. También es posible que necesiten sanar, a fin de poder sobreponerse a sus luchas internas.

En el caso de Marcos, Bernabé lo tomó bajo su protección y lo nutrió hasta que recuperó la salud. Como resultado de esa orientación —y de la influencia paternal de Pedro— Marcos se convirtió en un gigante espiritual (véase 1 Pedro 5:13).

Lo mismo sucederá hoy cuando invirtamos en los Marcos y Timoteos de nuestra generación. La mayor bendición vendrá cuando dejemos de verlos simplemente como engranajes de nuestras agendas del domingo por la mañana y, en cambio, reconozcamos que el Espíritu Santo está trabajando poderosamente en ellos, y les brindemos ideas creativas sobre cómo hacer el ministerio de una manera más relevante y efectiva.

Llevo a mis Timoteos a viajes misioneros, a charlas, y a retiros de discipulado que dirijo. Pero estoy aprendiendo que la tutoría no funciona en una sola dirección. Aunque soy "el viejo del paseo" me beneficia de maneras asombrosas el tiempo que paso con los cristianos más jóvenes.

- Mi amigo Daniel Weeks es un pastor joven de Carolina del Norte, un ungido predicador y aficionado al acondicionamiento físico. Cuando decidí ejercitarme en serio, me preparó un programa de entrenamiento con rutinas aeróbicas y de pesas fáciles de seguir, así como consejos de puro sentido común sobre mi alimentación.

- Mi compañero David Bakthakumar, de India, es un apasionado por Dios. Trabaja en un instituto bíblico de la Florida, y también es un experto en ordenadores y otras tecnologías. Me ayudó a pedir el equipo que necesitaba para mejorar mis grabaciones de video.

- Tengo mis problemas con la tecnología, ¡así que contar con David en mi vida es una bendición! (Sugerencia: las iglesias podrían mejorar su eficacia invitando a veinteañeros expertos en tecnología a sus reuniones de colaboradores.)

- Darío Pérez es un inmigrante de México que ha vivido en los Estados Unidos desde que era un niño. Cuando se puso en contacto conmigo hace varios años para que lo asesorara, escuché su historia durante algunas horas. Darío es un cristiano fuerte y un líder de adoración. Antes de conocerlo pensaba que entendía la situación de los inmigrantes, pero sus experiencias me abrieron los ojos en muchos aspectos de este tema tan candente con los que no estaba familiarizado. Desde que Darío compartió el dolor por el que ha pasado, no he vuelto a mirar a los inmigrantes como solía hacerlo. Él ha sido mi ventana a otra cultura.

- Tengo muchos amigos que son *milenials*, o parte de la Generación Z, que no siempre están de acuerdo conmigo en los diferentes temas sociales. Pero he aprendido mucho de ellos sobre la sensibilidad cultural. Son dolorosamente conscientes de que la iglesia estadounidense ha rechazado a mucha gente por ser religiosa, racista, sexista, política, o mezquina, y no tienen miedo de hacerse sentir cuando les parece que estoy siendo innecesariamente ofensivo. Sus críticas me han convertido en un mejor oyente y, espero que también en un mejor comunicador. He aprendido a valorar las voces de la generación más joven.

Mis Timoteos no me agotan. No solo toman de mí; también me retribuyen. Cuando el apóstol Pablo pensaba en sus discípulos de Tesalónica, se desbordaba de agradecimiento: "¿Cuál es nuestra esperanza, o alegría, o nuestra corona de gloria? ¿No lo sois vosotros, en la presencia de nuestro Señor Jesús en su venida? Porque vosotros sois nuestra gloria y nuestro gozo" (1 Ts. 2:19–20).

Pablo apreciaba a sus discípulos. Eran su alegría suprema. Representaban el fruto de años de inversión personal. Así es como me siento respecto a los muchos líderes jóvenes en los que he invertido a lo largo de los años, como Mike, Omar, Joseph, Atu, Ángel, Peter, Rodolfo, Helgi, Sireesh, Hakon, Alvin, Igor, y Esdras. Ayudarles a crecer espiritualmente es un honor, no una carga.

Una de las imágenes más hermosas de la labor del mentor se encuentra en la Primera carta de Pablo a los corintios, en la que el autor se jacta de su discípulo Timoteo. El apóstol dice:

> Por eso os he enviado a Timoteo. Él es mi hijo amado y es fiel en el Señor. Él os recordará mi proceder, que es en Cristo, cómo enseño en todas partes, en todas las iglesias.
>
> —1 Corintios 4:17

Pablo no solo se refiere afectuosamente a Timoteo como su hijo amado, sino que también dice que su discípulo representa, total y completamente el corazón, el mensaje y los valores de Pablo. Timoteo aprendió tan bien de Pablo que se convirtió en una versión más joven del apóstol. Podía hablar en nombre de Pablo porque obraba como Pablo y, en última instancia, esto significaba que Timoteo obraba como Jesús. Había sido bien disciplinado, y se podía contar con él para liderar bien. El tipo de experiencia que tuvo Pablo es lo que hace que el discipulado bíblico sea tan emocionante.

Tu objetivo como mentor es situarte debajo de tus discípulos y empujarlos más alto. Deja que tu techo se convierta en su suelo.

Dales todo lo que tienes y más. Anímalos a llegar más lejos de lo que tú llegaste. No te sientas intimidado si ellos lideran mejor que tú, predican mejores sermones, o son más influyentes. Nunca compitas con tus discípulos. Sírveles desinteresadamente, sabiendo que Dios te recompensará por todas las semillas que has sembrado en sus vidas. Nunca los retengas. Impúlsalos hacia adelante. Dispáralos como flechas, para que tengan un impacto mayor del que hayas podido alcanzar.

OREMOS AL RESPECTO

Señor, perdóname por pensar que puedo manejar los retos de la vida cristiana por mi cuenta. Sé que quieres traer personas especiales a mi vida para ayudarme a crecer. Envía a los Pablos y Bernabés que me pueden animar y equipar. Necesito tanto mentores como amigos cercanos que me apoyen. Y luego permíteme ser un Pablo para los Timoteos que necesitan mi influencia. Amén.

UN PENSAMIENTO **FINAL**

Si amas profundamente, te van a lastimar gravemente. Pero aun así, merece la pena.[4]

—C. S. Lewis, Apologista y Autor, *MERO CRISTIANISMO*

CONSEJO PARA EL DISCIPULADO

Enseña a tus discípulos a atesorar la Palabra de Dios

Hace veinte años conocí a unos cristianos en China que solo tenían algunas páginas manuscritas del Nuevo Testamento. Atesoraban esas hojas de papel desgastadas como si fueran costosas piezas de una joyería. Muchos creyentes chinos están hoy en prisión por imprimir o distribuir Biblias. ¿Estás agradecido por tu Biblia? Si es así, no dejarás que acumule polvo. La estudiarás y atesorarás. La leerás con tanta frecuencia que sus palabras se grabarán en tu corazón.

Me encanta la primera epístola de Pedro. La he leído cientos de veces, pero nunca me aburre. Veo algo nuevo cada vez que profundizo en esos cinco capítulos. Siento como si Pedro fuera un amigo personal porque he estudiado sus palabras cuidadosamente. Hace poco descubrí que Pedro utiliza la palabra *sufrir* seis veces en su carta. Entonces recordé que Pedro fue crucificado en Roma no mucho después de escribir sus epístolas. Casi todos los discípulos del Nuevo Testamento murieron como mártires. Espero que recuerdes el precio que pagaron nuestros ancestros espirituales para que pudiéramos tener la Biblia. ¡Enseña a tus discípulos a valorar la Palabra de Dios como si fuera oro!

Llamado a reproducirte

MI ESPOSA Y YO tenemos cuatro hijas adultas. La más joven tiene veintinueve años. A nuestra edad, no planeamos tener más bebés. Nuestras niñas son la alegría de nuestras vidas, y nos encanta cuando visitan nuestro nido vacío. Disfrutamos especialmente de quedarnos con los nietos durante un fin de semana. Pero si soy honesto, ¡admito que me alegra no tener que comprar más pañales, ni llevar a los niños al colegio, o lidiar con las horas en que dormir resulta tan difícil!

Aunque hayamos terminado con la tarea de traer a los niños Grady al mundo, no he terminado de reproducirme. Creo que cada cristiano está llamado a tener hijos espirituales. Jesús nos llamó a "hacer discípulos" (Mateo 28:19), y de ello mismo hablaba cuando dijo a sus seguidores: "Mi Padre es glorificado en esto, en que llevéis mucho fruto" (Juan 15:8).

Así que durante los últimos años he invertido la mayor parte de mis horas de vigilia en acompañar a cristianos más jóvenes. Les ofrezco consejo y comparto las lecciones de vida que he aprendido en el ministerio. Nos reunimos para tomar un café o comer y hacemos viajes juntos; también charlamos valiéndonos de todos los medios disponibles: teléfono, mensajes de texto, WhatsApp, Twitter, Facebook y Skype. Me encanta ver a los jóvenes crecer espiritualmente.

El discipulado no es solo un pasatiempo: es mi pasión. Pero hace unos años ocurrió algo dramático que me demostró cuán seriamente toma Dios este proceso de multiplicación espiritual.

Estaba predicando en la Iglesia Berea en Pittsburgh una mañana dominical de octubre de 2017. Después de mi mensaje invité al altar a las personas que querían ser llenas del Espíritu Santo. También tuve una palabra de ciencia o de conocimiento en el sentido de que había un joven entre los presentes con una adicción a la pornografía.

Muchas personas respondieron, pero me fijé en un chico alto en medio del grupo del altar. Puse las manos sobre su cabeza y oré, para luego pasar a orar por los demás. Cuando volví a mirar vi que el joven estaba en el suelo. Temblaba y hablaba en lenguas.

Una vez terminé de orar por todos, el pastor Mark Moder cerró el servicio. Pero este joven continuaba en el suelo y seguía temblando. Me senté a su lado y oré en silencio. Me di cuenta de que el Espíritu Santo estaba haciendo un trabajo profundo en él. Debe haber estado tendido por más de veinte minutos.

Cuando por fin se incorporó y recobró la compostura, le hice algunas preguntas. Me contó que tenía veinte años y que acudió al altar porque había sido esclavo de la pornografía. Dijo que era su primera visita a la Iglesia Berea.

"¿Cómo te llamas?", le pregunté. "Dante Lee Grady", respondió.

"¿Eh? ¿Es broma?", dije. Nunca conocí a nadie con mi nombre.

"No, en serio," respondió con una gran sonrisa. "Me sorprendió descubrir que el predicador de esta mañana se llamara como yo!".

Desde ese día, Dante Lee Grady y yo nos hemos hecho muy amigos. Unos meses más tarde vino a mi casa en Georgia para un retiro de discipulado con otros doce jóvenes. Luego viajó conmigo cuando prediqué en otra iglesia en Pensilvania; desde entonces me ha acompañado en numerosos viajes misioneros. Un día espera ir conmigo a África.

Ahora Dante arde de pasión por Dios. Lee vorazmente la Biblia de estudio que le di, está enchufado con la Iglesia Berea, y fue nombrado líder de jóvenes en 2020. También tiene miles de seguidores en Twitter, y utiliza esa plataforma para compartir audazmente el Evangelio con los no cristianos.

Nunca tuve un hijo biológico, solo hijas. Pero ahora tengo un hijo espiritual que, de hecho, lleva mi nombre.

Cuando le pregunté a Dios acerca de esta inusual experiencia, sentí que mi encuentro con Dante era una señal profética, no solo para mí sino también para el cuerpo de Cristo. Dios nos está recordando que debemos tomar en serio el mandato de hacer discípulos. Nuestras prioridades deben cambiar.

Todos hemos leído las investigaciones sobre la generación más joven en los Estados Unidos. Las estadísticas muestran que muchos adultos jóvenes han abandonado la iglesia o no tienen ningún interés en el cristianismo.[1] Aun así, también he visto que cuando me ofrezco como mentor o padre espiritual para los jóvenes entre dieciocho y treinta y cuatro años, están ansiosos por engancharse.

Cuando ofrezco amor y aliento a estos jóvenes adultos, no se cansan nunca. Esta generación no está interesada en programas religiosos áridos, pero sí anhela una conexión auténtica y relacional con un cristiano maduro que esté dispuesto a pasar tiempo con ellos.

Los hijos e hijas espirituales en los que estoy invirtiendo hoy aman la adoración, quieren experimentar el poder del Espíritu Santo, y están ansiosos por compartir su fe en todas partes. Ver a Dante convertirse en un seguidor maduro de Cristo me ha dado una gran esperanza en el futuro. Me recuerda que cada Elías debería tener un joven Eliseo siguiéndole y rogando una doble porción del Espíritu Santo. Y si lees esta historia de la Biblia, aprenderás que Eliseo superó a su mentor (véase 2 Reyes 2:1–15). Ese es el clamor de mi corazón: que aquellos en los que invierto hagan cosas más grandes que yo.

Hacer discípulos, verdaderamente, es la mayor aventura de la vida cristiana. No permitas que la vida de Jesús termine contigo; pásala a la próxima generación. Sé un multiplicador. Dios quiere que reproduzcas Su vida en otros.

El proceso de crecimiento espiritual

Nuestras cuatro hijas ya son adultas, pero vivieron bajo mi techo durante dieciocho años, y mi esposa y yo amamos cada etapa de su desarrollo. Pero al final crecieron, fueron a la universidad y comenzaron sus propias carreras y familias. Así es la vida. Sería muy extraño que mis hijas adultas siguieran viviendo en mi casa, dependiendo de mí para conseguir su dinero y comida. Lo mismo aplica para nosotros en lo espiritual. Dios nos diseñó para que lleguemos a ser creyentes maduros.

No hay nada más trágico que un cristiano que se queda en la etapa del infante dependiente o de un adolescente egoísta y rebelde. El apóstol Pedro escribió: "*Creced* en la gracia y en el conocimiento de nuestro Señor Jesucristo" (2 P. 3:18, énfasis añadido). Pablo dijo: "Debemos *crecer* en todos los aspectos en Él"(Efesios 4:15, énfasis añadido). Ambos apóstoles nos dijeron: "¡Creced!". De eso se trata el proceso de discipulado. Tomamos a los jóvenes cristianos bajo nuestras alas y los nutrimos. Nuestro objetivo es verlos florecer y producir fruto. En lugar de mimarlos, los empujamos para que se conviertan en hacedores de discípulos. Cuando los veas invertir en otros, sabrás que has levantado bien a tus hijos espirituales.

Pero aunque entendemos que todo cristiano está llamado a hacer discípulos, muchos de nosotros no lo hacemos porque no sabemos cómo. No sabemos por dónde empezar o qué método utilizar. Tenemos muchos libros sobre la crianza de los hijos e investigaciones sobre el desarrollo emocional y físico de los niños. Pero nos faltan recursos que traten cómo llevar a un "bebé cristiano" a la adultez espiritual.

Quiero animarte a dar un paso de fe y comenzar el proceso, incluso si no sabes qué esperar. Hay muchos métodos de discipulado:

- Puedes reunirte con alguien en tu casa para un estudio bíblico personalizado (uno a uno).

- Puedes reunir un pequeño grupo de dos o tres discípulos en una cafetería para estudiar un libro cristiano o un determinado libro de la Biblia.

- Dado que la última comida de Jesús con sus discípulos registrada en la Biblia fue un desayuno, puedes reunirte con un discípulo temprano en la mañana (véase Juan 21:4–9). Yo lo he hecho, y descubrí que Waffle House es un gran lugar para el estudio de la Biblia.

- Puedes organizar reuniones semanales o mensuales por Zoom.

O puedes probar uno de mis métodos: una vez reuní a dieciséis jóvenes para una lección de discipulado nocturno y pedí tacos para todos. Como se mencionó en un capítulo anterior, con frecuencia me sentaba detrás del mostrador de una tienda para dirigir un estudio bíblico con uno de mis amigos que entregó su corazón a Cristo. También dirigí un retiro de tres días para un grupo de líderes juveniles. En otras palabras, el discipulado no responde a un formato particular.

Puedes ser creativo. Y ciertamente no tiene que ocurrir en una iglesia. En el Nuevo Testamento el discipulado tuvo lugar en un carro, a la orilla de un río, en la cima de una montaña, en los hogares, en las cárceles, en los barcos y en la playa. No te preocupes por dónde hacerlo. ¡Solo hazlo!

La gente a menudo me pregunta si hay algún libro que recomiende para el discipulado. Los recursos disponibles son buenos y variados. Cuando mi amigo Bill McCarthy me preguntó qué libro debía utilizar para orientar a un hombre más joven en Nuevo Hampshire, le dije: "Bill, tú eres el libro". El discipulado no es una clase, y ciertamente es más que un libro. Puedes usar un libro como herramienta, por supuesto, pero tu discípulo (o discípula) necesita aprender de ti más de lo que necesita un libro.

Durante el apogeo de la pandemia de 2020, después de haber llevado a mi amigo indio Mahipal a Jesús, comencé a escribir un estudio bíblico para ayudar a los nuevos cristianos a crecer en su fe. Este estudio, llamado *Profundicemos,* proporciona a los lectores otra herramienta para hacer discípulos y abarca temas como la naturaleza y el carácter de Dios, la comprensión de la Trinidad, la salvación, el bautismo en agua, la autoridad de la Palabra de Dios, y cómo vencer el pecado. Este estudio interactivo puede ser utilizado tanto en grupos pequeños como de manera individual, pero está diseñado para ayudarte a entrenar a otra persona. (Ver el anuncio en la parte posterior de este libro para más información sobre *Profundicemos*).

Cuando Barry, mi mentor, me instruyó hace muchos años, usamos algunos folletos y recursos diferentes. Pero no recuerdo la mayoría de ellos. Lo que sí recuerdo son las palabras y oraciones de Barry. Recuerdo que se interesó por mí, pasó tiempo conmigo, oró por mí y me llevó a viajes ministeriales. Él era mi libro. Aprendí del ejemplo de Barry. Respondió a mis preguntas y me mostró cómo ser un cristiano. Pablo dijo: "Síganme, como yo sigo a Cristo" (1 Corintios 11:1, MEV). Pablo era un libro abierto e invitó a sus discípulos a aprender de su experiencia. Barry hizo lo mismo por mí. Yo lo hago por los jóvenes a los que entreno. Tú también puedes hacerlo.

Me encanta la forma en que el autor LeRoy Eims explica el proceso de discipulado:

> Los discípulos no pueden ser producidos en masa. No podemos encajonar a las personas en un "programa" y ver cómo surgen discípulos al final de la línea de producción. Se necesita tiempo para hacer discípulos. Requiere atención individual y personal. Toma horas de oración por ellos. Se necesita paciencia y comprensión para enseñarles cómo entrar en la Palabra de Dios por sí mismos, cómo alimentar y nutrir sus almas, y cómo aplicar la Palabra en sus vidas por el poder del Espíritu Santo. Y se necesita ser un ejemplo para ellos de todo lo anterior.[2]

No compliques el discipulado. Es tan fácil como una conversación. Te acercas a tu discípulo para asesorarlo, aconsejarlo, instruirlo y animarlo. Cuando haces discípulo a alguien, lo alimentas para que pueda crecer.

Al ser mentor de alguien, tengo en mente estos ocho objetivos:

1. Tus discípulos necesitan tiempo constante de oración diaria.

Cuando era adolescente, Barry, mi mentor, enfatizó la importancia de tener un tiempo devocional diario con Dios. Este ha llegado a ser el hábito más importante de mi vida. No puedes crecer como cristiano sin él. Cuando era joven memoricé este versículo: "Bienaventurado el hombre que me escucha, que vela cada día a mis puertas, que espera a la entrada de mi casa" (Proverbios 8:34). Dios promete una bendición a los que pasan tiempo con Él.

¿Cómo puedes ayudar a tus discípulos a cultivar un tiempo devocional diario? Anímalos a ser realistas y a dar pequeños pasos. No tienen que ayunar cuarenta días, leer cincuenta capítulos de la Biblia de una sola vez, o pasar tres horas diarias orando. Es mejor ser una tortuga que una liebre.

Si no han estado buscando al Señor con regularidad, deberían empezar por leer un capítulo al día y orar quince minutos. Primero han de "probar y ver que el Señor es bueno" (Salmos 34:8), y luego querrán más. La clave es que sean consistentes. Cuando desarrollen hábitos devocionales diarios, se sorprenderán de lo mucho que crecen.

Conozco a algunos jóvenes que son muy indisciplinados. No pueden irse a la cama a una hora razonable, duermen hasta tarde en la mañana, no pueden administrar su tiempo, ni controlar sus apetitos y concupiscencias. Tampoco desarrollaron nunca buenos hábitos de estudio en la escuela. Como resultado, rara vez tienen tiempo para orar y estudiar la Biblia. A veces simplemente leen la Biblia al azar en sus teléfonos o se acuerdan de orar mientras están conduciendo.

Pero el crecimiento espiritual es imposible sin disciplina. Los holgazanes nunca se convertirán en agentes de cambio para el mundo. Así como una persona no puede desarrollar sus músculos sin ejercicio y una dieta apropiada, un creyente no puede convertirse en un cristiano fuerte sin disciplina. Parte de tu trabajo como mentor es empujar a tus discípulos a trabajar duro y ser disciplinados, para que desarrollen una vida de oración fuerte y aprendan a hacer un uso sabio de su tiempo. No tengas miedo de subir el listón y de motivarlos a superarse.

La vida cristiana se compara con un "andar" (Romanos 6:4) así como con una "carrera" (Hebreos 12:1). Isaías dijo que los creyentes fuertes "caminan" y "corren" (Is. 40:31). La clave es avanzar. Cualquier instructor de *fitness* te dirá que quince minutos de ejercicio son mejores que ningún ejercicio. Aun así muchas personas asumen que si no pueden levantar pesas en un gimnasio durante una hora, no podrán progresar.

El mismo principio se aplica al *fitness* espiritual. Si tus discípulos no pueden orar una hora, anímalos a pasar quince minutos hablando con Dios. Los pasos pequeños son mejores que no dar ningún paso. Deben ir a su ritmo. Ellos verán el progreso, y esto los motivará a correr más rápido y a crecer más fuertes en Cristo.

Pablo dijo a los efesios: "Por lo demás, fortaleceos en el Señor" (Ef. 6:10). Estoy seguro de que no era fácil ser fuerte espiritualmente en un lugar impío como Éfeso. Era una ciudad oscura, llena de templos paganos, demonios e inmoralidad sexual. No obstante, Éfeso se convirtió en el cuartel general del cristianismo primitivo.

¿Cuál era su secreto? ¿Cómo podían los efesios ser fuertes en una cultura oscura y pecaminosa? Después de urgirlos a ponerse su armadura espiritual, Pablo les dijo: "Con toda oración y súplica orad en todo tiempo en el Espíritu" (Ef. 6:18). La oración era su principal fuente de fortaleza. Nuestra cultura actual se parece mucho a la de Éfeso. No sobreviviremos a esta batalla si no oramos. El diablo se almuerza a los cristianos que no oran. Pero los feroces guerreros de oración ahuyentarán al enemigo. Si enseñas a tus discípulos a orar, se convertirán en fuertes guerreros.

2. Tus discípulos necesitan un estudio bíblico regular.

En su primera carta, Juan escribió a sus jóvenes seguidores: "Os he escrito a vosotros, jóvenes, porque sois fuertes, y la palabra de Dios permanece en vosotros, y habéis vencido al maligno" (1 Jn. 2:14). Si quieres hacer discípulos fuertes, debes enseñarles a alimentarse de la Palabra de Dios. Nadie puede vencer al pecado o convertirse en un cristiano fuerte sin una dieta constante a base de las Escrituras.

Si quieres fortalecer tus músculos debes seguir una dieta alta en proteínas. De la misma manera, tus discípulos deben disciplinarse para comer la carne de la Palabra. No pueden crecer simplemente picando comida chatarra espiritual. "Estudiar la Palabra" no significa escuchar sermones en YouTube ocasionalmente. Ese es el equivalente espiritual de las hamburguesas y las papas fritas. Enseña a tus discípulos a estudiar a diario, a profundizar en la Biblia, a encontrar la carne más selecta y a masticarla sin prisa. Así es como se convertirán en creyentes maduros

Por definición, un discípulo es un estudiante. Y no es lo mismo estudiar que una lectura casual. Si quieres crecer y avanzar a la madurez, debes cavar en la Palabra como si estuvieras buscando oro. Cuando estudio, leo un pasaje de la Biblia muchas veces. Medito cada palabra como si examinara frase por frase con una lupa.

Como estudiante también escribo mis impresiones. Luego, a veces, busco el versículo en mi *Concordancia Exhaustiva de la Bibliade Strong* y anoto las definiciones griegas o hebreas. Durante este proceso el Espíritu Santo hace brillar su luz sobre la Palabra y recibo revelación divina. Proverbios 3:13–15 dice que encontrar la sabiduría de Dios es mejor que hallar joyas preciosas. Si escarbas diligentemente en la Biblia encontrarás un tesoro invaluable.

Pablo le ordenó a Timoteo que fuera un buen estudiante. El apóstol escribe:

> Estudia y esfuérzate por presentarte a Dios aprobado, como obrero [examinado por la prueba] que no tiene de qué avergonzarse, que maneja con precisión y enseña con habilidad la palabra de verdad.
>
> —2 Timoteo 2:15, AMP

Una de las mejores maneras de estudiar la Biblia es leer un libro a la vez (como Romanos o Isaías) y "masticar" sin prisa cada verso. Cuanto más lees un pasaje, más aprendes de él. La palabra hebrea para *meditar* es *hāḡâ*, que se utiliza veinticinco veces en el Antiguo Testamento. Puede traducirse como "rugir", "gruñir", "gemir", "hablar", "meditar", "idear", "reflexionar" o "imaginar".[3] Básicamente nos remite a un sonido bajo, como un murmullo. El líder de la Iglesia Dale Reeves dice que esto le recuerda la palabra *rumiar*, que significa masticar. Cuando una vaca mastica su comida ruidosamente, esta va a parar a varios estómagos. Entonces la vaca regurgita el bolo alimenticio en su boca y lo mastica un poco más. Esto es lo que ocurre realmente cuando meditamos o rumiamos la Palabra de Dios. Sacamos de ella todo su sabor y sus nutrientes.[4]

Al salmo 119 lo llamo "la columna vertebral de la Biblia" porque está en el centro de las Escrituras. Pasaje bastante inusual, este salmo es el capítulo más largo de la Biblia y está dividido en veintidós estrofas basadas en las letras del alfabeto hebreo.[5] Todo el salmo trata de la importancia de la Palabra de Dios. Dice: "¡Oh, cómo amo tu ley! Es mi meditación todo el día" (v. 97) y "Tu Palabra la he atesorado en mi corazón, para no pecar contra ti" (v. 11).

¿Por qué hay un capítulo especial en medio de la Biblia acerca de la misma Biblia? No es coincidencia; nos muestra que la Biblia debe estar en todo el centro de nuestras vidas. La Escritura proporciona la estructura fundamental de nuestra existencia.

No podríamos funcionar sin una columna vertebral. De la misma forma, necesitamos la fuerza y la estabilidad de la Palabra de Dios para triunfar en la vida. Enseño a mis discípulos a tener hambre de la Palabra de Dios. Les digo que hagan de ella su tesoro. Que la estudien hasta que sus Biblias se caigan a pedazos (entonces pueden conseguir una nueva). El salmista dijo: "Si tu ley no hubiera sido mi delicia, habría perecido" (Sal. 119:92).

Si descuidamos la Biblia seremos débiles, incapaces de tomar decisiones sabias, y endebles cuando venga la tentación. Debemos hacer de la Palabra de Dios el corazón de nuestras vidas y enseñar a nuestros discípulos a hacer lo mismo.

Pablo era un maestro de la Palabra de Dios, y siempre estaba leyendo. Hacia el final de su vida le dijo a Timoteo: "Cuando vengas, trae la capa que dejé en Troas con Carpo, y los libros, especialmente los pergaminos" (2 Ti 4:13). Pablo quería sus libros; obviamente nunca dejó de aprender. Fue estudiante toda su vida.

Como hacedor de discípulos debes tomar en serio tu propio desarrollo espiritual. El predicador inglés Charles Spurgeon leía seis libros por semana.[6] Les dijo a los predicadores jóvenes: "El hombre que nunca lee, nunca será leído; el que nunca cita, nunca será citado".[7] Si nunca lees libros o comentarios bíblicos, estás confiando en tu propio y limitado conocimiento.

No seas perezoso. Estudia duro. No te limites a leer la Biblia; escudriña, indaga en lo profundo y extrae tu tesoro. Y lee tanto los clásicos espirituales como los libros actuales. La lectura afilará tu espada y te convertirá en un mentor más sabio y eficaz. Y tu estudio a fondo también ayudará a tus discípulos a navegar en aguas más profundas.

3. Tus discípulos deben desarrollar un carácter piadoso.

Dios entrena a los líderes —que es lo que estás levantando en tus discípulos— y el proceso puede ser doloroso. Durante el largo viaje de David para convertirse en rey, terminó en un pueblo llamado Siclag. Los eruditos no están seguros de dónde se encontraba exactamente esta ciudad, solo que se situaba en el remoto desierto de Judea. La palabra *Ziklag* alude al proceso de dar forma al metal fundido.[8] No era un lugar fácil para vivir.

Todos nosotros debemos pasar un tiempo en el desierto. Cuando estamos allí, nos sentimos secos espiritualmente, y de hecho podemos sentirnos lejos de Dios. Pero la experiencia del desierto nos enseña que nuestra fe no se basa en nuestros sentimientos, y el tiempo en el desierto forja el carácter.

David escribió: "Mi alma tiene sed de ti…en una tierra seca y árida donde no hay agua" (Sal. 63:1). David no perdió la fe durante los tiempos de prueba. Siguió teniendo sed de Dios. Oraba constantemente—sabiendo que estaba en la fragua—. Dios estaba aplicando calor y presión a fin de darle forma para el trono. El Señor estaba preparando un rey. De la misma manera, no puedes alcanzar tu máximo impacto como hacedor de discípulos y líder sin pasar tiempo en Siclag, ni tus discípulos pueden convertirse en líderes sin esta experiencia.

Dios forma a los líderes a mano, y moldearlos es un proceso lento y tedioso. Envió a Moisés al desierto para forjar su carácter, y el patriarca soportó años de trabajo, pruebas y decepciones. Pero fue en el desierto donde Moisés vio la zarza ardiente y escuchó el llamado de Dios. Sus raíces espirituales se arraigaron más en aquellos tiempos de sequía. Sus dotes de liderazgo se forjaron en el fuego de la prueba.

Tus discípulos también tendrán que visitar ese desierto si quieren crecer espiritualmente. Prepárate para animarlos mientras caminan por lugares secos.

He soportado temporadas de dificultades antes de cada ascenso en mi vida. Trabajé muy duro, me sentí solo, poco apreciado, y debí reportar a algunos jefes que a veces eran difíciles. Estoy seguro de que tampoco fui siempre el mejor empleado. Pero en los momentos de presión aprendí a servir, a amar, y a perdonar. El fuego y la presión de Siclag me prepararon para el trabajo ministerial que realizo ahora. 1 de Pedro 5:6 dice: "Humillaos bajo la poderosa mano de Dios, para que Él os exalte a su debido tiempo". Tuve que aceptar mis temporadas de sequía y permitir que Dios me cambiara antes de promoverme.

Debemos enseñar a nuestros discípulos cómo soportar los tiempos difíciles. Debemos desafiarlos a no apresurarse en el proceso de formación espiritual. Deben aprender integridad, pureza, humildad, paciencia, tolerancia y resistencia. Deben aprender a alabar a Dios en los momentos difíciles. No deben evitar el fuego de la santidad de Dios ni buscar atajos. Deben entregarse plenamente a Dios y dejar que Él los cincele convirtiéndolos en Sus discípulos.

Tus discípulos deben mantenerse firmes y esperar pacientemente cuando atraviesen la temporada de formación del carácter. La respuesta de Dios estará en camino, independientemente de cómo nos sintamos en el desierto. 1 de Pedro 5:10 promete: "Después de que hayáis sufrido por un poco de tiempo, el Dios de toda gracia…

Él mismo os perfeccionará, confirmará, fortalecerá y establecerá". ¡La guerra en realidad nos hace más fuertes! Como mentor, ayudarás a tus discípulos mientras pasan por las etapas de la construcción del carácter.

4. Tus discípulos deben estar llenos del Espíritu Santo.

El Espíritu Santo vive en nosotros, pero no quiere quedarse quieto. La Biblia dice que el Espíritu quiere manifestar Su poder a través de nosotros. La "manifestación del Espíritu" (1 Corintios 12:7) ocurre a través de los nueve dones del Espíritu enumerados en 1de corintios 12:8–10. Tus discípulos comenzarán a ver estos dones operando en sus vidas cuando hayan sido bautizados en el Espíritu Santo. Asegúrate de que tengan la oportunidad de recibir oración para esta experiencia.

El apóstol Pablo advirtió a los primeros discípulos: "Ahora bien, en lo que respecta a los dones espirituales, hermanos, no quiero que seáis ignorantes" (1 Corintios 12:1). Pero muchos cristianos de hoy ignoran el papel vital que los dones espirituales deben desempeñar en la vida de los creyentes.

Imagínate que vivieras en una gran propiedad toda tu vida y nunca supieras que existe una gran reserva de petróleo bajo tu suelo. Así es para muchos cristianos; pasan toda su vida sin saber del poder que Dios ha puesto dentro de ellos a través del Espíritu Santo.

Debemos estar llenos del Espíritu Santo para experimentar Su poder. Anima a tus discípulos a aprender todo lo que puedan sobre la obra del Espíritu. Pablo dijo que debemos "desear fervientemente" los dones espirituales (1 Co. 14:1), que incluyen las sanidades, la palabra de conocimiento, la profecía, las lenguas, el discernimiento de espíritus, y más (véase 1 Corintios 12:8–10). Está bien pedirle a Dios estos dones. A medida que tus discípulos busquen el carácter y la intimidad con Dios, pídeles que oren por otro nivel de unción espiritual.

5. Tus discípulos deben descubrir sus dones y llamado espiritual.

Dios tiene un propósito para cada uno de nosotros. Efesios 2:10 dice: "Somos hechura suya, creados en Cristo Jesús para buenas obras, las cuales Dios preparó de antemano para que anduviéramos en ellas". Parte de tu trabajo como mentor es animar a tus discípulos a descubrir tanto sus llamados vocacionales como espirituales. Los jóvenes se enfrentan a muchas preguntas: ¿Debo ir a la universidad? ¿Qué debo estudiar? ¿Debo asistir a la escuela del ministerio? ¿Qué clase de carrera debería seguir? ¿Debo casarme y formar una familia?

Estas decisiones no son tuyas; ciertamente no tienes por qué elegir por tus discípulos. Pero desde tu rol como mentor, harás preguntas que inviten a la reflexión, proporcionarás recursos, y orarás para que tus discípulos descubran el camino que mejor se adapte a sus dones espirituales, talentos, intereses y habilidades especiales. Deberás desafiarlos a rendirse plenamente al llamado de Dios. Y lo que es más importante, ellos mismos deben determinar cómo pueden llegar a hacer discípulos en el entorno único en que viven y trabajan.

Jesús desea que sus seguidores participen en lo que la Biblia llama "buenas obras" (Efesios 2:10). Las buenas obras no nos salvan, por supuesto. Pero cuando una persona decide seguir a Cristo y descubre su llamado de vida particular, naturalmente hará cosas para ayudar a los demás y mostrar la bondad, la misericordia y el amor de Dios a sus comunidades.

Cuando Jesús transforma a una persona, puede convertirse en maestro, oficial de policía, trabajador de una fábrica, gerente de una tienda, o ejecutivo. Pero también encontrará formas únicas de compartir a Jesús, ya sea alimentando a las personas sin hogar, rehabilitando a los presos, cuidando de los niños enfermos, respaldando proyectos misioneros en el extranjero, tocando en un conjunto de adoración, aconsejando a los veteranos desalentados, luchando contra la trata de personas, o por medio de otras vías que se abran para el ministerio.

No se supone que el amor de Dios se almacene en una botella; debe ser canalizado hacia otros de forma que sean alcanzados. Ayuda a tus discípulos a descubrir cómo pueden hacer brillar la luz de Cristo en el mundo que les rodea. Cuando den a los demás, crecerán.

6. Tus discípulos necesitan liberarse de los hábitos pecaminosos y heridas emocionales.

El Espíritu Santo es como un refinador de oro, y trabaja continuamente para hacernos más como Jesús. Su llama nos purifica de hábitos pecaminosos, orgullo, egoísmo, amargura, y malas actitudes. El Espíritu nos cambia diariamente, y el proceso se llama santificación. Esa es una gran palabra teológica que se refiere al proceso que Dios utiliza para hacernos santos.

Pablo escribió: "El que comenzó en vosotros la buena obra, la perfeccionará hasta el día de Cristo Jesús" (Filipenses 1:6). Como mentor, ayudarás a tus discípulos a liberarse de todas las ataduras del pecado. Ellos pueden tender a desanimarse ante las debilidades o inclinaciones pecaminosas en sus vidas. Cuando ores con ellos acerca de estas áreas frágiles, anímalos a arrepentirse y a buscar sanidad.

Cuando confesamos nuestros pecados a Jesús, la mancha de nuestro pasado es totalmente eliminada. Somos justificados y hechos justos. Ya no somos culpables de nuestros pecados. No obstante, nos cuesta creerlo. Por eso es importante que confesemos nuestros pecados a los demás. Santiago 5:16 dice: "Por lo tanto, confesaos vuestros pecados unos a otros, y orad unos por otros para que seáis sanados". Abrir nuestro corazón a otra persona sobre nuestra "basura" es muy liberador.

Parte de tu trabajo como mentor es ayudar a tus discípulos a liberarse de la vergüenza de los pecados pasados. A veces tendrán que confesar malos hábitos o decisiones vergonzosas. Tu trabajo es extender el perdón y la misericordia. No los juzgues ni te escandalices. Nunca hables de los pecados de tus discípulos a otros. Sé un mentor en el que puedan confiar para cubrirlos.

7. Tus discípulos necesitan una profunda intimidad con Jesús.

El Salvador dijo a Sus discípulos: "Ya no os llamo siervos, porque el siervo no sabe lo que hace su amo; pero os he llamado amigos, porque todas las cosas que he oído de mi Padre os las he dado a conocer" (Juan 15:15). Este es el objetivo final del discipulado. El Señor desea que cada uno de sus seguidores conozca a Cristo de una manera profunda y personal. Nos llama a todos a escuchar Su voz y a disfrutar de una estrecha amistad.

Cuando Jesús quiso describir el amor del Padre, contó la parábola del hijo pródigo. Animo a mis discípulos a leer Lucas 15:11–32 y a meditar en el carácter del padre de la historia. El hijo pródigo había fracasado estrepitosamente. Había despilfarrado por completo su herencia y se había comportado de una manera vergonzosa. Sin embargo, el Padre no lo regañó, ni lo sermoneó, ni lo castigó. En lugar de ello "sintió compasión de él, y corrió, lo abrazó y lo besó" (v. 20). Luego le dio un anillo, un par de sandalias, una túnica, y su antigua habitación en la hacienda familiar. (Véase el versículo 22).

Así es como Dios nos trata. Nos ama intensamente. Nos abraza y nos besa, aunque hayamos desaprovechado nuestra herencia y desperdiciado nuestra vida en el pecado. Nuestro Padre se alegra de recibirnos en casa. Si Él ha perdonado nuestros pecados y ha pasado por alto nuestros fracasos, no podemos seguir revolcándonos en la vergüenza del pasado. Papá ha acogido y restaurado a su pródigo.

Conocer el amor incondicional de Dios es el primer paso para la intimidad con Él. Nunca nos sentiremos cómodos acercándonos a un Dios Santo en el salón de Su trono si pensamos que no está contento con nosotros. La Biblia nos dice: "Acudamos, pues, con confianza al trono de la gracia, para obtener misericordia y hallar gracia que nos ayude en tiempo de necesidad" (Hebreos 4:16). Tu discípulo debe aprender a cultivar la cercanía con el Señor. La intimidad llega a medida que nos convencemos cada vez más de la aceptación que nos ofrece nuestro Padre misericordioso.

8. Tus discípulos deben convertirse en hacedores de discípulos.

Sabrás que has llevado a un discípulo a la madurez cuando esa persona comience a reproducirse. Pablo pasó mucho tiempo invirtiendo en Timoteo. Pero le dijo a su hijo espiritual: "Lo que has oído de mí en presencia de muchos testigos, esto encarga a hombres fieles que sean idóneos para enseñar también a otros" (2 Ti. 2:2).

Timoteo no se limitó a *recibir, recibir y recibir* de Pablo; compartió lo que recibió con otros. El resultado fue que Timoteo hizo muchos discípulos. ¡Es posible que Timoteo hiciera aún más discípulos que Pablo! Esta debería ser nuestra meta: que las personas de quienes somos mentores nos superen con creces.

Pablo se jactó de su discípulo Timoteo ante los filipenses, sugiriendo que había algo especial en él. Dijo:

> Pero espero, en el Señor Jesús, enviaros pronto a Timoteo, para que yo también cobre ánimo cuando me

entere de vuestra situación. Porque no tengo a nadie más de espíritu afín que se preocupe genuinamente por vuestro bienestar. Porque todos buscan sus propios intereses, no los de Cristo Jesús. Pero vosotros sabéis de su carácter probado, que sirvió conmigo en la difusión del evangelio como un niño que sirve a su padre.

—FILIPENSES 2:19–22

¿Puedes ver el fruto de la inversión de Pablo en este joven? Muchas personas habían decepcionado a Pablo; algunos de sus propios discípulos se alejaron de él o fueron infieles con sus responsabilidades. Pero Timoteo demostró un "carácter probado" (Fil. 2:22) a su mentor. Pablo menciona que experimentaba un "espíritu afín" (Fil. 2:20) con su hijo espiritual. Esta palabra en griego para *espíritu afín* (*iso- psychos*) significa "igual en el alma" o "de ideas similares".[9] Implica que Timoteo tenía los mismos valores fundamentales que su mentor. Pablo ciertamente había hecho un trabajo eficaz al impartirle principios semejantes a los de Cristo, y Timoteo reflejaba el mismo carácter fuerte de Pablo.

Este es tu reto. Antes de dejar esta tierra para ir al cielo, deposita tu fe en los jóvenes Timoteos que te seguirán. Ellos expandirán el evangelio mucho después de que te hayas ido.

OREMOS AL RESPECTO

Señor, ayúdame a crecer espiritualmente. Quiero producir mucho fruto. No quiero seguir siendo un bebé espiritual. Aliméntame con la carne de tu Palabra, y ayúdame a madurar para que pueda enseñar a otros a caminar con Cristo. Ayúdame a crecer, Señor, y luego permíteme ser un hacedor de discípulos. Ayúdame a llevar a otros a la plena madurez para que ellos también puedan hacer discípulos. Amén.

UN PENSAMIENTO **FINAL**

Nuestra primera y más importante responsabilidad como cristianos es mantener una fuerte y constante comunión diaria con el Señor Jesús, alimentándonos de Su Palabra.[10]

—LEROY EIMS, AUTOR, *EL ARTE PERDIDO DE HACER DISCÍPULOS*

CONSEJO PARA EL DISCIPULADO

Los buenos mentores son mentores humildes

Nunca orientes a alguien desde una posición de superioridad. El hecho de que seas mayor o más sabio no significa que estés por encima de ellos. Cuando entreno a alguien, incluso al más joven de los nuevos creyentes, nunca lo miro por encima del hombro ni lo trato como subordinado. Ellos también pueden refrescarme. Guardo los mensajes de aliento, las tarjetas y cartas que me envían mis discípulos.

Pablo dijo a los creyentes romanos: "Ansío veros para impartiros algún don espiritual, a fin de que seáis confirmados; esto es, para que pueda ser consolado juntamente con vosotros mientras estoy entre vosotros, cada uno por la fe del otro" (Ro. 1:11–12). ¿Percibes la humildad detrás de esta declaración? Pablo era un padre espiritual y un genio teológico, pero dijo que se beneficiaba enormemente de su relación con sus discípulos. Necesitas este nivel de humildad. No hay lugar para el ego en el ministerio. Adopta la postura de Jesús, lava los pies de tus discípulos, y espera recibir de ellos lo que derramas en ellos.

Los Cuatro Roles de un Hacedor de Discípulos

EN 2010 FUI por primera vez a Colombia, para predicar en una conferencia patrocinada por dos iglesias en la ciudad de Barranquilla. Pude haber ido solo, pero le pedí a Jason, un joven pastor de Carolina del Sur, que me acompañara en el viaje de diez días.

Había conocido a Jason ese mismo año en una reunión de ministros. Permaneció de pie en la parte posterior del auditorio durante la mayor parte del evento, y parecía un cachorro apaleado. Me enteré de que había renunciado a su posición ministerial debido a algunos errores que había cometido. Se sentía rechazado y descalificado. Pero cuando miré a Jason no vi sus fracasos; vi un enorme paquete de potencial espiritual. Necesitaba ánimo, no condenación.

Cuando lo invité por primera vez a acompañarme en mi viaje a Sudamérica, me miró con incredulidad. No esperaba que alguien le diera otra oportunidad. Esperaba que lo descartara. Pero soy dolorosamente consciente de cuántas veces Dios me ha dado una segunda oportunidad. Cuando abordamos nuestro vuelo unas semanas más tarde, le dije a Jason: "Vas a crecer dos pies durante esta aventura". El día que regresamos a Estados Unidos comentó: "Creo que he crecido dos pies y medio".

Jason dijo esto porque le di la oportunidad de probar sus alas en un momento en que se sentía totalmente fracasado. Hacia los últimos días del viaje, una iglesia me preguntó si podía hablar en una reunión de jóvenes. El evento no estaba en mi agenda, y yo ya tenía otro compromiso a la misma hora, así que recomendé que invitaran a Jason a hablar con los adolescentes.

Cuando le conté a Jason de esta oportunidad, quedó frío. Nunca había hablado con la ayuda de un traductor, estaba en una cultura extraña, y no esperaba hacer nada en el viaje, aparte de apoyarme. Pero desafié su forma de pensar. "Jason", le dije, "no estás aquí para llevar mis maletas. Tienes un llamado de Dios en tu vida. Sé que el Señor te usará en esa reunión juvenil".

Efectivamente, cuando llegué a la casa donde nos alojábamos esa noche, supe que Dios se había movido poderosamente en el servicio de los jóvenes. Muchos adolescentes habían sido tocados por Dios, y algunos fueron llenos del Espíritu Santo. Estaban emocionados, y Jason, extasiado. La oscura nube de desánimo que lo había seguido por meses, se evaporó.

Cuando regresamos a los Estados Unidos, algunos de los líderes de Jason vieron una gran diferencia en él. Se dieron cuenta de que había sido restaurado. Terminaron pidiéndole a él y a su esposa que pastorearan una pequeña iglesia, la cual había experimentado una severa pérdida de miembros durante varios meses. Jason y su esposa, Chloe, entraron en medio de esa difícil situación, y en pocos meses la iglesia empezó a crecer. Hoy esa iglesia ha crecido exponencialmente, y han plantado dos congregaciones hijas en la misma región.

Nada me emociona más que desafiar a los líderes jóvenes llevándolos al campo misionero. Lo he hecho en Nigeria, Ucrania, India, Perú, Bolivia, Sudáfrica, y otros lugares. No siempre es conveniente compartir un baño o duplicar los gastos del viaje, pero la recompensa llega cuando veo cómo la experiencia acrecienta la fe de los jóvenes líderes y acelera su crecimiento espiritual.

Es lo que muchos llaman el Principio de Timoteo, y se encuentra en las palabras de Pablo a su hijo espiritual, registradas en 2 Timoteo 2:2: "Lo que has oído de mí en presencia de muchos testigos, esto encarga a hombres fieles que sean idóneos para enseñar también a otros". Pablo descubrió tiempo atrás que la forma más eficaz de expandir el alcance del Evangelio era invertir deliberada y personalmente en los discípulos más jóvenes.

Aunque Pablo predicaba a multitudes, siempre viajaba con un pequeño equipo. No era un espectáculo unipersonal. Compartió la vida con las personas de su equipo, y se convirtieron en gigantes espirituales. Pero si vamos a convertirnos en hacedores de discípulos efectivos, debemos entender a cabalidad la descripción del trabajo.

Nadie me entregó una lista de deberes cuando empecé a hacer discípulos hace más de veinticinco años, pero me di cuenta de cuáles eran a través de la experiencia. He aprendido que hacer discípulos implica cuatro roles distintos:

- Mentor
- Entrenador
- Consejero
- Padre o madre espiritual

Me he referido a ellos como "los cuatro sombreros" de la formación de discípulos. Usarás los cuatro sombreros en diferentes momentos cuando inviertas en una persona, ya sea un nuevo cristiano o un líder en capacitación. Debes sentirte cómodo funcionando en los cuatro roles, dependiendo de las necesidades de la persona que estés asesorando.

El rol de un mentor piadoso

El apóstol Pablo dijo a los corintios: "Sed imitadores de mí, como también yo lo soy de Cristo" (1 Co. 11:1). La Versión Inglesa Contemporánea (CEV) de ese versículo dice: "Debéis seguir mi ejemplo, como yo sigo el ejemplo de Cristo".

Muchos de nosotros fingimos humildad cuando decimos: "Oh, no me mires. Solo soy un pecador salvado por gracia. Deberías mirar a Jesús". Pero ese no es un concepto bíblico. Dios quiere que las personas tengan modelos y ejemplos. Necesitamos a algunas personas que sean lo suficientemente maduras como para decir: "Mírame. Te mostraré el camino que Dios me enseñó". Eso no es orgullo; es tutoría bíblica.

¿Cuál es la descripción del trabajo de un mentor? Obviamente tu tarea es ayudar a tus discípulos a crecer desde el punto de vista espiritual. Los animarás a aplicar las disciplinas espirituales. Esto no lo haces de una manera clínica, sino invitándolos a tu vida. Les dices: "Mírame. Te mostraré cómo hacerlo".

El concepto de tutoría está relacionado con el gran diseño de Dios de enviar a Jesús para salvarnos. No podíamos salvarnos a nosotros mismos, por lo que Dios envió a Su único Hijo a este mundo pecaminoso. Jesús se revistió de naturaleza humana, se convirtió en uno de nosotros, sufrió por nosotros, y, sin embargo, nos mostró quién es el Padre. Del mismo modo, cuando la Palabra de Dios se arraiga en un cristiano, él o ella se vuelven como Jesús.

El Espíritu Santo empodera a los cristianos para que puedan hacer las obras de Jesús. Y entonces, a medida que llegan a ser maduros y experimentados en la fe, son capaces de enseñar a otros lo que significa seguir a Jesús. Mientras sigo a Cristo y Él me enseña verdades espirituales y crea en mí Su carácter y santidad, puedo ayudar a otros a crecer espiritualmente.

Es el mismo patrón que usó Jesús cuando entrenó a Sus primeros discípulos. Esencialmente les dijo: "Mírenme orar. Escuchen mis enseñanzas. Imítenme cuando estoy sirviendo a otros". Esto es tutoría. Y debes abrazar la idea de que fuiste llamado a ser mentor de otros, porque es responsabilidad de cada creyente.

Cuando Jesús fue a orar por la hija de Jairo, invitó a Pedro, Santiago y Juan a quedarse con Él en la habitación. Ellos estaban observando en el momento que Jesús mandó salir a todos los dolientes (véase Marcos 5:35– 40). Entonces Jesús tomó la mano de la niña muerta y dijo: "¡Talitha cumi!" (que traducido significa: '¡Niña, a ti te digo, levántate!'); y ella resucitó a la vida" (v. 41).

Este milagro se repitió en Hechos 9 cuando Pedro oró por Tabita, una mujer que había muerto. Pedro hizo salir a todos de la habitación y le dijo al cadáver: "Tabita, levántate." Pedro replicó lo que había visto hacer a Jesús, y el milagro se repitió. Simplemente estaba imitando a Jesús (véase Hechos 9:38–40).

Una vez que identifico a un discípulo, me aseguro de establecer algunas reglas básicas. Siempre comparto con mi discípulo lo siguiente:

- **Seré accesible.** Comparto mi número de teléfono y correo electrónico, y hago todo lo posible por comunicarme regularmente. Quiero que mis discípulos sepan que estoy ahí para apoyarlos.

- **Me comprometeré.** Mi objetivo es ayudar a mis discípulos a crecer espiritualmente y a desarrollar sus dones ministeriales. Lo hago a través de la instrucción, el asesoramiento, y el entrenamiento.

- **Estaré orando.** Asumo el compromiso de orar por mis discípulos, luego agrego sus nombres a mi lista de oración y oro por ellos regularmente.

- **Seré confidente.** Prometo nunca divulgar ninguna información privada sobre mis discípulos a nadie. Quiero que sepan que sus confesiones están seguras conmigo.

- **Estaré expectante.** Siempre les digo a mis discípulos que tengo grandes objetivos para ellos. Quiero que eventualmente sean mentores de otros. La meta de Dios es que ellos "produzcan mucho fruto" (Juan 15:8). Quiero que me superen en impacto, ¡y espero que eso ocurra!

Cuando oriento a alguien trato de averiguar cuáles son sus mayores necesidades para poder proporcionarle una instrucción específica. Procuro reunirme regularmente con esa persona para estudiar la Biblia, hacer llamadas telefónicas periódicas, o simplemente estar disponible para hablar y orar. Trato de brindar consejos bíblicos en cualquier situación que se presente. También puedo recomendar a mi discípulo un libro, un podcast, un consejero, o un entrenador de vida personal (*life couch*), porque no tengo todas las respuestas.

Tus discípulos están escuchando lo que enseñas, pero también están observando tus acciones. Sé un modelo de fe. No te limites a hablar; sé un ejemplo. Por eso llevo a la gente conmigo en los viajes del ministerio. Si no te mueves en el campo misionero, puedes llevar a tus discípulos donde sea que estés ministrando a otros. Si tienes un ministerio específico en tu iglesia, invita a tu discípulo a seguirte de cerca mientras sirves.

Tus discípulos necesitan algo más que teorías y doctrinas: necesitan ver cómo oras, cómo tratas a las personas y cómo enfrentas las pruebas. Deja que se acerquen. Cuando vean cómo Dios obra a través de ti, dejarán que Él obre a través de ellos.

El rol de entrenador

¿Quién es el mejor entrenador en la historia de Estados Unidos? Podrías pensar en Knute Rockne, de Notre Dame; Vince Lombardi, quien convirtió a los Green Bay Packers en sinónimo de victoria; John Wooden, quien obtuvo diez campeonatos de la NCAA en baloncesto masculino; Nick Saban, responsable de seis victorias nacionales para el equipo de fútbol de la Universidad de Alabama; Pat Summitt, quien consiguió mil noventa y ocho victorias para el equipo de baloncesto femenino de la Universidad de Tennessee; o mi favorito, Bear Bryant, quien llevó a los Crimson Tide de Alabama a trece campeonatos de la SEC. Una de las razones por las que Bryant era tan famoso como entrenador era su actitud positiva. Se hizo popular por decir: "Si un hombre se rinde, prefiero averiguarlo en las prácticas que en un partido. Pido todo lo que tiene un jugador para saber lo que puedo esperar más tarde".[1] También dijo: "Ganar no lo es todo, pero es mejor que cualquier cosa que quede en segundo lugar".[2] La actitud ganadora de Bryant es lo que impulsó a tantos atletas —y a muchos futuros entrenadores— a la grandeza.

Pero la verdad es que la mayoría de los entrenadores no se vuelven famosos, como Bear Bryant o Nick Saban. Buena parte de los grandes maestros de secundaria, de los profesores universitarios o los generales del ejército son héroes anónimos. Los entrenadores ven el potencial de las personas y extraen la grandeza que hay en ellas. Empujan a las personas hacia el éxito a través de la motivación, la disciplina, el estímulo y la recompensa.

Si los grandes entrenadores son necesarios en el deporte y en el campo de batalla, los necesitamos mucho más en el ámbito espiritual. Todos necesitamos motivación en la vida. Y aunque un pastor puede ofrecer esa motivación en un sermón dominical, todos los cristianos necesitan que alguien los mire a los ojos de vez en cuando y les diga: "Sal del banquillo y entra al juego".

Cuando estaba en la universidad, era parte de un ministerio comprometido con la evangelización en los campus. Uno de los líderes vino al centro educativo para hablar en un evento del sindicato de estudiantes, y se me pidió que lo presentara a la multitud. Yo era tímido a los veinte años y tenía muy poca experiencia hablando en público. Así que cuando tomé el micrófono me temblaban las rodillas y los nervios se apoderaron de mi voz. Al líder del ministerio universitario le molestó mi inseguridad. Me dijo con bastante severidad desde la primera fila: "¡Vamos, Lee. No seas tímido! ¡Predica con audacia!".

El hombre no buscaba ser grosero; simplemente me exhortaba a tener más confianza. Pero perdí la compostura porque estaba avergonzado. No fue mi momento más estelar. Puedo asegurarles, sin embargo, que ese día aprendí una importante lección, la cual ha permanecido conmigo desde entonces.

Este hombre fue un entrenador duro, pero marcó mi vida para siempre. Sus palabras dolieron por un momento, pero el efecto perdurable me hizo mejor persona. Le atribuyo el mérito de ser una de las razones por las que hoy tengo la confianza para predicar a grandes multitudes. Él me ayudó a liberarme de mi timidez.

¿Alguna vez tuviste un entrenador en la escuela secundaria o la universidad que te hizo enojar y aun así hoy agradeces su influencia en tu vida? Nos encanta odiar a los entrenadores duros porque nos empujan hasta nuestros límites, nos hacen correr vueltas extra, y nos avergüenzan delante del equipo señalando nuestros errores. Pero si los entrenadores no nos incitaran a abandonar nuestra zona de confort, ¿dónde estaríamos hoy?

Nos guste o no, a veces necesitamos ser reprendidos. Una amonestación nunca es divertida. Pero Proverbios 12:1 dice: "El que odia la represión es un bruto". Nunca debemos ser susceptibles cuando un entrenador plantea una corrección. ¿Y qué pasa si tus sentimientos son heridos? Sobrevivirás. Pero no puedes crecer sin corrección.

Si quieres ser un buen mentor, también debes aprender a impartir corrección. Eso nunca es fácil, pero no les haces ningún favor a tus discípulos si los mimas. Habla la verdad en amor, pero nunca te contengas si tienes que reprender. Jesús dijo: "A los que amo, los reprendo y disciplino" (Apocalipsis 3:19). Debemos ser mentores, como lo hizo Jesús.

Ciertamente Jesús fue un entrenador exigente en ocasiones. Reprendió a sus discípulos por su falta de fe (Mateo 8:26). Instó a Pedro a que saliera de la barca y se lanzara sobre las olas (Mateo 14:28–29). Estimuló a sus discípulos a imaginar cómo sería alimentar a una multitud con unos pocos trozos de pan y pescado (Mateo

14:16–20). Dijo a Su equipo que ganarían, aunque sin omitir que serían asesinados por sus perseguidores (Lucas 21:16–19).

Una vez, cuando alguien de la multitud le dijo a Jesús que sus discípulos no podían expulsar un demonio de un niño que era mudo, Jesús se molestó. Sonaba a entrenador rudo al decir: "¿Hasta cuándo voy a aguantaros?" (Marcos 9:19). ¡Nuestro Entrenador espera que tengamos una fe fuerte!

El apóstol Pablo también era un entrenador exigente. Le hizo saber a Arquipo: "Presta atención al ministerio que has recibido del Señor, para que lo cumplas" (Colosenses 4:17). Pablo presionó a Arquipo para que completara la tarea que Dios quería que cumpliera. También reprendió a los corintios por no jugar en equipo (1 Co. 1:10–11). Y exhortó a sus discípulos a descubrir sus dones espirituales y a usarlos para edificar a todo el cuerpo de Cristo (1 Corintios 12:4–7).

Si quieres ser un mentor eficaz, tendrás que dejar de intentar ser el señor "buen tipo", o la señora "buena gente" todo el tiempo. Tendrás que endurecerte. A veces es necesario pasar pañuelos o almohadas a nuestros discípulos; en otras situaciones debemos dar severas reprimendas.

Mis discípulos quieren tener éxito en la vida. Aspiran a lograr buenos matrimonios, carreras fructíferas, un carácter fuerte y ministerios efectivos. Siendo así, muchas veces debo ponerme mi "sombrero" de entrenador y ser un motivador, ofreciendo consejos sobre educación, elección de la carrera, matrimonio, crianza de los hijos y participación en la iglesia.

Uno de mis principales objetivos como entrenador es ayudar a mis discípulos a descubrir sus dones espirituales. No pueden alcanzar su máximo potencial hasta que aprendan cómo les ha equipado Dios. ¿Cómo sabes qué recursos hay en tu cinturón de herramientas? El Espíritu Santo nos ha dado dones a cada uno, pero algunos cristianos los dejan intactos en su "envoltura" toda su vida. ¡Qué desperdicio! Debemos "desear fervientemente" los dones espirituales (1 Co. 14:1). ¡Eso significa que debemos abrirlos y usarlos!

Hablo a mis discípulos por medio de ejemplos sencillos. Para identificar sus dones, por ejemplo, los animo a fijarse en cómo los ha utilizado Dios en el pasado. ¿Les atrae aconsejar a la gente? ¿Disfrutan enseñando? ¿Ha hecho Dios milagros cuando oraron por otros?

¿Encuentran una satisfacción especial cuando trabajan con niños o adolescentes? ¿Les gusta bendecir a la gente financieramente? Estas son pistas obvias para descubrir cómo Dios los ha "cableado". Los invito a preguntarle al Señor cuál es su "punto ideal" o "más dulce" en el ministerio. Luego los animo a aprender todo lo que puedan sobre ese don y a que lo afinen entrenando. Cuanto más lo usen, mayor impacto conseguirán.

Como entrenador también hago muchas preguntas:

- ¿Cuáles son tus talentos naturales (como el canto o las habilidades artísticas)?
- ¿Cuáles son tus habilidades aprendidas (como tocar un instrumento musical o hablar un idioma extranjero)?
- ¿Qué tipo de trabajos o actividades ministeriales te llenan más?
- ¿Has identificado tus dones espirituales? (Una prueba en línea en spiritualgiftstest.com puede ayudarte a hacerlo).
- ¿Cuáles son tus mayores objetivos y sueños?
- ¿Cómo te ha hablado Dios (a través de una palabra profética, sueño, visión, o durante la oración) para mostrarte Su plan para tu vida?

Plantear esas preguntas a tus discípulos les ayuda a dar un paso firme en dirección a su llamado. Además de ayudar a mis discípulos a descubrir su potencial, también intento proporcionarles el apoyo cariñoso que necesitan cuando pasan por momentos difíciles. Una de las cosas más importantes que un entrenador puede decir es: "Aguanta".

Me encanta mi trabajo ministerial, pero no es fácil. Parte de mi trabajo consiste en confiar en que Dios supla los fondos para pagar los proyectos de misiones en el extranjero. El Señor ha provisto milagrosamente en el pasado. Pero a veces es desalentador revisar mi cuenta bancaria y ver que los números bajan en lugar de subir. A veces tengo ganas de rendirme porque parece que no pasa nada después de orar.

Es entonces cuando recuerdo 1 Timoteo 6:12, que dice: "Pelea la buena batalla de la fe". Pablo explica aquí que la fe es una lucha. La segunda aparición de la palabra *lucha* en este versículo se da con el término griego *agōn,* del que obtenemos la palabra *agonía.*[3] Caminar por fe no es para los débiles. ¡Es una guerra intensa!

Gedeón era un hombre tímido que luchaba con la inferioridad. Pero el ángel del Señor se acercó a él y le dijo: "Dios está contigo, oh, poderoso guerrero" (Jueces 6:12, MSG). Gedeón no creyó en esas palabras. Se veía a sí mismo como un fracasado. Pero finalmente se convirtió en un campeón. Dios también quiere convertir a tus discípulos en poderosos hombres y mujeres Suyos, pero deben liberarse de las viejas mentalidades para ver su verdadera identidad. ¡Pueden ser cambiados de debiluchos a guerreros!

Parte de mi trabajo como entrenador es ayudar a mis discípulos a ver quiénes son en Cristo. Algo en su vida puede haberlos programado para pensar que son fracasados, estúpidos, débiles, inferiores, o que no son dignos de ser amados. No obstante, hay muchas escrituras que nos dicen quiénes somos realmente. La Palabra de Dios afirma que somos "justos", "perdonados", "limpios", "aceptados por Dios", "victoriosos" y "valientes". Hice una lista de pasajes de las Escrituras para ayudar a mis discípulos a comprender su nueva identidad. (Esta lista, "Renueva tu mente con la Palabra de Dios", es un apéndice al final del libro). Al meditar en lo que Dios dice de nosotros, seremos transformados.

El rol de consejero

Algunas personas son transformadas de la noche a la mañana después de rendir sus vidas a Jesús. Tiran sus drogas por la ventana, se disculpan con las personas a las que han hecho daño, rompen las relaciones tóxicas, y dan un giro de 180 grados. Me encantan las conversiones drásticas. Pero el proceso de cambio es más lento para la mayoría de nosotros. Aunque el nuevo nacimiento es, de hecho, una experiencia instantánea, la salvación no lo es. No somos "salvos" únicamente en un momento emocional en el altar de una iglesia; estamos "siendo salvos" (1 Corintios. 1:18) a diario. Como Lázaro, quien emergió de la tumba envuelto en vendas mortuorias, podemos experimentar el milagro de la salvación y, sin embargo, seguir atados. Jesús dijo a los que estaban cerca de su amado amigo: "Desátenlo, y déjenlo ir"(Juan 11:44).

La mayoría de los cristianos estamos atados por hábitos pecaminosos y recuerdos vergonzosos cuando comenzamos nuestra travesía espiritual. Necesitamos que alguien nos "desenvuelva".

Ministro a incontables cristianos que luchan con diversas formas de quebrantamiento. Algunos son adictos a comportamientos o sustancias; otros están lisiados emocionalmente como resultado de su crianza; otros son perseguidos aún por traumas de la infancia. A menudo nuestros consejos para ellos son tan insensibles como poco realistas. Les decimos: "Supéralo. Si eres cristiano no puedes luchar con esas cosas ahora". O a veces ofrecemos salidas fáciles, como: "Solo lee tu Biblia y los problemas desaparecen". La fe no funciona así en el mundo real.

Los cristianos tropiezan. Los cristianos luchan. Los cristianos lidian con las adicciones. Si bien me encantaría un cambio instantáneo, la Biblia habla tanto de la regeneración (que ocurre en el momento de la conversión) como de la "renovación por el Espíritu Santo" (Tito 3:5), que es un proceso divino.

Jesús prometió que nos guiaría a través de los pasos hacia la sanidad. Cuando comenzó su ministerio en Nazaret, abrió el rollo y leyó: "El Espíritu del Señor Dios está sobre mí, por cuanto el Señor me ha ungido para traer buenas noticias a los afligidos; me ha enviado para vendar a los quebrantados de corazón, para proclamar libertad a los cautivos y a los presos apertura de la cárcel…para conceder a los que lloran en Sion, una diadema en lugar de cenizas" (Isaías 61:1, 3).

Una persona puede ser cristiana y aun así estar con grilletes, arrastrando una bola y una cadena. Puede ser uno que "llora en Sion". Muchos creyentes que luchan con un pecado secreto o alguna carga emocional ocultan sus problemas debajo de la proverbial alfombra y fingen ser libres. Pero su mascarada generalmente no termina bien.

Cuando hago discípulo a alguien, lo llevo a través de un proceso de limpieza interior, sabiendo que todavía puede sentirse cautivo por ciertas fortalezas espirituales. Hablamos de su pasado en un entorno privado, y le hago preguntas de sondeo en siete áreas clave. (Véase la lista que sigue bajo el título "Sesión de oración de limpieza espiritual").

Pido a mis discípulos que confiesen sus pecados pasados o complejos, y luego oramos por sanidad y cierre de lo quedó atrás. También les recuerdo el poder de la sangre de Cristo para liberarlos del pecado y la vergüenza. No dejes que tus discípulos anden cojeando, envueltos en vendas funerarias. Tu trabajo es desatarlos.

El objetivo del siguiente ejercicio de oración es ayudar a tus discípulos a deshacerse de cualquier problema por pecados que hayan obstaculizado su crecimiento espiritual. Para empezar, deben responder a las preguntas que he enumerado lo más minuciosamente posible. Asegúrales que todo lo que compartan será confidencial, y explícales que todo lo que escribas se lo entregarás a ellos cuando hayas terminado. (Yo anoto cosas durante la sesión de oración para saber por qué orar, pero nunca conservo una copia). Las preguntas están diseñadas para proporcionar antecedentes e información de fondo que utilizaré en nuestros momentos de oración.

Después de su confesión, repaso las áreas que necesitan oración, y luego oramos juntos. Aplico la sangre de Cristo en cualquier área que necesite arrepentimiento o sanidad. También puedo pedir a mis discípulos que se arrepientan de ciertas cosas. Al terminar de orar, siempre les paso la hoja de papel y los invito a destruirla como prefieran. Quiero que sepan que Jesús no lleva un registro de nuestros pecados después de que los confesamos.

Santiago 5:16 nos invita a vivir una vida abierta: "Confesos vuestras faltas unos a otros, y orad unos por otros, para que seáis sanados". Todos los discípulos deben aprender a ser transparentes y prontos para arrepentirse cuando tropiezan. La transparencia requiere que abramos nuestros corazones con nuestros amigos cercanos o con aquellos que nos están asesorando.

Todos debemos elegir una vida que rinda cuentas. Debemos confesar nuestros pecados rápidamente, nunca ocultar nuestras luchas, y permitir que Dios sane las áreas de nuestra vida de las que nos avergonzamos. Las personas que aprenden a ser vulnerables resultarán victoriosas.

A continuación está la lista de pecados que discuto con mis discípulos cuando realizo este ejercicio de oración.

Sesión de oración de limpieza espiritual

Falta de perdón. ¿Estás guardando rencor? ¿Hay alguien en tu vida que te hayas negado a perdonar? Nunca conocerás el perdón de

Jesús si albergas resentimiento hacia los demás en tu corazón. Jesús dijo que no puede perdonarnos si no podemos perdonar a los demás (véase Mateo 6:15). La amargura es como el ácido. Corroerá tu alma hasta que perdones a los que te lastimaron. Perdona de corazón a cualquier persona por la que tengas amargura.

Pecado sexual. Hoy en día muchas personas han tenido relaciones sexuales fuera del matrimonio. Y aunque la sociedad diga que esto es aceptable, el daño psicológico causado por la fornicación, el aborto, la homosexualidad, el adulterio, el incesto, la perversión y la pornografía es real. Las cadenas del pecado sexual son fuertes, pero Jesús puede romperlas cuando confesamos nuestros pecados y elegimos la pureza. Además, muchas personas están lidiando hoy con la confusión, ya sea sobre su orientación sexual o su identidad de género. ¿Estás confundido en alguna de estas áreas? Confiesa todo y recibe la limpieza total por la sangre de Cristo.

Adicción. Es posible que hayas caído en la trampa de consumir alcohol, nicotina, drogas ilegales o en la autoprescripción de medicamentos para adormecer tu dolor emocional. Sin embargo, el Espíritu Santo puede ir a la raíz de tu quebranto y sanar tu alma. Confiesa cualquier implicación en el abuso de sustancias.

Participación en el ocultismo. Involucrarnos en cualquier forma de brujería (sesiones de espiritismo, adivinación, maleficios, hechizos, pactos satánicos u horóscopos) abre la puerta de nuestros espíritus a la influencia demoníaca. Solo la autoridad del nombre de Jesús puede romper las cadenas espirituales forjadas por la participación en la brujería. Las puertas también pueden abrirse a los demonios mediante la participación en organizaciones ocultas como la masonería y la asociación con enseñanzas de la Nueva Era, los cristales, la proyección astral o los ídolos hindúes o budistas. Hay que renunciar a estas cosas verbalmente, y si tu discípulo conserva objetos físicos, libros, o parafernalia oculta en su hogar, debe deshacerse de ellos.

Abuso. En la actualidad un enorme porcentaje de personas, tanto hombres como mujeres, han experimentado algún tipo de abuso sexual, ya sea de niños o siendo adultos. Los abusos sexuales producen una abrumadora carga de vergüenza y hacen que las víctimas piensen que son responsables de las acciones perpetradas por el agresor. Estas experiencias deben ser compartidas de manera confidencial para que las víctimas puedan asegurarse de que no se causaron este daño a sí mismas. Entonces la vergüenza puede ser descubierta y eliminada. Otras formas de abuso también deben ser examinadas, incluidas la violencia doméstica, el maltrato verbal, el acoso o intimidación y el abuso psicológico.

Heridas del padre y/o la madre. La relación con nuestros padres moldea nuestras personalidades e identidad. En cualquier caso, muchas personas lidian con el dolor debido a padres ausentes, distantes, que los han abandonado, o han sido crueles. Y algunas personas también sufren porque uno o ambos padres eran adictos a las drogas o el alcohol. Hablar honestamente de las heridas que recibimos de los padres es una clave para la sanidad emocional. No permitas que tus discípulos oculten el dolor de estas heridas. Aliéntalos a hablar de ellas y a recibir la sanidad de Jesús.

Miedo, ansiedad y depresión. Todo el mundo tiene miedos naturales. Es normal alejarse de las serpientes o las arañas, por ejemplo. Pero otros miedos, causados por experiencias vitales traumáticas, son antinaturales. Muchas personas han sido devastadas por la pobreza, los desastres naturales, las rupturas familiares, los accidentes, o la guerra. El Espíritu Santo puede traer una paz sobrenatural a la mente atribulada de tus discípulos y librarlos de los grilletes del estrés postraumático. Otros cristianos padecen una ansiedad irracional. Y muchos están atenazados por un poderoso espíritu de pesadumbre que está ligado al rechazo o a la decepción. La depresión puede llevar al odio hacia uno mismo, a los trastornos alimenticios, problemas de sueño, e incluso al suicidio. Sin embargo Jesús ofrece una vida abundante y un gozo sostenible. Hablar abiertamente de estos problemas abrirá el camino a la curación.

Cuando ores con tus discípulos o les aconsejes sobre sus problemas, ten en cuenta que no eres un consejero profesional autorizado. Nadie te pide que tengas todas las respuestas o que hables sobre temas que no entiendes. No te sientas presionado a ser un experto cuando no lo eres. Muchas veces he tenido que remitir a mis discípulos a un profesional (porque no podía ayudarles, sus problemas emocionales eran demasiado severos, o existía la posibilidad de que necesitaran medicación).

No te sientas presionado a "arreglar" a tu discípulo. ¡Solo el Espíritu Santo puede hacer eso! Tú eres simplemente el facilitador.

Pero estás capacitado para orar por ellos, ofrecerles conocimientos de las Escrituras, y dirigirlos a Jesús, el Sanador supremo.

El rol de un padre o una madre espiritual

Mi hija Margaret estuvo "embarazada" durante casi tres años de su primer hijo. No, en realidad no llevó un bebé en su útero tanto tiempo. Pero a ella y a su marido Rick les tomó cerca de tres años pasar por el proceso de adopción. Fue un viaje fascinante para ellos —y para mí, como abuelo que vio desde la barrera el desarrollo de este milagro—.

Cuando Margaret y Rick trabajaban en un colegio cristiano de Georgia, llevaron a un equipo de estudiantes a Etiopía para una campaña de evangelización. Durante su visita conocieron la difícil situación de los niños de ese país, y sintieron que Dios los llamaba a adoptar un bebé etíope.

El sueño creció en los corazones de Margaret y Rick, y lanzaron oficialmente el proceso de adopción en enero de 2011. Fue tedioso y costoso. La espera parecía interminable; algo así como hacer fila en la oficina de correos durante veintiséis meses. La burocracia hizo que el proceso avanzara a paso de tortuga, y pareció aún más lento tras enterarse de que se les había asignado un niño y obtuvieron una foto suya.

Yo estaba más impaciente que mi hija y mi yerno durante el proceso de adopción. Se aferraron a su sueño, incluso cuando la agencia de adopción enfrentó algunos problemas graves. Para mantenerse enfocada, Margaret corrió una maratón a fin de crear conciencia sobre la necesidad de la adopción internacional. Decidió que, en vista de que no tenía que pasar por el dolor del parto para tener este bebé, lo menos que podía hacer era correr veintiséis millas.

Su resistencia y perseverancia dieron sus frutos. Por fin ella y Rick viajaron a Addis Ababa, la capital de Etiopía, para realizar las últimas entrevistas y conseguir la aprobación de los trámites finales. Llegaron allí justo a tiempo para celebrar el primer cumpleaños de su hijo. Finalmente aterrizaron en el aeropuerto de Atlanta con su pedacito africano de dicha.

Su primer nombre es Grady. El segundo es Bereket, que, según nos han dicho, significa "bendecido" en lengua amárica. Es un niño muy afortunado porque aproximadamente 3,1 millones de niños en los países en desarrollo mueren de hambre cada año, y muchos niños etíopes suelen perecer por desnutrición o enfermedades infantiles fácilmente tratables.[4] Si mi nieto se hubiera quedado en su tierra natal en condiciones precarias, lo más probable es que no hubiera sobrevivido más allá de los cinco años. Por eso la adopción internacional es una causa tan vital y la razón por la que más cristianos responden hoy a esa necesidad. Cuando Margaret era joven, le decía a ella y a sus hermanas que podían casarse con chicos de cualquier origen racial, siempre que fueran cristianos. Margaret decidió casarse con Rick, un chico blanco de Georgia, ¡con el pelo rojo! Pero finalmente ella y Rick trajeron a su familia a un chico africano de piel oscura, porque saben que el amor de Dios hace irrelevantes las diferencias raciales.

Cuando Margaret y Rick hicieron su primer viaje a Etiopía para iniciar el proceso legal de adopción, me impresionó lo lejos que viajaron para suministrar a este niño el cuidado y la protección que necesita. Volaron dieciséis mil millas (dos veces) para adoptar a Grady. Luego gastaron mucho más dinero asegurando el papeleo para legalizar su adopción. Todo el proceso me recordó cómo Dios hizo grandes esfuerzos para adoptarme en Su familia.

Cuando dedicamos a Grady a Jesús en la iglesia de Margaret y Rick en Carolina del Sur, también lo adopté en mi corazón como mi propio nieto. No lo considero menos miembro de mi familia que mis nietos biológicos. Grady pertenece a nuestra familia. Él está en mi corazón.

Y esto es lo que sucede cuando inviertes en discípulos. Ellos crecen en ti. Cuanto más tiempo pasas con ellos, más valiosos se vuelven para ti. Al final los llevarás en tu corazón como si fueran miembros de tu propia familia.

El discipulado no es solo enseñar o entrenar a la gente de manera clínica. Requiere una inversión emocional del cien por ciento. Pablo no se contuvo cuando estaba con sus discípulos. Dijo a los filipenses: "…cuánto os amo a todos con el cariño de Jesucristo" (Fil. 1:8). ¡Eso es intenso!

No puedes ser tibio cuando pasas tiempo con tus discípulos. Tu corazón debe rebosar de amor, sinceridad, y preocupación genuina.

No seas falso. No mantengas distanciados a tus discípulos. Sé un padre, una madre afectuosa. Pablo dijo: "Os tengo en mi corazón" (Fil. 1:7). La profundidad del amor que muestres a tus discípulos los inspirará a conectarse profundamente con Jesús.

El Día del Padre no es un momento feliz para muchas personas porque han tenido malas experiencias con sus papás. Varios de esos padres son fríos, duros, distantes o abusivos. Algunos abandonaron a sus hijos. Otros nunca mostraron afecto, ni dijeron una sola vez: "te amo". Por eso muchos luchan por ver a Dios como un padre amoroso.

Esto es parte de tu trabajo como hacedor de discípulos. Puedes mostrar el amor incondicional del Padre. El salmo 145 describe a Dios como "clemente", "misericordioso", "cercano", "amable", "bueno", "lento para la ira" y "generoso" (vv. 8–9, 14–18). Como padre o madre espiritual debes reflejar esas cualidades.

Derrama sobre ellos toda esa motivación. Sé misericordioso cuando tu discípulo cometa un error. Muestra afecto. Permanece a su alcance. Diles: "¡Te quiero con locura!" (como suele decirme mi pequeño nieto). Ofrece a tus discípulos una corrección firme pero amorosa. Y nunca te rindas con ellos. Tu ejemplo les ayudará a experimentar el amor del Padre de forma tangible.

Hace unos años, cuando estuve en la ciudad de Cali, Colombia, oré por un chico llamado Luis que fue abandonado por su padre a temprana edad. Tiempo después, el hombre falleció. Me di cuenta de que Luis nunca había tenido la bendición de un padre. Así que me arrodillé frente a él, lo miré a los ojos y le dije: "Luis, si fueras mi hijo, estaría muy orgulloso de ti". Luis comenzó a sollozar, por lo que le di un gran abrazo paternal. Recibió una profunda sanidad en ese momento, todo gracias a unas pocas pero poderosas palabras. Dios te dio una boca, y puedes usarla para bien o para mal.

Algunas personas pasan todo su tiempo quejándose, maldiciendo y abusando de los demás, a la vez que su alma se amarga. Pero Dios nos llama a bendecir, animar, afirmar, edificar y hablar vida.

Proverbios 10:11 dice: "La boca del justo es fuente de vida". Cuando seas mentor de alguien, deja que la vida de Dios fluya a través de tu boca. Sé dulce, no amargo y negativo. Tu trabajo es construir, no derribar. Si tu objetivo siempre es animar, hasta tu corrección con firmeza será recibida y apreciada.

Me encanta el momento de la Escritura en que Jesús cambió el nombre de Simón. Le dijo: "Bendito seas, Simón hijo de Jonás […] Yo también te digo que tú eres Pedro, y sobre esta roca edificaré Mi Iglesia" (Mateo 16:17–18). Jesús vio algo especial en Pedro. Al darle un nombre que significa *roca*, Él estaba viendo más allá de las dudas y debilidades de Pedro. Lo llamó a su verdadera identidad como líder apostólico fuerte.

Pedro no siempre actuó como una roca. A menudo era inestable, y estaba tan preocupado por su propio bienestar que después del arresto de Jesús, negó conocerlo. Pero al final, Pedro se convirtió en la roca sólida que Jesús dijo que llegaría a ser. De la misma forma, tú puedes conversar sobre el destino de quienes eres mentor. Tu trabajo es ver su potencial. Dales escrituras. Envíales un mensaje de texto o llámalos y recuérdales su propósito, en especial cuando hayan fracasado. Tus palabras de bendición los edificarán y los catapultarán a un nivel superior de madurez espiritual.

Pablo dijo a los corintios: "Porque si tuvierais innumerables tutores en Cristo, no tendríais muchos padres, pues en Cristo Jesús me convertí en vuestro padre en el Evangelio" (1 Co. 4:15). Hay una diferencia entre un instructor y un padre. Es bueno instruir a la gente, y es bueno predicar sermones. Pero los mejores predicadores no se limitan a hablar detrás de los púlpitos; también invierten sacrificadamente sus vidas en la gente.

¿Quieres convertirte en un padre espiritual? No puedes ser padre o madre si antes no has sido engendrado y criado en forma apropiada. Este proceso ocurre principalmente al pasar tiempo con Dios y descubrir Su amor incondicional por ti. También ocurre cuando un mentor solidario invierte en tu vida. Ser amado, corregido, entrenado y alentado por un verdadero padre o por una madre espiritual, te ayudará a hacer lo mismo por muchos otros.

En ciertas ocasiones Dios me ha dado un mensaje profético, algún consejo práctico sobre un problema, o simplemente una palabra de ánimo para varios amigos en el ministerio. En algún momento después de haberlo compartido, mis amigos me dijeron que esas palabras se convirtieron en señales significativas para ellos. Recibieron una fuerza sobrenatural de nuestra conversación. Incluso años más tarde siguen atesorando las palabras que compartí.

Proverbios 10:21 dice: "Los labios del justo alimentan a muchos". No busques aliento solo para ti. Aprende a darlo. Las personas necesitan afirmación, la seguridad que infunde el amor de Dios, y que se les recuerden las promesas del Señor. Deja que Jesús te utilice para inyectar fuerza y esperanza a quienes te rodean.

Quiero animarte en tu ministerio como mentor. Eres discípulo de Jesús, y estás dando fruto. Dios te está usando como un hacedor de discípulos. Como Abraham, tendrás muchos hijos espirituales. Sigue invirtiendo en las personas que Dios ha puesto en tu vida. Si continúas sembrando, cosecharás. No te rindas. No dejes que los contratiempos o los retrasos te desanimen. Aunque te sientas débil, eres fuerte en Cristo. El Espíritu Santo está obrando en ti y a través de ti. Sé fuerte en Su gracia, y derrama Su vida en otros.

OREMOS AL RESPECTO

Señor, me doy cuenta de que el discipulado requiere una gran inversión. Ayúdame a ser un buen mentor, entrenador, consejero y padre o madre espiritual de las personas que estoy formando. Dame las palabras para animarlas. Dame el consejo para ayudarles a encontrar su propósito en la vida. Dame paciencia cuando mis discípulos tropiecen o fallen. Y que tu Espíritu Santo rompa todas las cadenas de esclavitud en sus vidas. Amén.

UN PENSAMIENTO **FINAL**

Uno enseña lo que sabe, pero reproduce lo que es.[5]

HOWARD G. HENDRICKS, PROFESOR POR LARGO TIEMPO, DALLAS THEOLOGICAL SEMINARY

CONSEJO PARA EL DISCIPULADO

Espera que tus discípulos te superen

Tu trabajo como mentor es invertir en tus discípulos para que crezcan y se conviertan en hacedores de discípulos maduros. Tito es un gran ejemplo de esto en la Biblia. Pablo llevó a Tito a Cristo y lo llamó su "hijo verdadero" (Tit. 1:4). Luego lo llevó a viajes y lo entrenó para que fuera un líder. Finalmente, Pablo llamó a Tito su "compañero y colaborador" (2 Corintios 8:23).

Más adelante vemos que Pablo designa a Tito para que dirija la iglesia de Creta. Y en su última carta Pablo dice que Tito ha ido al inexplorado campo misionero de Dalmacia (2 Ti. 4:10), parte del cual corresponde a la Albania moderna. ¡Tito se convirtió en un apóstol audaz, al igual que Pablo! Este es tu desafío: alimentar a tus discípulos hasta que crezcan y se conviertan en todo lo que Dios los llamó a ser. No los mimes; desafíalos a alcanzar la plena madurez. Y no los mantengas "por debajo" de ti; ¡espera que hagan mucho más de lo que tú podrías hacer!

Las seis *"Íes"* del discipulado

MUCHOS CRISTIANOS CREEN ERRÓNEAMENTE que el discipulado ocurre solo cuando asistimos a un estudio bíblico entre semana o a una clase dominical en una iglesia. Ciertamente Dios puede utilizar situaciones tradicionales como esas. Pero me preocupa que con demasiada frecuencia hacemos del discipulado un concepto estéril, frío, formal y clínico. Si pudiera, alquilaría un avión y desplegaría una pancarta en el cielo que dijera: "¡EL DISCIPULADO NO ES UNA CLASE!".

El discipulado puede ocurrir en cualquier lugar (una cafetería, un restaurante, un parque, un gimnasio, o la sala de un hogar), y sucede, principalmente, a través de conversaciones de doble vía, no de conferencias secas. He entrenado discípulos en la parte trasera de una gasolinera, en un tren en India, en una caminata por un bosque, y por medio de llamadas de FaceTime. Y el discipulado no es solo el trabajo de un pastor profesional asalariado; cada cristiano nacido de nuevo está llamado a la tarea de hacer discípulos. ¡Y eso nos incumbe a ti y a mí!

Debido a que no hemos visto suficientes modelos saludables de discipulado relacional, es importante que visualicemos cómo luce realmente. ¿Cómo hacemos discípulos en la práctica? Durante años he utilizado esta sencilla lista de seis puntos ("Las Seis Íes del Discipulado"), para ayudar a las personas a entender la descripción del trabajo de un hacedor de discípulos.

La primera *I*: Identificar

Una de las primeras cosas que hizo Jesús al comenzar su ministerio fue elegir a sus seguidores más cercanos. Esta no fue una decisión al azar. Lucas 6:12–13 dice que Jesús "pasó la noche entera en oración a Dios" antes de elegir a los doce hombres que entrenaría. Marcos 3:13–15 lo describe así:

> Y subió al monte y llamó a los que Él mismo quería, y vinieron a Él. Y designó a doce para que estuvieran con Él y para poder enviarlos a predicar, y tener autoridad para expulsar demonios.
>
> MARCOS 3:13–15

Observa que, antes que nada, Jesús llamó a sus discípulos, "para que estuvieran con Él" (Marcos 3:14). Los llamó a una *relación*; esa era su prioridad, incluso antes de la importante tarea de predicar. Jesús eligió a doce hombres —Pedro, Santiago, Juan, Andrés, Felipe, Bartolomé, Mateo, Tomás, otro Santiago, Tadeo, Simón, y Judas (véase los vv. 16–19)— para conocerlos, invertir en ellos, y ser Su modelo de lo que significa caminar en estrecha comunión con el Padre. Sabía que después de tres años y medio estarían preparados para seguir sus pasos.

El apóstol Lucas señala que Jesús no dejó de lado a las mujeres. A diferencia de otros rabinos judíos, Jesús tenía seguidoras, y algunos de sus nombres se mencionan en el Evangelio de Lucas. El apóstol escribe: "Los doce estaban con Él, *y también* algunas mujeres" (Lucas 8:1–2, énfasis añadido). Menciona a María Magdalena, Juana, Susana, y "muchas otras", y dice que estas mujeres devotas también apoyaban económicamente el ministerio de Jesús (véase versículos 2–3). Obviamente Jesús fue selectivo cuando identificó a qué mujeres debía entrenar.

El ejemplo de Jesús nos muestra lo importante que es para nosotros elegir a las personas adecuadas para ejercer la mentoría. No sacamos nombres de un sombrero. No confiamos en nuestras propias ideas por buenas que parezcan. Permitimos que Dios nos muestre a las personas que, se supone, debemos acompañar. Esta es la obra de Dios, así que debemos seguir Su guía para hacerlo.

El apóstol Pablo siempre buscaba lo que yo llamo "conexiones divinas". Conoció a Timoteo en la ciudad de Listra, se volvió su amigo y lo llevó en su viaje misionero (véase Hechos 16:1–3.) En poco tiempo, Timoteo se convirtió en el hijo espiritual de Pablo (véase 1 Timoteo 1:2 y 1 Corintios 4:17). Después de que Pablo llevara a Lidia a la fe, ella se erigió como una pieza clave en la iglesia primitiva (véase Hechos 16:14–15, 40). Más tarde Pablo conoció a un joven llamado Tito, y este llegó a ser identificado como el "verdadero hijo [del apóstol] en la común fe" (Tito 1:4). Tito con el tiempo maduró hasta convertirse en un poderoso líder, supervisor de las iglesias de Creta.

El Espíritu Santo es quien nos conecta con ciertas personas, siempre para Su más elevado propósito. Debes seguir al Espíritu en oración, y Él hará la conexión. Pero si quieres conectarte con la gente, debes tener un corazón abierto. Debes estar dispuesto a orar: "Dios, si quieres que haga discípulos, trae a las personas de las que quieres convertirme en mentor".

Cuando comencé a hacer discípulos intencionalmente, oré a Dios que trajera las personas adecuadas a mi vida. Noté que enseguida empecé a conocer jóvenes extranjeros. No me desvié de mi camino para conocer foráneos; simplemente sucedió. Al poco tiempo había en mi vida jóvenes con nombres poco comunes. Me volví amigo cercano de Kelechi Okengwu, de Nigeria, Medad Birungi, de Uganda, Sireesh Kumar, de India, Ricardo Quinteros, de El Salvador, Rodolfo Bermúdez, de México, Atu Munde (un malauí que vive en Sudáfrica), Almir Ishmametov, de Kirguistán, Susheel Saleem, de Pakistán, y Kevin Senapatiratne (cuyos padres llegaron a Estados Unidos desde Sri Lanka). ¡Intenta decir esos nombres rápidamente!

Pronto me di cuenta de que Dios tenía una razón estratégica para ponerme en contacto con jóvenes de otras naciones. Es evidente que el Señor quiere llevar el Evangelio más allá de las fronteras raciales y étnicas. Esta es su estrategia divina, y me incluyó en su divino plan.

Hace unos años, durante una visita al Instituto Cristo para las Naciones (CFNI) en Dallas, el personal de la escuela me alojó en un apartamento amueblado en el campus. Sabía que iba a estar allí unos cinco días, y que iba a hablar solo unas pocas veces. Así que cuando me dirigí a los estudiantes en un servicio matutino de capilla, mencioné que me quedaría en el campus y que los estudiantes eran bienvenidos si querían pasar para una visita informal. Me hice accesible.

Mi gran amigo Michael Cole, que en ese momento era miembro del personal de CFNI, estaba horrorizado. "Lee, no puedo creer que le hayas dicho a todos dónde te alojas", dijo. "¿Estás seguro de que quieres que los estudiantes pasen por tu casa? ¿No quieres descansar?".

Me reí y le dije a Michael que no había ido a la escuela a descansar, sino a servir. Recibí a pequeñas grupos de estudiantes en mi apartamento esa semana porque he aprendido a través de los años que el Espíritu Santo se ha comprometido a conectarme con las personas en el propósito del discipulado.

El viernes por la noche de la semana que estuve en el CFNI, organicé una reunión informal de preguntas y respuestas con algunos de los chicos que vivían en la escuela. Uno de los jóvenes que acudió a esa reunión fue un estudiante de la India llamado David Bakthakumar.

En esa reunión, David se sentó tranquilamente en la parte de atrás de la sala, pero pude notar que tenía hambre de Dios y que era perceptivo en lo espiritual, aunque fuese un poco tímido. Hizo preguntas agudas. Sabía que tenía que conectarme con él, así que antes de que terminara la velada intercambiamos números de teléfono. Así comenzó una maravillosa relación de discipulado.

Durante el año siguiente, aconsejé a David cuando asumió el cargo de pastor de jóvenes. Me mantuve en contacto con él cuando aceptó un puesto en una universidad bíblica en Florida. Oré por él durante su noviazgo y matrimonio con su esposa, Blessing. Hoy David es como un hijo para mí. A menudo me llama o envía mensajes de texto para pedirme consejo. Y desde que nos conocimos ha viajado conmigo en numerosos viajes ministeriales. Un día esperamos viajar juntos a la India.

Siempre que Dios me ha indicado que instruya a alguien, he tenido un claro sentido de conexión con esa persona. Debes aprender a discernir cuando el Espíritu Santo está entretejiendo tu corazón con el de otra persona de esa manera. Efesios 4:3 nos insta a ser "solícitos en conservar la unidad del Espíritu *en el vínculo de la paz*" (énfasis añadido).

He aprendido a prestar atención cuando el Señor me une a alguien en "el vínculo del Espíritu Santo". Estoy seguro de que tú también lo has sentido a veces. A menudo hablamos de "hacer clic" con una persona; puede que acabes de conocerla, pero sientes que tienen mucho en común y casi parece que la conoces desde hace años. Esto es lo que he aprendido a discernir como una conexión divina. A veces alguien se ha acercado a mí y me ha preguntado: "¿Podrías ser mi mentor?". Pero no todos mis discípulos han sido tan directos. Otros han asumido que podría estar muy ocupado, pero me preguntaron: "¿Crees que podríamos pasar algún tiempo juntos? Tengo muchas preguntas sobre el crecimiento espiritual". Algunos de mis discípulos simplemente vinieron a mí y me pidieron información sobre un tema específico, pero su consulta comenzó una relación de por vida.

En otros casos intuí que Dios podía estar vinculándome con alguien, así que le ofrecí mi ayuda diciéndole: "Si alguna vez necesitas hablar, será un placer, estoy a tu disposición". Esta oferta condujo a una relación de discipulado a largo plazo. Si percibes que alguien puede estar buscando ayuda espiritual, puedes decir algo así:

- "Estoy empezando un estudio bíblico en casa los martes por la noche. ¿Te gustaría unirte?".
- "¿Has estado buscando una manera de crecer espiritualmente? Me encantaría ayudarte".
- "He estado caminando con el Señor por varios años. Si te interesa, sería estupendo que nos reuniéramos a tomar un café y compartir más sobre el crecimiento espiritual".

Cada relación que tengo con un discípulo es especial, y en cada caso Dios orquestó nuestra conexión. Conocí a un joven cubano llamado Abdiel López cuando me ayudaba a cargar mis diapositivas en una computadora antes de hablar en la universidad bíblica a la que él asistía en Carolina del Sur. A los pocos meses Abdiel estaba sirviendo conmigo y muy de cerca, como mi asistente ministerial. Ahora es mi traductor cuando ministro a los latinoamericanos, y no pasará mucho tiempo antes de que vaya a esos países a predicar en mi lugar.

Dios está en el negocio de formar relaciones de discipulado. Cuando he guiado personas a Cristo por primera vez, he sentido una obligación natural de estar presente en sus vidas y ayudarlos a crecer espiritualmente. Pero algunos jóvenes que ya eran salvos han tenido la audacia de acercarse a mí y pedirme ayuda. En la mayoría de los casos pude sentir que el Señor estaba obrando para entretejer nuestros corazones. Sé sensible al Espíritu Santo y Él te conectará con las personas adecuadas.

Nunca subestimes cómo Dios puede transformar a la persona de la que eres mentor. Cuando Jesús dijo a sus discípulos: "Os haré pescadores de hombres", aquellos galileos no parecían tener un gran futuro por delante. No iban a ninguna parte. Pero Jesús vio algo más grande. ¡Los convirtió en agentes de cambio en este mundo! No te centres en los defectos de tu discípulo. Mira su potencial y luego desbloquéalo, y libéralo por medio del amor, el entrenamiento, y el estímulo.

La segunda *I*: Invertir

Siempre digo a la gente que "invertir" se deletrea T–I–E–M–P–O. Ser mentor de otros reordenará totalmente tu agenda. El discipulado requiere una gran inversión emocional. No puedes hacerlo a medias. Las personas que entreno son como hijos e hijas para mí. Cuando formas a alguien inviertes oraciones, lágrimas, mensajes de texto, llamadas telefónicas, y tiempo cara a cara. No comiences una relación de discipulado a menos que estés dispuesto a dar tu vida por esa persona.

Hace varios años realicé la boda de una joven pareja, Steven y Brandy. Steven Semones ha sido como un hijo para mí desde que empecé a ser su mentor en 2010. La noche anterior a su boda tuvimos una charla muy especial en una yogurtería cercana a mi hotel en Myrtle Beach, Carolina del Sur.

Hasta el día de hoy, Steven recuerda nuestra conversación de dos horas. "Me dijiste que podía preguntarte lo que quisiera", dijo Steven.

"Fuiste tan transparente y honesto". Aquel lugar no era lujoso: estábamos sentados en sillas de metal en una acera a la salida de una tienda de yogures TCBY. Pero marcó a Steven para siempre.

Cuando paso tiempo con un discípulo, interactúo con él como si fuera la última vez que lo veo. Aprovecho al máximo la oportunidad. Me involucro profundamente. Establezco contacto visual, demuestro mi interés, y escucho atentamente. Luego, en oración, les doy ánimo y consejos. Proverbios 25:11 dice: "La palabra correcta en el momento adecuado es como una joya hecha a la medida" (MSG). Si dejas que el Espíritu Santo dirija tus palabras, tu discípulo atesorará tu consejo durante toda la vida. Busca esos momentos "TCBY". Invierte tu vida. Una simple conversación puede ser un momento inolvidable que cambie la vida.

Cuando crie a mis cuatro hijas, tenía "citas" regularmente con cada una. Ahora hago lo mismo con mis hijos espirituales.

Puedes tener un grupo de discipulado, pero no te relaciones con sus miembros solo como grupo. Llámalos aparte a cada uno. Haz personal tu afirmación. Haz que se sientan especiales.

Hace años empecé a enviar un breve texto a mis discípulos en forma semanal. Lo llamé el "Consejo de discipulado de Lee". Pude haberlo enviado como un mensaje de texto grupal, pero sé que a la mayoría de las personas no les gusta recibir mensajes en este formato porque, si responden, su respuesta se envía a todos. Así que decidí enviar estos textos individualmente. ¡No podía imaginarme a Jesús enviando mensajes de texto grupales a sus seguidores! Decidí tomarme el tiempo para enviar cada consejo de manera personalizada porque quería una relación de uno a uno. Tu inversión en tu discípulo es más efectiva cuando es más personal.

Jesús formó a muchos discípulos, pero atendió de manera personal a cada uno de ellos. Invitó a Tomás a tocar Sus heridas después de la resurrección (Juan 20:27). Le dijo a Natanael que se había fijado en él bajo la higuera (Juan 1:48), ¡y Natanael nunca lo olvidó! Habló privadamente con María Magdalena en la tumba (Juan 20:14–16). Jesús dio a Pedro, Juan, y Santiago sobrenombres especiales (Marcos 3:13–17).

Pablo se refirió a Timoteo y Tito como sus hijos (2 Ti. 1:2; Tit. 1:4). A los tesalonicenses les dijo: "Porque, ¿cuál es nuestra esperanza, o alegría, o corona de gloria? ¿No lo sois vosotros, en la presencia de nuestro Señor Jesús en Su venida? Porque vosotros sois nuestra gloria y nuestro gozo" (1 Ts. 2:19–20). La "corona" de Pablo, su mayor logro, era ver a sus amados discípulos siguiendo fielmente a Cristo. Por eso dedicó tanto tiempo a invertir en ellos. Que este sea también tu objetivo.

He aquí algunas pautas que puedes utilizar al invertir:

Utiliza varios formatos en el discipulado. No existe una fórmula mágica para hacer un discípulo. Siempre me he valido de una combinación de métodos. Puedes implementar encuentros uno a uno, llamadas telefónicas, reuniones de grupos pequeños, videollamadas, e incluso retiros más grandes. En uno de los retiros que organicé, vinieron dieciséis chicos de nueve estados y una nación extranjera. Durante tres días estudiamos la Biblia, oramos los unos por los otros, compartimos comidas, nadamos, y escalamos una montaña. A los chicos les encantó conectarse, no solo conmigo, sino también entre ellos mismos. A través de tacos, risas, abrazos fraternales, asados y un intercambio abierto, se formaron amistades para toda la vida. Y derramamos algunas lágrimas al despedirnos.

Sé cálido y relacional. Pablo dijo a los filipenses: "Porque Dios es testigo de cómo os amo a todos con el afecto de Cristo Jesús" (Fil. 1:8). Cuando reúnas a tus discípulos, hazlo divertido y acogedor. No tienes que ser demasiado serio o religioso. Abre tu hogar, tu corazón y entrega tu alegría. En una atmósfera auténtica, tus discípulos abrirán sus corazones, confesarán sus luchas, y experimentarán un crecimiento saludable.

El apóstol Pablo se mantuvo ocupado predicando, pero la gente era su prioridad. ¡Les dijo a los corintios que esperaba pasar todo el invierno con ellos! Afirmó: "Poque no quiero veros ahora solo de pasada; sino que espero quedarme con vosotros algún tiempo, si el Señor lo permite" (1 Co. 16:7).

Pablo dedicó tiempo a las relaciones. Planificó su agitada vida en torno a sus discípulos. Las personas no eran "problemas"; eran su prioridad. Pablo sentía "un gran afecto" por los tesalonicenses (1 Ts. 2:8) y dijo a los creyentes romanos: "Muchas veces he planeado ir a vosotros" (Ro. 1:13). ¿Qué habría pasado si Pablo hubiera estado demasiado ocupado para visitar o escribir cartas a sus discípulos? Abre tu corazón. Sé intencional. Deja que Dios establezca tu horario. Permite que Él te ensanche para que puedas contener un amor del tamaño del Señor.

Interésate profundamente en aquellos a quienes asesoras. Pablo dio a sus discípulos el cien por ciento de su vida. Les dijo a los efesios que invirtió en ellos "noche y día por un período de tres años" (Hechos 20:31). A los tesalonicenses les dijo que cuidaba de ellos "como una madre lactante cuida de sus hijos" (1 Ts. 2:7). Se entregó de todo corazón. Dio, dio y dio, a un alto costo personal.

¿Cuál era el secreto de este compromiso? Pablo dijo que invirtió con sacrificio en los tesalonicenses porque "habían llegado a ser muy queridos" para él y sus discípulos (1 Ts. 2:8). Le importaban tanto que derramó lágrimas por ellos. Necesitas amar con la misma profundidad a aquellos para quienes eres un mentor. No seas tibio o distante. No seas un mentor casual o a tiempo parcial. Da todo de ti. Muestra una preocupación real. Haz la milla extra. Ama con todas tus fuerzas. Da tu vida por los que estás llamado a animar e inspirar.

Espera resultados. Hace muchos años empecé a invertir en un tipo llamado Mike Foreman, de Florida. Oramos juntos sobre sus luchas en la universidad. Tenía altibajos cuando se trataba de alguna de esas luchas, pero siempre trataba de animarlo. Lo aconsejé sobre su novia. Lo escuché y le ofrecí orientación cuando dejó su trabajo y se convirtió en pastor. Oré mucho por él.

Con el tiempo Mike se casó, tuvo una familia, y se convirtió en el pastor asociado de su iglesia. Un fin de semana que vino de visita, fuimos a desayunar. Recuerdo sentirme orgulloso de la evidente madurez en su vida. Pude decirle con toda sinceridad: "Mike, si viviera en tu ciudad, me alegraría que fueras mi pastor".

Así es como funciona el discipulado. A medida que tu discípulo madura, la relación cambia. Todavía le ofrezco consejos, y siempre oraré por Mike mientras viva. ¡Pero él ha crecido! Es un líder con dones, que está haciendo sus propios discípulos. El apóstol Pablo sintió ese gozo de ver a hombres como Timoteo y Tito convertirse en líderes responsables. Sigue invirtiendo. ¡Un día sentirás una alegría abrumadora cuando tus discípulos te superen!

La tercera *"I"*: Incluir

Los discípulos de Jesús escuchaban constantemente las enseñanzas de su Maestro, pero no estaban sentados en un aula de clases. Él enseñaba en las laderas de las colinas, en las barcas, en la casa de Pedro, junto a pozos de agua, y durante largos viajes. Pero sobre todo, los discípulos aprendieron haciendo.

Observaron a Jesús interactuando con la gente. Escucharon el tono compasivo de su voz. Lo vieron tocar a los leprosos y aplicar arcilla sobre los ojos de un ciego. Quedaron desconcertados cuando Jesús se dio la vuelta en medio de la multitud y preguntó: "¿Quién ha tocado mis vestidos?" (Marcos 5:30). Se maravillaron cuando volcó las mesas de los cambistas en el templo.

Cierto día, durante uno de sus muchos viajes por la ribera del Mar de Galilea, Jesús vio que la multitud creía y preguntó a Sus discípulos cómo planeaban alimentar a tanta gente. La pregunta los desconcertó. "¿Quieres que *les* demos de comer? Se necesitaría el equivalente a ocho meses de salario para comprar comida a tanta gente"[1] (véase Juan 6:7, NIV). Jesús estaba planeando hacer un milagro, pero quería involucrar a Sus discípulos en el plan. Les dijo que buscaran alimento y regresaron con una precaria comida: cinco panes y dos piezas de pescado.

Después de que Jesús bendijera el diminuto almuerzo y comenzara a partirlo en trozos, "siguió dándoselo a los discípulos para que lo pusieran delante" (Marcos 6:41). Nota que Jesús no se limitó a agitar Sus manos sobre la comida y crear mágicamente un bufé para todos. No, Él siguió dando los trozos de comida a sus discípulos, y ellos llevaron el pan y los peces multiplicados a los grupos de personas que estaban sentadas en la hierba. Jesús incluyó a Sus discípulos en el milagro. Aquel día tuvieron un asiento en primera fila, ¡y jugaron un papel al servir la cena de "tacos de pescado" más famosa de la historia!

Como hacedor de discípulos, este también es tu reto. Tus discípulos aprenderán mucho más observándote que solo escuchándote. Necesitan ver cómo pasas tiempo con Dios, cómo estudias la Biblia, cómo compartes a Cristo con un incrédulo, cómo oras por un enfermo en el hospital, y cómo aconsejas a una persona deprimida en el altar de una iglesia. No te limites a enseñar un estudio bíblico.

Incluye a tus discípulos en las oportunidades del ministerio. No basta con que escuchen lo que dices; necesitan ver lo que haces.

Mateo 9 describe un tiempo muy agitado en la vida de Jesús. En unos pocos días, en cuestión de horas, Jesús (1) sanó a una mujer que sangraba (vv. 20–22); (2) resucitó a una niña de entre los muertos (vv. 23–25); (3) sanó a dos ciegos (vv. 27–30); y (4) expulsó a un demonio de un hombre mudo (vv. 32–33). ¡Eso es mucho ministerio! Luego, cuando Jesús vio que más personas necesitadas venían a Él, les dijo a sus discípulos: "La mies es mucha, pero los obreros son pocos. Rogad, pues, al Señor de la mies, que envíe obreros a su mies" (Mateo 9:37–38). Jesús estaba invitando a sus discípulos a compartir la carga. Dicho de otra forma: "Es hora de que hagáis lo que yo hago".

Algunos líderes inmaduros quieren ser la estrella del espectáculo. Quieren que todos vengan a ellos para orar. Quieren agitar las manos sobre las multitudes que los aclaman para acrecentar su ego, mientras todos los demás se sientan y miran. Pero ese no es el modo en que Jesús hacía las cosas. Cuando Él vio que la multitud crecía, trajo a Sus discípulos al escenario. Les dio poder para que se unieran a Su obra. No hagas el ministerio para llamar la atención sobre ti. Crucifica tu ego. Comparte la carga de trabajo, empodera a otros, construye un equipo, y observa cómo Dios te multiplica.

Cuando Dios empezó a abrirme las puertas para viajar y predicar, mi esposa no podía acompañarme porque algunas de nuestras hijas aún vivían en casa. No quería viajar solo, así que invité a algunos de los jóvenes que estaba entrenando para que me acompañaran. Esto se convirtió en un patrón. En pocos años había llevado a docenas de jóvenes a viajes misioneros al extranjero, así como a compromisos ministeriales a nivel nacional.

Aunque me encantara predicar en una iglesia o en una conferencia, me di cuenta de que disfrutaba más del tiempo con mis discípulos que el ministerio público. Era una poderosa experiencia de entrenamiento para ellos, y siempre teníamos momentos especiales de compañerismo y oración durante los eventos. No solo veían a Dios moverse poderosamente, sino que también permanecían conmigo y compartíamos las comidas, de modo que podían hacer preguntas y recibir tutoría personalizada durante días. Ahora no puedo imaginar ir a un viaje ministerial sin un "coequipero" que disfrute del viaje conmigo. Creo que este es el modelo de discipulado del Nuevo Testamento.

Hace años desarrollé una relación con Roque Santiago, un pastor puertorriqueño que vive en Harrisburg, Pennsylvania. Todos en su iglesia tienen herencia puertorriqueña, y me enseñaron a amar los *tostones,* el *mofongo,* los *pasteles,* y otros platos típicos de los boricuas. Luego de que Roque viajara conmigo una vez para predicar en Guatemala, se enamoró de esa nación. De modo que, cuando llegó el momento de regresar a Guatemala para organizar una conferencia de hombres, invité a algunos de los miembros de su congregación, la Primera Iglesia Cristiana Bilingüe de Harrisburg, para que me acompañara. También les pedí que enseñaran en algunas de las sesiones de la conferencia.

Esto representó un gran reto para los hombres hispanos. Algunos de ellos nunca habían salido del país. Algunos nunca habían predicado a una gran audiencia. Y ciertamente no estaban acostumbrados a los desafíos de la vida en un país en desarrollo.

Pero Roque, Gerardo, y Héctor salieron de su zona de comodidad y ministraron a los hombres guatemaltecos en un pequeño pueblo cerca de Zacapa. Oraron por un incontable grupo de hombres en el altar, compartieron sus testimonios de libertad espiritual, y fueron testigos de cómo hombres "hechos y derechos" lloraban y se arrepentían de haber abusado de sus esposas o descuidado a sus hijos. Todos los hombres de la Primera Iglesia Cristiana Bilingüe volvieron a casa transformados luego de ese viaje, porque habían sido incluidos.

Muchos líderes hoy en día tienen miedo de incluir a sus discípulos más jóvenes en los momentos del ministerio porque no quieren que nadie más sea el centro de atención. ¡Tal es nuestra inseguridad que tememos que a la gente le guste más la predicación de nuestros discípulos que la nuestra! Esto es trágico. Mientras nos aferremos al poder y nunca demos a nuestros discípulos oportunidades para crecer, tampoco ellos se aventurarán a hacer grandes cosas para Dios.

Hace varios años oré por un joven llamado Sam Kyle en su iglesia de Pittsburgh. Estaba por graduarse de la escuela secundaria, pero seguí invirtiendo en él durante sus años universitarios. Me acompañó a viajes ministeriales en Puerto Rico y Tennessee, y nos mantuvimos conectados. Después de graduarse, se convirtió en líder de un programa de misiones internacionales. Eventualmente lo invité a hablar en una de mis conferencias para hombres cuando solo tenía veinticuatro años. Hasta el día de hoy es el conferencista más joven que haya hablado en mis eventos, y estoy muy contento de haberle dado esa oportunidad.

Debes aprender a abrir puertas para tus discípulos. No los bloquees. ¡Anímalos y libéralos! No les restes valor por su falta de experiencia. Cree en ellos. Dales la oportunidad de triunfar y extenderán sus alas, y volarán. Pablo le dijo a Timoteo: "Que nadie desprecie tu juventud, más bien sé un ejemplo para los creyentes" (1 Ti. 4:12, NKJV). Pablo vio el potencial de Timoteo, y en lugar de estar celoso, lo impulsó a la grandeza. Tú puedes hacer lo mismo con los jóvenes campeones que quieren oportunidades para crecer.

En 2017 llevé a mi amigo Hao Xu a un viaje a Guatemala. Hao nació en China, pero encontró a Jesús cuando era estudiante universitario en los Estados Unidos. Lo conocí mientras estudiaba en una escuela ministerial en Pensilvania, y me pidió que fuera su mentor. Durante nuestro viaje a Centroamérica no quería que Hao se limitara a mirar mientras yo predicaba. Le dije a la iglesia que a Hao le encanta orar por los enfermos y que ha visto muchas sanidades milagrosas. La gente estaba fascinada porque Hao era el primer hombre chino en visitar esa pequeña comunidad. Hicieron fila para orar al final de cada servicio, y algunas personas experimentaron sanidad. La fe de Hao se vio estimulada, y creció espiritualmente en buena medida porque se le había dado la oportunidad de generar un mayor impacto espiritual.

En uno de mis viajes a Islandia, invité a dos hombres a acompañarme, Mike Coretti de Canadá y Alex Latis de Rumania. Les pedí a ambos que hablaran en un retiro e hicieron un trabajo excepcional. Alex pareció sorprenderse cuando le pedí que predicara porque no estaba acostumbrado a ese tipo de oportunidades en su país. Pero me gusta empujar a mis discípulos a aguas profundas para que aprendan a nadar. Después de que Alex hablara le dije que era un líder talentoso y compasivo, a lo cual respondió: "Nadie me ha dicho esto nunca".

Este tipo de afirmación debería ser la norma. Nuestros discípulos necesitan oír nuestra voz alentándolos. Jesús no solo dio oportunidades a Sus discípulos; les dijo que harían más de lo que él hizo. Dijo: "En verdad, en verdad, os digo que el cree en mí, las obras que yo hago, él también las hará; y mayores que estas hará; porque yo voy al Padre" (Juan 14:12).

Si eres un líder seguro, no sentirás celos en caso de que tus discípulos te superen. Si ellos predican mejor o consiguen más resultados, ¡es genial! Lávales los pies, anímalos, deja que se suban a tus hombros y siéntete orgulloso de ellos cuando reciban aplausos. Deja que tu techo se convierta en su suelo, y empújalos más alto. Esto es ser mentor a la manera de Jesús.

La cuarta *"I"*: Instruir

La Palabra de Dios es el corazón del discipulado. Si queremos seguir a Dios fielmente, debemos aprender Su Palabra. Debemos ser estudiantes fieles. Deberíamos apreciar la Palabra, someternos a ella, honrarla y respetar con temor reverente a Su autor. Deberíamos tratarla como a ningún otro libro en la tierra, porque es "viva y activa" (Hebreos 4:12). Está inspirada por el Espíritu Santo, y tiene el poder de cambiarnos cuando la leemos.

Dawson Trotman, legendario fundador de la organización Los Navegantes y un verdadero experto en discipulado, dijo lo siguiente sobre la importancia de la Biblia en la vida de los primeros seguidores de Cristo: "Supongo que no había secreto más grande que el hecho de que estos hombres estaban en el Libro, y que el Libro estaba en ellos. La Palabra de Dios es la poderosa fuerza interior que permite a los hombres hacer lo que ella dice. Estoy absolutamente convencido de que la Biblia cambia por completo la vida de hombres y mujeres. Ha cambiado por completo mi vida. Nunca volveré a ser el mismo desde que conocí la Santa Palabra de Dios, la Biblia".[2]

Ningún hombre o mujer puede ser un discípulo fiel de Jesús si no cultiva el estudio de la Biblia toda su vida. Debemos estar en el Libro, y el Libro debe estar en nosotros. No hay otra manera de convertirse en un cristiano fuerte. Y nunca he conocido a un cristiano fuerte que no usara regularmente su Biblia. Si quieres ser un hacedor de discípulos eficaz, anímalos a tener un hambre tan voraz de las Escrituras que no puedan vivir sin ellas.

Cuando tenía dieciocho años visité a una mujer llamada June Leverette en su casa de Atlanta. Era miembro de mi iglesia, y me invitó a tener una conversación sobre cómo profundizar en mi relación con Dios. Cuando abrió su Biblia quedé impactado porque nunca había visto tantas marcas y notas hechas a mano.

June había subrayado versículos en cada página, algunos en negro y otros con resaltadores amarillo, azul, o rosa. Evidentemente había estudiado con detenimiento cada página y el Maestro —el Espíritu Santo— le había revelado verdades especiales mientras estudiaba. El simple hecho de mirar la colorida y trajinada Biblia de June me inspiró a convertirme en un estudiante fiel de la Palabra de Dios. Hoy, décadas más tarde, muchas de las páginas de mi Biblia se parecen a las suyas.

June no solo disfrutaba su Biblia; la atesoraba. Era como una caja antigua llena de reliquias de valor incalculable, decorada con incrustaciones de joyas. A través de su lectura y estudio extraía pepitas de oro, plata y piedras preciosas, y esas costosas revelaciones pasaban a ser suyas. June me transmitió ese amor por las Escrituras, y hoy inspiro a mis discípulos a embarcarse en sus propias aventuras de excavación, indagando en la Palabra en busca de hallazgos que cambien vidas. La mía se ha convertido en una aventura de descubrimiento. Quiero ver a Jesús cobrando vida en cada página de la Biblia.

Si tienes este mismo apetito voraz por las Escrituras, tus discípulos también lo tendrán. Pero primero debes cultivar esa hambre. El apóstol Pedro dijo:

> Como los recién nacidos, desead la leche pura de la Palabra, para que por ella crezcáis en cuánto a la salvación, si habéis gustado la bondad del Señor.
>
> —1 PEDRO 2:2

Pedro no podría haber enseñado a sus seguidores a enamorarse de la Palabra a menos que él mismo lo estuviese. Pero él conocía la Palabra. Había estudiado en forma detenida los pergaminos; también oía al Maestro citarla constantemente. La Palabra estaba en él, y la transmitió a su hijo espiritual, Marcos (1 Pedro 5:13). Y Marcos nos dejó el Evangelio que lleva su nombre, basado en el testimonio personal de Pedro sobre Jesús.

Cuando empiezo a entrenar a nuevos creyentes, siempre los animo a estudiar primero el Evangelio de Marcos porque es de una sencillez refrescante. Es el Evangelio más corto y el relato más rápido de la vida de Jesús. La palabra *inmediatamente* aparece en él unas cincuenta veces porque Marcos enfatiza las acciones de Jesús más que sus enseñanzas. Lo he leído innumerables veces, tal vez más que cualquier otro libro de la Biblia, porque retrata de una manera vívida los pasos del Salvador con poderosa simplicidad. Como he probado esa "leche" de la Palabra, también he podido compartirla con muchos otros. Tu trabajo como hacedor de discípulos es inspirar a aquellos a quienes estás guiando para que se conviertan en estudiantes de las Escrituras. ¿Cómo puedes lograr eso?

Asegúrate de que tengan una buena Biblia de estudio. Cuando estudié las obras de William Shakespeare en la universidad, no solo leí los textos originales de finales del siglo XVI. Si hubiera tenido que confiar solo en la redacción original, enclaustrada en el arcaico inglés isabelino, no habría entendido ni la mitad. Tomemos, por ejemplo, esta cita de *Romeo y Julieta*: "¡Buenas noches, buenas noches! La despedida es una pena tan dulce, que diré buenas noches hasta el día siguiente (*morrow*)".[3] Si careciera de anotaciones al pie de la página que me explicaran que "el día siguiente" era una antigua manera de decir "mañana" (en inglés tomorrow) podría confundirme.[4] ¿Y qué decir de esta línea de *El Rey Lear*? "¡Prostituta zed, letra innecesaria!".[5] ¿Qué significa eso? Sin las notas de estudio nunca sabría que "prostituta zed" se refiere al hecho de que la letra z rara vez se utilizaba en el siglo XVI. En la escena de la obra, el conde de Kent le dice a su siervo que es innecesario.[6]

La Biblia fue redactada por cuarenta escritores diferentes durante un período de mil quinientos años. Parte del hebreo antiguo en los libros de Génesis y de Job es difícil de traducir al español moderno. Por eso las anotaciones y ayudas para el estudio en nuestras Biblias resultan tan cruciales para los lectores de hoy. Asegúrate de que tu discípulo (o discípula) tenga lo necesario para convertirse en buen(a) estudiante.

Enseña a tus discípulos a usar herramientas de estudio de la Biblia. Cuando estaba en la universidad aprendí a usar una concordancia, que enumera cada palabra del Antiguo y Nuevo Testamento y ofrece los significados originales en hebreo y griego. Esta información permite a cualquier lector profundizar en los matices de los significados de un versículo. En la década de los setenta, la *Concordancia Exhaustiva de la Biblia de Strong* era un tomo de 1.770 páginas que causaría un daño considerable si te cayera sobre la cabeza. Hoy en día no tienes que cargar con ese enorme libro, ya que se puede acceder fácilmente a él por internet. Lo mismo ocurre con el *Comentario Bíblico de Matthew Henry* y cualquier buen atlas bíblico. Debes enseñar a tus discípulos cómo utilizar estas herramientas en su estudio.

Haz un estudio bíblico con tu discípulo. Cerca al final de la vida de Pablo, en la que muchos creen que fue su última epístola, Pablo le dice a Timoteo: "Cuando vengas, trae la capa que dejé en Troas con Carpo, y los libros, especialmente los pergaminos" (2 Ti 4:13). Los eruditos creen que los "pergaminos" mencionados aquí eran partes del Antiguo Testamento. Es evidente que Pablo estaba involucrado en un proyecto de investigación—algunos estudiosos creen que en ese momento estaba escribiendo la Carta a los Hebreos, pero no lo sabemos con certeza—.

Me encantaría haber presenciado la escena después de la llegada de Timoteo con este tesoro de libros y pergaminos. Pablo, obviamente, estaba inmerso en su estudio, y cuando estos libros llegaron (ojalá antes que comenzase el frío y húmedo invierno) es probable que compartiera con Timoteo lo que estaba aprendiendo. ¿Te imaginas escuchar a Pablo mientras compartía sus revelaciones? Pablo legó a su discípulo un profundo amor por las Escrituras. Tú puedes hacer lo mismo.

La quinta *"I"*—Interceder

La comunicación del apóstol Pablo con sus discípulos era limitada. No había teléfonos inteligentes, ni señal, ni radios de onda corta, ni siquiera máquinas de telégrafo. En su lugar el apóstol tenía que escribir cartas que se llevaban a caballo, a la mano, por barco o en carruajes. Sus mensajes debían tardar meses en llegar a su destino. Sin embargo, dijo a los colosenses: "Estoy con vosotros en espíritu" (Col. 2:5). Llevaba a sus discípulos siempre en su corazón. Le dijo a Filemón: "Siempre doy gracias a mi Dios, haciendo mención de ti en mis oraciones" (Flm. 1:4).

Debe haber sido extremadamente difícil para Pablo estar separado de los discípulos que amaba. Iba a una nueva ciudad, hacía un grupo de nuevos conversos, y pasaba meses o años con ellos. Los conocía por su nombre y se preocupaba por ellos profundamente. Luego tenía que marcharse, ya fuera por una ola de persecución o porque el Espíritu Santo lo guiaba a evangelizar una nueva región. Imagino que experimentó muchas despedidas llenas de lágrimas. Pero donde quiera que fuera, llevaba a sus conversos en su corazón. Oraba por ellos continuamente. A los Efesios les dijo:

> Por esta razón, yo también, habiendo oído de la fe en el Señor Jesús que existe entre vosotros y de vuestro amor por todos los santos, no ceso de dar gracias por vosotros, mientras hago mención de vosotros en mis oraciones; para que el Dios de nuestro Señor Jesucristo, el Padre de gloria, os dé espíritu de sabiduría y de revelación en el conocimiento de Él. Ruego que los ojos de vuestro corazón sean iluminados, para que sepáis cuál es la esperanza de Su llamado, cuáles las riquezas de la gloria de Su herencia en los santos, y cuál es la supereminente grandeza de Su poder para con nosotros, los que creemos. Esto es conforme al funcionamiento de la fuerza de su poder.
>
> —EFESIOS 1:15–19

Las oraciones por sus discípulos parecían brotar sin esfuerzo de Pablo. Él refleja el corazón de un padre protector, que anhelaba que sus hijos conocieran y experimentaran todo lo que Dios había conseguido para ellos. Y las oraciones de Pablo no fueron casuales ni fortuitas; se hallaba enfocado y oraba con intensidad. Comparó su intercesión por los gálatas con los dolores de parto. Escribió: "Hijitos míos, por quienes vuelvo a sentir dolores de parto hasta que Cristo sea formado en vosotros" (Ga 4:19).

Me atrevería a asegurar que la iglesia primitiva se formó en "las entrañas" del apóstol Pablo, que gimió en la angustia de su oración hasta que los cristianos del primer siglo alcanzaron un nivel de madurez y fortaleza. Luchó en profunda intercesión, agónica porque se enfrentaban a los peligros de la herejía, la tentación y el martirio.

No hay que idealizar la iglesia del Nuevo Testamento; nuestros antepasados espirituales sufrieron horriblemente durante esos días oscuros, y el ministerio era como una guerra para ellos. La vida es mucho más fácil hoy en día, pero todavía estamos envueltos en una lucha seria. Creo que Dios nos llama a todos a interceder por nuestros discípulos con la misma determinación y compromiso que modeló Pablo.

He aprendido que los discípulos se forman en la fragua de la oración ungida por el Espíritu. Aunque invierto en mis discípulos de muchas maneras, incluyendo encuentros uno a uno, sesiones de grupo, retiros, llamadas y mensajes de texto, la oración es la inversión más importante que hago en ellos. Mantengo una "lista de oración visual" en mi teléfono, con fotos de mi familia, mentores, amigos y discípulos. La utilizo a diario cuando oro.

Ver sus rostros hace que los mantenga permanentemente en mis pensamientos. He visto respuestas milagrosas a la oración: sanidades, compromisos matrimoniales, bebés que llegan al mundo, iglesias plantadas, e innumerables logros espirituales. No te limites a hablar con tus discípulos acerca de Dios. ¡Habla con Dios acerca de ellos!

Todos los días, en mi tiempo de oración, miro mi teléfono y veo los rostros de las personas que amo. Oro por mi esposa, mis cuatro hijas, mis yernos y mis nietos. Oro por mis mentores y mis amigos cercanos.

Recorro las fotos de mis Timoteos, y oro por Abdiel, Igor, Diego, Alvin, Raja, Hani, Prasanna, Kevin, Paul, Dante, Kelechi, Godfrey, Lyle, Atu, Carlos y Esdras. Oro por Doug, Jovanny, Cameron, Brian, Paul, Ben, Lyle, Jabin, Juan, Brian, Shannon, Omar, Joseph, Joel, Yoni, Antione, Doyle, Sam, Susheel, Mich, Helgi, Alex, Minase, Mehari y Merhawi. Nombro a Alvin, Dakotah, Aníbal, AJ, Brandon, Jason, Luke, León, Tyler, Jesse, Julián, Mich, Kaylah, Tony, Charity, Fanny, Elijah, Badin, Israel, Mario, Alver, Shannon, Justin, Jason, Samson, Evan, Enrique, Nadim, Nori, Otoniel, Luis, Rolando, Adolfo, Adam, Arthur y Vitaliy. ¡No quiero olvidar a ninguno!

Pablo le dijo a Timoteo, su hijo espiritual: "Me acuerdo constantemente de ti en mis oraciones, noche y día" (2 Ti. 1:3). Al igual que Pablo, quiero acordarme de mis discípulos en la oración. Por eso uso fotos que me ayuden a orar. Ver las caras de las personas en mi teléfono inteligente me recuerda lo mucho que las quiero.

A veces dedico más de una hora diaria a orar por sus necesidades. Pero también soy consciente de que la oración ayuda a formar a una persona a la imagen de Cristo. Pido al Espíritu Santo que obre en sus vidas, que responda a sus peticiones específicas, y que las fortalezca con la gracia y el poder de Dios.

El profeta Samuel dijo: "Lejos de mí esté pecar contra el Señor dejando de orar por vosotros" (1 S. 12:23). Si Dios ha puesto discípulos en tu vida, tienes la responsabilidad paternal de orar por ellos. Deja que Dios te use para nutrirlos y convertirlos en poderosos seguidores de Jesús.

La sexta *"I"*—Impartir

Cuando Pablo pasaba tiempo con sus discípulos, ocurría algo espiritual llamado "impartición". Les escribió: "Ansío veros para *impartiros* algún don espiritual, a fin de que seáis confirmados" (Romanos 1:11, énfasis añadido). La palabra griega para *impartir* significa "compartir" o "dar".[7] En español, impartir puede significar dar o distribuir algo de carácter material.[8]

Cuando estás con un discípulo le transmites la verdad y la gracia espiritual. Haces esto no solo a través de la predicación, sino también contando tus experiencias de vida, admitiendo tus debilidades, dejando que vean tus altibajos, compartiendo lo que Dios te ha enseñado de la Biblia y de la vida y orando juntos. Pero la impartición es un poco diferente de la inversión. La impartición implica la obra sobrenatural del Espíritu Santo. Fíjate en estas importantes palabras que Pablo escribió a Timoteo:

> Este mandato te encomiendo a ti, Timoteo, hijo mío, conforme a las profecías que se han hecho antes en cuanto a ti, para que por ellas pelees la buena batalla.
>
> —1 TIMOTEO 1:18

> Por eso te recuerdo que enciendas de nuevo el don de Dios que hay en ti por la imposición de mis manos.
>
> —2 TIMOTEO 1:6

En ambos casos vemos que a Timoteo le ocurrió algo de naturaleza espiritual. Recibió palabras proféticas de aliento, así como la llenura del Espíritu Santo. No se nos dice si es Pablo quien profetizó a Timoteo, pero pareciera que el apóstol estaba presente cuando se produjeron estas poderosas declaraciones.

Por el segundo pasaje sabemos que fue Pablo quien le impuso las manos a Timoteo para que recibiera el bautismo del Espíritu Santo. Obviamente estos encuentros fueron momentos cumbre para el joven Timoteo, quien necesitaba las promesas de Dios y Su poder para cumplir su ministerio en una situación muy desafiante.

No puedo imaginar el miedo que debió sentir Timoteo cuando aceptó pastorear la primera iglesia del Nuevo Testamento en la ciudad de Éfeso. Era un nido demoníaco de idolatría e inmoralidad. La guerra espiritual debe haber sido intensa. Muchos de los judíos allí eran hostiles al Evangelio y, según Hechos 19:28–29, los paganos eran aún más reacios. Pablo sabía que Timoteo no podría alcanzar esa oscura fortaleza solo con el conocimiento intelectual de las Escrituras. Timoteo necesitaba armas espirituales. Tendría que ayunar, orar y predicar con la unción del Espíritu. No tenía esperanza sin el poder del cielo.

Habrá momentos en los que necesitarás orar por este tipo de impartición de poder divino para tus discípulos. No rehúyas esto. Incontables son las veces que he impuesto las manos sobre mis Timoteos y he pedido a Dios que los llene de valor, fe, y una unción milagrosa. Le he pedido a Jesús que los envuelva con Su manto y les dé una doble porción, tal como Eliseo recibió de Elías (véase 2 Reyes 2:9–13). He declarado palabras proféticas sobre ellos que podrían guardar en sus arsenales, palabras fuertes que se convirtieron en instrumentos de guerra.

Nunca olvidaré el día en que oré por mi amigo Matt Hyde, un joven pastor de Boise, Idaho, del que he sido mentor durante varios años. Después de pasar un día juntos hablando de los desafíos que enfrentaba en su iglesia, Matt y yo nos pusimos de pie en el estudio de su casa, y le puse las manos en la espalda. Pude ver en el reino invisible que el Señor estaba enderezando su espalda e insertando lo que parecía una barra de metal en su columna vertebral.

Sabía que el Señor estaba impartiendo confianza y fuerza para enfrentar batallas futuras. Dios estaba llamando a Matt a ser fuerte y valiente, tal como le ordenó a Josué antes de que invadiera Canaán (véase Josué 1:9). No puedo explicar cómo funciona la impartición, pero sé que ese día Dios liberó poder espiritual en la vida de mi amigo Matt. Cuando terminamos de orar, ambos supimos que Dios había hecho algo importante.

Cuando pases tiempo con tus discípulos, habrá momentos de impartición divina. Prepárate para ser un vaso del Espíritu Santo. Asegúrate de que tu lámpara esté bien calibrada y tu botella de aceite llena. Permanece preparado para profetizar. Él quiere que aquellos a los que aconsejas estén acondicionados con dones y armas espirituales para que se conviertan en guerreros victoriosos.

OREMOS AL RESPECTO

Señor, ayúdame a identificar a las personas específicas que quieres que forme. Luego dame Tu gracia para que sea capaz de invertir en ellos, incluirlos en experiencias de entrenamiento práctico, instruirlos en Tu Palabra, interceder por ellos regularmente, e impartirles la vida de Tu Espíritu. Hazme un canal de Tu poder para que puedan convertirse en hombres y mujeres fuertes de fe. Amén.

UN PENSAMIENTO FINAL

El ministerio suena intimidante hasta que desarrollas una visión realista de lo que es verdaderamente. Tal vez tu dones no te lleven a predicar sermones, abrir una clínica de rehabilitación, o a dirigir un retiro matrimonial. Pero, ¿conoces a personas que luchan contra el pecado? ¿A personas que llevan cargas? Si es así, tus primeros pasos hacia el ministerio son fáciles: ayúdales.[9]

—FRANCIS CHAN, AUTOR, *DIOS OLVIDADO*

CONSEJO PARA EL DISCIPULADO

Aprende a invertir tiempo en las personas

Me encanta leer sobre los viajes del apóstol Pablo, no solo por la aventura, los milagros y la escapadas "por un pelo", sino también por la forma en que Pablo modeló el discipulado relacional. Invirtió mucho tiempo en aquellos a quienes entrenaba. La Biblia dice que Pablo y su equipo "pasaron mucho tiempo con sus discípulos" en Antioquía (Hechos 14:28). Cuando visitaron la iglesia de Troas, Pablo y los suyos "se quedaron siete días" (Hechos 20:6). Cuando desembarcó en Tiro, buscó a los discípulos y se quedó con ellos otros siete días (Hechos 21:4).

El discipulado es una inversión de tiempo. Tienes que convertirlo en una prioridad. No subestimes a aquellos de quienes eres mentor. Y recuerda que puedes darles tu tiempo aunque no estés presente. Puedes llamar, enviar un mensaje de texto, o un correo electrónico. Pablo no siempre estuvo con sus discípulos, pero les escribió —¡incluso desde la cárcel!— y sus cartas constituyen gran parte del Nuevo Testamento. Su compromiso con ellos perdura hoy.

C APÍTULO 8

Un hacedor de discípulos es un servidor

EN 2012 HABLÉ EN UNA CONFERENCIA para hombres jóvenes en Kampala, Uganda, con mi amigo Medad Birungi, un líder de la Iglesia Anglicana que había introducido el poder y los dones del Espíritu Santo en iglesias muy tradicionales. El evento de tres días de duración se llevó a cabo en un centro de retiros anglicano, por lo que tuvimos acceso a una cafetería para las comidas, habitaciones tipo dormitorio, y un bonito auditorio para nuestras sesiones de enseñanza. Cuando llegué, también me di cuenta de que las instalaciones contaban con una piscina, algo que no era habitual en Kampala.

Durante la primera jornada, Medad explicó a los hombres que tendríamos sesiones de discipulado en las mañanas y las noches, y tiempo para el recreo por las tardes. Como el tiempo era caluroso y yo quería conocer a los estudiantes, sugerí que todos fuéramos a nadar a la piscina. Varios de los muchachos aceptaron reunirse conmigo allí a las dos de la tarde. Pero cuando llegué note que todos los jóvenes estaban parados al borde de la piscina, y que no había nadie en el agua. Todos parecían indecisos —incluso un poco asustados, tal vez—.

"¿Por qué no hay nadie en el agua?", pregunté.

"Nunca hemos estado en una piscina", respondió uno de los jóvenes. "No hay piscinas en nuestro pueblo", comentó otro.

"Sí tenemos ríos y lagos donde vivimos", se unió uno más. "Pero hay cocodrilos en el agua". Su comentario provocó algunas risas nerviosas.

Después de asegurar a todos que no había reptiles peligrosos en la piscina, pregunté a mis nuevos amigos cuántos de ellos sabían nadar. Nadie levantó la mano. Por lo tanto, me ofrecí inmediatamente a dar clases de natación.

Aprendí a nadar a los nueve años en un lago, en un campamento de Boy Scouts en Alabama, así que sabía cómo flotar, dar la patada en el agua, el estilo de pecho, y también cómo enseñar a otras personas. Los chicos se aventuraron tímidamente en el agua, riéndose como niños pequeños mientras se salpicaban unos a otros. Al tercer día ya había enseñado a varios de estos muchachos el "nadado de perro" y cómo flotar sobre sus espaldas. Y en el proceso me gané su confianza (¡porque nadie vio un solo cocodrilo por esas aguas!).

En el último almuerzo del retiro, me senté a la mesa con algunos de estos jóvenes y les pedí que compartieran lo más destacado de los tres días. Habían escuchado numerosos sermones, y disfrutamos de hermosos momentos de adoración y oración por las noches. Quería saber qué habían aprendido. Pero las reacciones de esa mesa me sorprendieron.

"Lo que realmente me bendijo más fue que estuvieras con nosotros," dijo un hermano.

"¿*Con* ustedes?", pregunté. Quería más explicaciones.

"En el pasado, cuando los predicadores estadounidenses venían aquí, solo predicaban y luego se iban a una habitación privada", aclaró otro. "No pasaban tiempo con nosotros. Me encantó que te sentaras con nosotros, y que quisieras conocernos".

En ese punto apenas podía contener las lágrimas.

"Y me encantó que nos enseñaras a nadar", dijo otro. Recordé que este hermano había luchado un poco tratando de flotar y patear con sus piernas al mismo tiempo, ante lo cual le dije que se relajara.

Esos comentarios me marcaron para siempre porque vi en esos ugandeses el anhelo de un verdadero discipulado relacional. Estoy seguro de que les encantaron mis sermones durante esa semana, pero no fueron los sermones lo que los impresionó. Estoy convencido de que amaron los poderosos momentos de oración que tuvimos en el altar por la noche, pero tampoco fue eso lo que sobresalió. Al final, lo que estos jóvenes necesitaban era una relación con una figura paterna.

No me llames "obispo"

Varios años después del viaje a Uganda, mientras predicaba en Islandia, me hice amigo de tres jóvenes estudiantes extranjeros de África que visitaban nuestra conferencia, cerca de Reikiavik. Me di cuenta de que estos chicos estaban sentados en la parte de atrás del auditorio, así que los invité a sentarse conmigo al frente. Más tarde me confesaron que era el primer predicador que conocían que saludaba a la gente individualmente antes de un servicio.

"En mi país, la mayoría de los predicadores entran al auditorio después de la adoración, y no hablan con nadie. Solo aparecen por detrás del escenario", me dijo uno de los hermanos. Cuando les dije a estos jóvenes que podían llamarme Lee, quedaron estupefactos. Esperaban que exigiera un título eclesiástico elegante.

A menudo me preguntan si tengo un título, y mi respuesta no satisface a algunos. No me considero un pastor porque viaje mucho. Me han puesto todo tipo de etiquetas: reverendo, profeta, apóstol, ministro, y hasta obispo.

Una vez me presentaron en una iglesia como el Doctor Grady, y casi me arrastré debajo de mi asiento. Solo tengo una Licenciatura en Artes de una universidad de humanidades en Georgia. No tengo una Maestría en Divinidad, un Doctorado ministerial, o en alguna otra carrera. No hay letras después de mi nombre. Dios no me llevó a obtener ningún título teológico avanzado.

Hoy parece que hemos desarrollado un fetiche de títulos. Por un tiempo, todos en los círculos de la iglesia carismática se convertían en obispos, y algunos se instalaban en este cargo con anillos, togas, y sombreros de aspecto gracioso. Luego los mismos tipos con sombreros puntiagudos empezaron a llamarse apóstoles. Entonces los profetas se pusieron celosos y también empezaron a llamarse apóstoles. Conocí a una famosa predicadora que, para no quedarse atrás, pedía que la gente la llamara Profetisa Exaltada.

Unos años más tarde la moda cambió, y la gente de la iglesia empezó a exigir títulos: "Cuando llegue el apóstol Holy Moly, por favor diríjanse a él solo como Apóstol, y asegúrense de ubicarlo en una habitación privada mientras su dos 'escuderos' vigilan su puerta". Sé de un predicador popular que envía a sus anfitriones una carta explicando que deben llamarlo Apóstol cada vez que se utilice su nombre en el escenario. (También requiere ciertos estándares de lujo en su hotel, incluyendo agua mineral especial).

Algunos de estos buscadores de títulos han inventado una sofisticada teología para acompañar sus ridículas reglas y requisitos. Dicen que no puedes recibir la verdadera unción de un hombre de Dios si no se le honras con su título correcto. Para algunas personas esto merecería un espiritual *¡Oooh-oooh*! Pero es basura.

Jesús no se prestaba a este juego religioso, especialmente cuando estaba cerca de los "Grand Poobahs" de su época: los escribas y fariseos de larga túnica y nariz en alto. Después de acusarlos de amar los mejores asientos en las sinagogas, señaló que les encantaba que los hombres los llamaran *Rabí* (véase Mateo 23:6–7). Entonces les advirtió: "Pero no os hagáis llamar 'Rabí,' porque tenéis un solo Maestro, el Cristo, y todos vosotros sois hermanos […] Porque el que se enaltece será humillado, y el que se humilla, será enaltecido" (Mateo 23:8–12, MEV).

La gente ha discutido estas palabras durante siglos, insistiendo en que lo que reprendía Jesús era el orgullo, no los títulos. Estoy de acuerdo en que Jesús iba a la raíz del pecado. Pero también les estaba preguntando a estos tipos si estarían dispuestos a dejar atrás sus etiquetas elegantes y actuar como personas normales. Les estaba pidiendo que bajaran a la tierra, donde ocurre el verdadero ministerio.

Cuando estuve en China hace varios años, conocí a algunos líderes increíbles que habían plantado miles de congregaciones. También habían pasado mucho tiempo en la cárcel por su fe, y habían sido golpeados con barras de hierro por predicar el evangelio. Algunos incluso habían sido sometidos a descargas eléctricas. Eran los apóstoles más valientes que había conocido.

Pero cuando les pregunté si usaban "apóstol" como título, uno de estos hombres dijo: "Creemos en estos roles en la iglesia. Pero preferimos llamarnos "hermano" o "hermana".

Eso zanjó la cuestión para mí.

Si estos gigantes chinos de la fe —y verdaderos apóstoles— no exigen que se les distinga con títulos, entonces Su Venerable Gran Maestro, el Reverendo Doctor Obispo Big Deal Jones, que se adjudica la supervisión de cuatro iglesias, no debería usar su función ministerial alrededor del cuello como una ordinaria insignia de neón.

No estoy diciendo que la gente no deba usar los términos reverendo, ministro, o incluso obispo para identificar sus roles en la iglesia. Uno de mis mentores, Doug Beacham, es obispo en su denominación, y es uno de los hombres más humildes que conozco. Pero, por favor, ¿podemos prescindir de la inseguridad y de los apelativos infantiles para jugar a "soy más importante que tú" y regresar a la simplicidad del Evangelio? ¡Superémonos a nosotros mismos!

Jesús es el Rey de reyes, el Señor de señores, el Hijo de David, el Príncipe de Paz, y el Apóstol de nuestra confesión. Sin embargo, cuando vino a este mundo, hizo a un lado Su gloria celestial y tomó el humilde nombre de Jesús. No usaba vestimentas elegantes. No exigió títulos. No tenía escuderos que portaran su armadura. Incluso llevó su propia cruz hasta que estuvo demasiado débil para arrastrarla hasta el Calvario.

Si quieres servir a Jesús con honor, debes abandonar tu necesidad de fama y arrojar tus coronas a Sus pies. Y si quieres ser un hacedor de discípulos eficaz, debes convertirte en un servidor. Debes reconocer que el nivel más alto del ministerio espiritual puede no ser predicar, profetizar, o sanar a los enfermos; puede ser lavar los pies de otra persona, servirle una comida a alguien, o visitar un enfermo en un hospital.

O, en mi caso, enseñar a nadar a unos jóvenes ugandeses.

El apóstol Pablo fue uno de los más grandes líderes de la historia. Pero no se comportaba como una celebridad, ni exigía que le sirvieran. No se enfocó en construir su propio ministerio. Dijo: "Encantado gastaré todo y me *desgastaré* por vuestras almas" (2 Corintios 12:15, énfasis añadido).

La palabra griega para *gastar* significa "gastarse por los demás".[1] Esto es lo que debes hacer como líder. No se trata de ti. Pon tu vida por tus discípulos. Invierte hasta que te hayas derramado por completo. Entonces deja que Dios te llene para que puedas derramarte de nuevo.

Cuanto más crezco en el Señor, más precioso es el vínculo que siento con los que estoy guiando. Este es el maravilloso amor de Dios. Aunque no soy su padre natural, siento un profundo afecto y conexión paternal con ellos.

Pablo se refirió a Timoteo como su "verdadero hijo en la fe" (1 Ti. 1:2) y su "hijo amado" (2 Ti. 1:2). También llamó "hijo mío" al esclavo Onésimo (Flm. 1:10), y se dirigió a Tito como "mi verdadero hijo en la común fe" (Tit. 1:4). Pablo albergaba un profundo amor por sus discípulos porque los había adoptado en su corazón.

El amor facilita el discipulado porque fluye del sobrenatural amor de Dios, no del deber religioso. Pide a Dios un verdadero corazón de padre y "adopta" a tus discípulos sin reservas. Tu amor será una expresión tangible del amor del Padre.

Mantén los pies en el suelo

Juan el Bautista dijo que no era digno de desatar las humildes sandalias de Jesús (Marcos 1:7). Pero en la actual cultura *hiper-cool* de las mega-iglesias, el calzado de un predicador se ha vuelto muy caro. Tan caro, de hecho, que una cuenta de Instagram llamada PreachersNSneakers se hizo viral en 2019, y al momento de escribir estas páginas tiene 269.000 seguidores. La cuenta de las redes sociales ofrece fotos del costoso y colorido calzado de predicadores famosos (incluyendo un par de Air Yeezy 2s rojos usados por el pastor de Carolina del Sur John Gray). Un par de sus zapatos de marca se vendió por 5,611 dólares.[2]

Algunas personas se han quejado del sitio de Instagram, alegando que su fundador, un tipo llamado Benjamin Kirby, está dañando la reputación de la Iglesia. Pero él dice que simplemente está sosteniendo un espejo y preguntando a los cristianos si nuestros líderes deberían ser conocidos por sus gustos lujosos en la ropa.

En realidad no hay nada nuevo en esto. En la época de los tele-evangelistas se les criticaba por sus trajes de tres piezas y sus caros zapatos de vestir de cuero italiano (y sabemos que sus seguidores les daban suficiente dinero para comprar jets privados). Hoy en día los trajes y los zapatos de cuero quedaron fuera de lugar, pero el precio de las zapatillas deportivas de marca es el mismo.

En el vocabulario actual se llama swag. Básicamente significa confianza con estilo, y viene de la palabra *swagger*. Al igual que el tele-evangelista de antaño, el predicador célebre de hoy puede seguir saliendo en la televisión (o tener su propio canal de YouTube). Pero su aspecto se ha actualizado totalmente. Su peinado está a la moda, lleva una barba de varios días, y su ministerio tiene una aplicación para tu teléfono inteligente. Y aparentemente su vestuario para el escenario ahora debe incluir un par de Air Jordans de 1.000 dólares.

No estoy en contra de la gomina, la barba incipiente, o lo último en calzado deportivo de marca. Disfruto algunos de los podcasts de estos predicadores. Y en su defensa, algunos de estos hombres recibieron su calzado de lujo como obsequio de donantes ricos. Pero me preocupa el *factor swag*. La tecnología y la moda juvenil pueden engendrar orgullo si no tenemos cuidado. Y el orgullo sigue siendo orgullo, tanto si se viste con el poliéster de neón de antaño como con los vaqueros rotos de hoy.

A medida que crecen las plataformas del ministerio, el potencial de los egos más grandes se vuelve más peligroso. Si queremos hacer discípulos como lo hizo Jesús, todos necesitamos hacer una prueba de humildad. Si vamos a crear una cultura de discipulado relacional en la Iglesia hoy, necesitamos menos fanfarronería y más quebrantamiento en el púlpito. No puedes invertir en las personas de manera sacrificada si pasas todo el tiempo llamando la atención sobre ti mismo. No puedes formar a alguien si lo miras por encima del hombre desde tu elevado asiento.

Recordemos estos principios bíblicos básicos al elegir a quien seguir:

Los cristianos nunca deben adorar a los predicadores. Pablo reprendió a la gente de Listra cuando a su compañero Bernabé y a él los llamaron dioses. El apóstol les dijo: "Nosotros también somos hombres de la misma naturaleza que vosotros" (Hechos 14:15). Los verdaderos ministros de Dios no permitirán que sus seguidores los coloquen en pedestales. Pablo sabía que su papel apropiado como siervo de Cristo Jesús era tomar el asiento más bajo (véase Filipenses 1:1). También sabía que los ministros nunca deben permitir que los halagos o la adoración inflen su ego.

Los predicadores deben saber quiénes son y quiénes no son. Cuando algunos de los discípulos de Juan el bautista le señalaron que Jesús también estaba bautizando y que todo el mundo acudía a Él (véase Juan 3:25–26) —como si Jesús hubiera usurpado el lugar de Juan—, este les aseguró: "Vosotros mismos sois mis testigos de que dije: "Yo no soy el Cristo, sino que he sido enviado antes que Él [...] Es necesario que Él crezca, pero yo debo menguar" (vv.

28–30, MEV). Incluso algunos de los comunicadores cristianos más talentosos pueden ser seducidos por el poder de la tecnología y el rugido de una multitud, de modo que en realidad crean estar en una categoría de élite. ¡No! Nosotros no somos nada y Él lo es todo. Debemos quitarnos de en medio para que la gente pueda ver a Jesús.

Los líderes que aún no han crucificado la lujuria de la autopromoción pueden encapricharse con lo grande y extravagante. Pueden construir enormes iglesias con pantallas de proyección más grandes, pero su carácter no puede soportar la presión de la guerra espiritual que inevitablemente llega. Un ego fuera de control se convierte en un monstruo. El autor Henry Blackaby lo dijo de esta manera: "Nada es más patético que tener un personaje pequeño en una tarea grande. Muchos de nosotros no queremos prestar atención a nuestro carácter; solo queremos la gran tarea de Dios".[3]

El ministerio se cumple mejor a través de un equipo, no de una celebridad. Pablo puso los cimientos de la Iglesia en el mundo gentil, pero siempre compartió el protagonismo con Timoteo, Silas, Bernabé, Tito, Febe, Priscila, y otros colaboradores que sufrieron en prisión con él y predicaron fielmente a su lado. No intentaba estar en cinco lugares a la vez; entrenaba personas para que ocuparan su lugar. Y ninguno del equipo tenía *swag*.

Se está volviendo popular que las grandes iglesias abran campos satélite, que ofrecen sermones en video del mismo predicador. Si esta estrategia consigue alcanzar más conversiones, es estupendo. Si los predicadores pueden hacer eso y mantenerse humildes, sigan así. Pero tengamos cuidado de no edificar el ministerio sobre el carisma de un solo hombre. Nuestro objetivo final debe ser que toda una nueva generación de personas sea entrenada y capacitada para servir, no que un hombre construya un espectáculo alrededor de sus dones (y ciertamente tampoco en torno a sus costosos Air Jordans).

Nunca te vuelvas un explotador

Si vas a ser un mentor saludable, debes permitir que Dios elimine de ti todas las actitudes erróneas del liderazgo. Debes convertirte en un verdadero servidor. Solo aquellos que tienen un corazón humilde pueden guiar a otros a la manera de Cristo.

Mi amigo (lo llamaré Greg) quería un mentor. Estaba ansioso por aprender lo básico sobre el ministerio, así que le pidió a un pastor mayor en Ohio que lo entrenara. El pastor aceptó, pero Greg pronto se dio cuenta de que el hombre quería un criado, no un aprendiz. Greg se convirtió en el escudero o porta-armaduras del pastor, término extraño que se utiliza en algunas iglesias para describir a un "pasante" del ministerio.

El hombre nunca llevó a Greg a las visitas al hospital, no lo involucró en las tareas del ministerio y nunca oró con él. En cambio se esperaba que Greg llevara el maletín del pastor, le trajera el café cada mañana, y llevara sus trajes a la tintorería (sin que se le ofreciera un salario). En este caso *escudero* es un término espiritualizado para *esclavo*. ¡Esto *no es* mentoría bíblica!

Esta bizarra tendencia de los escuderos o porta-armaduras se hizo popular en las iglesias hace más de veinte años, pero desafortunadamente todavía se practica en algunos círculos. Atrae a líderes inseguros que necesitan un séquito para sentirse importantes. Este tipo de líder está infectado con un virus que llamo *egotisticus giganticus*. El orgullo ha hecho que se le hinche la cabeza. Es incapaz de entrenar a alguien porque está demasiado preocupado por impresionar a la gente y conservar su posición. Carece de la capacidad de servir. No es un mentor; es un explotador.

Nunca he tenido un porta-armaduras, y no lo necesito. Cuando cumplí cincuenta, decidí dedicar la mayor parte de mi energía a invertir en la siguiente generación. Esto se convirtió en mi apasionante prioridad, porque conocí a muchos hombres y mujeres llenos de dones entre los veinte y treinta años, que anhelaban tener mentores. Muchos de ellos, como Greg, buscaban modelos de conducta auténticos, pero solo podían encontrar narcisistas ensimismados, dedicados a construir sus propios reinos.

Si quieres ser un mentor sano, asegúrate de no estar infectado con el virus del escudero o porta-armaduras. Toma estas medidas para ajustar tu actitud:

1. **Supérate a ti mismo.** Los líderes inseguros de hoy no se dan cuenta de que es el diablo el que los tienta a convertirse en predicadores como estrellas de rock. La fama es demasiado seductora. Antes de que se den cuenta, sus cabezas se han

inflamado hasta alcanzar el tamaño de Godzilla, y el ministerio se ha convertido en un medio para demostrar una grandeza que solo existe en su imaginación. Un líder con un ego inflado no tendrá ningún interés en invertir en otros. Debes decirte a ti mismo diariamente: "¡No se trata de mí!".

2. **Mantente accesible.** Los jóvenes de hoy no quieren solo nuestros sermones. Quieren sentarse a tomar un café después del sermón. Quieren hacer preguntas. Pueden escuchar a cien predicadores en YouTube, pero cuando los invitas a cenar, les ofreces orar con ellos, o les llevas un mensaje misionero, los marcas para siempre.

3. **Mantenlo real.** Los líderes cristianos mayores han adquirido malos hábitos que alejan a los jóvenes. Algunos ministros predican con voces afectadas, exigen un tratamiento de celebridad, o manipulan a las audiencias de formas extrañas, como si por ello tuvieran una unción más poderosa. Por favor, habla con una voz normal cuando prediques, para que los jóvenes no te consideren un falso. Sé transparente, admite tus faltas, y deja que todos sepan que has tenido luchas. Los jóvenes no quieren seguir a alguien que pretende ser perfecto.

4. **Entrega todo tu ánimo.** Muchos jóvenes de hoy luchan por mantener la disciplina. Algunos tienen adicciones y muchos de ellos, actitudes inmaduras. Pero nunca los alcanzarás si todo lo que haces es señalar sus defectos. Tienes que ganar su corazón antes de abordar los problemas. Si los cubres con el amor de un padre o una madre cariñosa, su crecimiento espiritual te asombrará.

5. **No te aferres al poder.** Elías le dio una doble porción de su manto a Eliseo (2 Reyes 2:9–13). Jesús era el Hijo de Dios, pero entregó voluntariamente Su autoridad a Sus discípulos y les dijo que terminaran el trabajo (Mateo 28:18–30). Pablo entregó su bastón de mando a Timoteo cuando este terminó su carrera (2 Ti. 4:1–8). Este es el modelo bíblico de liderazgo: una humilde disposición a ser superado por la próxima generación.

Todo buen líder ya debería estar pensando en su plan de sucesión. Si tienes la tendencia de controlar, dominar o manipular a la gente, debes luchar y someterla cara a cara con Dios, hasta que tu ego sea aplastado. Deja que el Espíritu Santo te quebrante. Los jóvenes de hoy no quieren seguir a personas que se pavonean y fanfarronean. Buscan mentores que caminen con la cojera de la humildad. No permitas que la mentalidad del tipo rodeado de portadores de armaduras te llene de orgullo.

Una clave para la humildad bíblica

La humildad es un requisito para todos los que hacen discípulos. Pero, ¿cómo la adquirimos? No es la norma en la iglesia de hoy, porque hemos sido programados para amar las grandes actuaciones. Creo que lo más vital que podemos hacer es priorizar "la persona" por encima de la multitud. Una vez, cuando Pablo visitó a los cristianos en la ciudad de Troas, predicó tan tarde —hasta la medianoche—, que un joven llamado Eutico se quedó dormido, se cayó desde la ventana de un tercer piso, y murió (véase Hechos 20:7–9). Algunas personas no pueden soportar los sermones largos (¡ni siquiera los de Pablo!). La Biblia dice que Pablo "bajó y se echó sobre él [...] abrazándolo", y Eutico resucitó (v. 10).

La palabra griega que Lucas utiliza aquí es la misma que se emplea para describir cómo el padre se "echó encima" del hijo pródigo en Lucas 15:20.[4] Esto revela el corazón del verdadero discipulado. Predicar a las multitudes es maravilloso, pero Pablo estuvo dispuesto a concentrarse en un adolescente aburrido. Estoy seguro de que a la multitud le encantó el maratónico sermón de Pablo, pero Eutico recibió un abrazo y una oración personal que le cambiaron la vida. Quedó marcado para siempre.

¿Quién sabe qué fue de ese muchacho? Pudo haberse convertido en un gran apóstol que llevó el Evangelio a Italia o a Libia. No te concentres tanto en la necesidad de una multitud que no puede prestar atención a los Euticos sentados atrás, cerca del alféizar de la ventana.

Imagina que este mismo acontecimiento de Troas hubiera ocurrido en los Estados Unidos del siglo XXI. ¿Cómo escribiríamos sobre ello? Para empezar, la mayoría de la gente ni siquiera prestaría atención a una pequeña reunión celebrada en la habitación superior de una casa. No nos impresionaría el tamaño de esa reunión. ¡Y no querríamos contar que un adolescente se cayó por la ventana, ya que eso podría exponer al propietario a una responsabilidad personal!

Pero la Biblia concede un gran valor a las reuniones pequeñas y a los adolescentes somnolientos que tienen encuentros poderosos con Dios. No te concentres tanto en los grandes números como para dejar de valorar a *esa* persona especial. Ese *uno*.

En 2014 me invitaron a hablar en una iglesia en San Luis. No conocía al pastor en lo absoluto, pero estaba feliz de ministrar a su congregación. No recuerdo nada particularmente especial que haya sucedido en el servicio, y nunca he vuelto a esa iglesia. Pero después de la reunión, algunos de nosotros salimos a cenar tarde, y conocí a un hombre llamado Brandon McPherson.

Brandon estaba sirviendo como pastor asociado en la iglesia, y ni siquiera estuvo en mi reunión de esa noche porque tenía que ministrar en el servicio de los niños. Durante la cena en un IHOP (International House of Pancakes), Dios me conectó con Brandon. Estaba profundamente desanimado en ese momento, y a punto de tirar la toalla. Se sentía derrotado. Pero el Señor entretejió nuestros corazones, y hemos permanecido unidos durante años.

Si me hubiera centrado en las multitudes, no me habría importado conocer a Brandon. Después de todo, ¡ni siquiera escuchó mi sermón! Pero a Dios le importa *esa* persona, ese *uno*. El Señor me envió hasta San Luis para animar a un joven ministro que estaba a punto de rendirse. Hoy, Brandon ha plantado una floreciente iglesia en Virginia.

El apóstol Pablo predicaba a las multitudes, por supuesto. Pero pasaba la mayor parte de su tiempo con sus discípulos, y prestaba especial atención a Timoteo. El resultado fue que Timoteo llevaba el corazón de Pablo. El apóstol dijo de él: "Os he enviado a Timoteo [...] y él os recordará mi proceder" (1 Corintios 4:17). El ministerio de las multitudes es necesario y puede resultar en vidas cambiadas. Pero el impacto más duradero lo obtendrás si te reproduces en ese *uno*. Entonces, cuando mueras, la siguiente generación continuará.

Este es el camino de Jesús. Si aprendes a invertir en *uno*, desarrollarás la humildad necesaria para crear una cultura de discipulado dondequiera que vayas.

OREMOS AL RESPECTO

Señor, necesito el corazón de un siervo para poder dar mi vida por las personas que me has llamado a orientar. Rompe cualquier espíritu de orgullo en mí.

Perdóname si alguna vez he ejercido el ministerio para ser visto, para impresionar a otros, o para recibir aplausos. Dame el corazón de Jesús para las personas. Hazme accesible y compasivo. Y ayúdame a preocuparme más por servir a una persona que por servir a la gran multitud. Amén.

UN PENSAMIENTO **FINAL**

En cada paso de nuestro desarrollo cristiano y en cada ámbito de nuestro discipulado cristiano, el orgullo es el mayor enemigo, y la humildad nuestro mayor amigo.[5]

—JOHN STOTT, Teólogo anglicano

CONSEJO PARA EL DISCIPULADO

Cómo se multiplicó David

Todos sabemos que David mató al gigante Goliat. Pero olvidamos que cerca del final de la vida de David otros cuatro gigantes atacaron a Israel. Para Entonces David ya era viejo, y "se agotó" en la batalla (2 Samuel 21:15). No obstante, cuatro de sus leales guerreros intervinieron, y valientemente dieron muerte a los cuatro gigantes (vv. 17–22).

Estos cuatro hombres poderosos (Abisai, Sibecay, Elhanán, y Jonatán) hicieron lo que David había logrado años antes. Estaban copiando lo que habían visto hacer a su mentor. El valor de David los inspiró. Y él los había entrenado bien. Esta historia demuestra el poder de la tutoría bíblica. Cuando hagas discípulos tu impacto se multiplicará, ¡y muchos gigantes más serán derrotados!

Mi mentor, Barry, me enseñó hace años que Jesús tenía un proceso de cuatro pasos para el discipulado:

> ➤ "Yo lo hago". Jesús enseñó y obró milagros.
> ➤ "Yo lo hago, y ellos están conmigo". Jesús ministró mientras sus discípulos ministraban y aprendían.
> ➤ "Ellos lo hacen, y yo estoy con ellos". Jesús instó a Sus discípulos a predicar, sanar y expulsar demonios mientras Él los entrenaba.
> ➤ "Ellos lo hacen, y yo los animo desde el fondo". Jesús nos encomendó Su obra. Ahora nosotros ministramos a medida que Su Espíritu nos da el poder. ¡Tu responsabilidad como mentor es trabajar en ti mismo para quedarte sin trabajo!

CAPÍTULO 9

Consejos prácticos para una tutoría eficaz

EL LIBRO DE MARCOS es mi Evangelio favorito. Lo describo como el mejor Evangelio para compartir con los adolescentes —o con cualquiera que tenga poca capacidad de atención—. Es el relato más breve del ministerio de Jesús y el más rápido. Se enfoca en las acciones de Jesús, no en Sus sermones. Si una película se basara en el Evangelio de Marcos sería toda una cinta de acción, estrepitosa, con demonios gritando, sanidades instantáneas, y multitudes alborotadas.

Pero lo que más me gusta del libro de Marcos, es el trasfondo de su autor, al que a veces se llama Juan Marcos. Es joven cuando lo encontramos por primera vez en las Escrituras. Estaba emparentado con Bernabé, y estrechamente relacionado con Pedro (los estudiosos creen que el Evangelio de Marcos se basa en lo que Pedro le dictó).[1] Sin embargo, Marcos suscitó un dilema embarazoso para el apóstol Pablo. Se nos dice que éste se separó de Bernabé en Antioquía porque Marcos abandonó el equipo misionero (véase Hechos 15:37–40).

Solo podemos especular sobre la causa de este incómodo conflicto. No sabemos por qué Marcos se ausentó sin permiso. ¿Temía la persecución? ¿Se acobardó porque echaba de menos la comida de su madre en Jerusalén? ¿O pasó por un período de rebeldía? Quizás. Pero al final el hijo pródigo volvió a casa. La epístola de Filemón dice que Marcos comenzó a viajar de nuevo con Pablo (véase Flm. 1:23–24).

Pablo finalmente le dijo a Timoteo: "Toma a Marcos y tráelo contigo, *porque me es útil para el servicio*" (2 Ti. 4:11, énfasis añadido). *Útil* es un término bien discreto. ¡Este joven que experimentó el fracaso en los primeros años de su vida, escribió más tarde una porción clave de la Biblia!

La lección es clara: no hay que rendirse con los jóvenes. Indudablemente merece la pena invertir en ellos, aunque sufran altibajos y zigzagueen en el viaje que llamamos discipulado. Quienes estamos en la categoría "mayores" debemos reconocer cuán útiles son los jóvenes *Marcos* en el plan de Dios. No podemos renunciar a ellos. No puedo evitar preguntarme si Pablo se lamentó por despedir a Marcos demasiado pronto.

Tengo la bendición de contar con muchos jóvenes Marcos en mi vida por estos días. El tiempo personal que paso con ellos es tan importante como cualquier sermón que predico a una multitud. Me he dado cuenta de que cuando invierto en un joven cristiano, este lleva lo que le entrego hacia el futuro. Su impacto durará mucho tiempo después de que me haya ido.

La Iglesia está cubierta de canas y muchos jóvenes se han retirado porque nuestro enfoque del ministerio se ha vuelto irrelevante para ellos. Somos demasiado distantes. Somos demasiado engreídos. Estamos atascados en mentalidades obsoletas. Tal vez, como Pablo, estemos demasiado enfocados en el trabajo que tenemos entre manos como para dar a los aprendices en formación tiempo para aprender. Esperamos que maduren de la noche a la mañana. No estamos dispuestos a ser pacientes.

Pero si escuchamos sus corazones, los tratamos como hijos e hijas, invertimos nuestro tiempo en ellos, y reconocemos sus dones, ellos —como Juan Marcos en el primer siglo— tendrán un impacto sorprendente en la historia .

El punto de la trama de Marcos es que el discipulado es un proceso desafiante y complejo. En última instancia, es gratificante, pero también está lleno de decepciones y dolores de cabeza. A menudo tendrás la tentación de renunciar (o de alejarte de un discípulo) cuando Dios te llama a seguir comprometido con él.

He experimentado una amplia gama de problemas en mis años de tutoría, y las personas que están listas para darse por vencidas y renunciar me han hecho muchas preguntas. Aquí hay solo algunas de esas preguntas, al igual que las respuestas que he encontrado en la Palabra de Dios:

P. ¿Por cuánto tiempo debo acompañar a alguien?

R. Nunca veo el discipulado como una tarea a corto plazo. Quiero permanecer conectado con aquellos a quienes asesoro durante toda la vida. He aprendido que las relaciones se mantienen vibrantes mientras las alimente con una comunicación regular.

A medida que tu discípulo madure se relacionarán de manera diferente. Pero nunca asumas que tu trabajo ha terminado; no "arrojes" a las personas de tu vida. Incluso después de que Pablo había entrenado completamente a Timoteo y era consciente de que moriría pronto, urgió a su discípulo: "Haz todo lo posible por venir pronto a mí" (2 Ti. 4:9). Mantén fuertes los lazos y desarrolla relaciones para toda la vida.

P. ¿Es posible entrenar a alguien complaciente o desinteresado?

R. La Biblia afirma que cuando Jesús dijo a Pedro y Andrés: "Seguidme, y os haré pescadores de hombres", ellos "dejaron inmediatamente las redes y le siguieron" (Marcos 1:17–18, NKJV). Estaban ansiosos. Querían lo que Jesús tenía, y estaban dispuestos a venderlo todo para conseguirlo.

Aunque Pedro tuvo sus momentos de debilidad, persiguió apasionadamente a Jesús y se convirtió en un hacedor de discípulos. Lo mismo puede decirse de Eliseo. Cuando eligió seguir a Elías, dejó la granja de su familia y sacrificó sus bueyes como señal de absoluto compromiso (véase 1 Reyes 19:19–21). Y siguió con entusiasmo a su mentor hasta el momento en que Elías fue llevando al cielo en un carro de fuego (2 Reyes 2:1–11).

Si alguien se muestra reacio, distraído, o carece de motivación espiritual, estás perdiendo el tiempo. Invierte sabiamente. Debes buscar personas hambrientas, que estén dispuestas a hacer sacrificios para ser discípulos. Sí, sigue sembrando tu semilla libremente entre las multitudes, pero dedica la mayor parte de tu tiempo a entrenar a los Pedros sinceros que seguirán a Jesús sin importar lo que pase. Ellos serán quienes cambien el mundo

Esto no significa que te des por vencido con un discípulo si falta a una reunión o pasa por alto leer el capítulo asignado de un libro de estudio. Algunas personas tienen que adquirir disciplina. Pero presta atención a la motivación del corazón. Si la persona que estás tratando de entrenar es tibia o toma las cosas a medias, tu semilla probablemente caerá en tierra dura. Sería mejor invertir en alguien que esté motivado.

P. ¿De cuántas personas puedo ser mentor?

R. No hay un número mágico. Tu capacidad para hacer discípulos está determinada en buena medida por el tiempo que tengas disponible. Si tienes un trabajo extenuante o una familia joven, no te quedará tanto tiempo como a una persona soltera, jubilada o más independiente en términos laborales. No te sientas mal si solo tienes uno o dos discípulos.

Esto no es un concurso. Puedes guiar a tantas personas como Dios te dé la gracia de hacerlo. Ni más ni menos. Deja que Él te muestre el tamaño de tu "aljaba" para tus hijos e hijas espirituales.

También creo que puedes ser mentor de personas en varios niveles. Jesús llamó a doce hombres para que lo siguieran de cerca y formó a un grupo de mujeres (Lucas 8:1–3).

También entrenó a un grupo de setenta en el ministerio (Lucas 10:1), y predicó a multitudes (Mateo 5:1). Pero Jesús invirtió más tiempo en tres de Sus doce discípulos (Pedro, Santiago y Juan). Este último parecía tener la revelación más profunda del Salvador por su cercanía y pleno acceso a Él.

Jesús no invirtió la misma cantidad de tiempo en todos. Influyó en la gente a diferentes niveles, pero se centró en unos pocos. No te disperses demasiado. No importa en cuántas personas influyas, asegúrate de invertir tu tiempo de calidad en el pequeño grupo de discípulos que Dios ha puesto más cerca de ti.

P. ¿Puede un hombre instruir a una mujer, o viceversa?

R. En la Biblia encontramos hombres que son mentores de hombres (Pablo y Timoteo); mujeres mentoras de mujeres (Noemí y Rut); a hombres mentores de mujeres (Jesús y María Magdalena); y mujeres mentoras de hombres (Priscila, con su esposo Aquila, enseñando a Apolos, según consta en Hechos 18:26). Tito 2:3–4 anima a las mujeres mayores a orientar a las más jóvenes, especialmente sobre la administración al interior de sus familias.

Un cristiano maduro puede ser un padre o una madre espiritual para los creyentes más jóvenes de ambos sexos, pero hay momentos en que los hombres necesitan la opinión de los hombres, y las mujeres necesitan un concepto femenino.

Si estoy entrenando a mujeres discípulas, prefiero reunirme con pequeñas grupos de ellas que con una mujer sola. Esto es por respeto a mi esposa y para evitar "todo lo que puede verse mal" (1 Tesalonicenses 5:22, MEV). También cuido aspectos como el lugar donde nos encontramos. Jesús se reunió con la mujer samaritana en un lugar público, no en una oficina privada. Usa la sabiduría. Y si alguna vez sientes que estás luchando contra las tentaciones en una situación de tutoría, habla de tu lucha con un mentor o amigo. Mantente en guardia, conoce tu corazón, y nunca permitas que una relación de discipulado se vuelva romántica o sexual.

P. ¿Está bien si muestro mis propias debilidades ante mi discípulo? ¿Hasta qué punto debo ser vulnerable?

R. Pablo tenía una estrecha relación con sus discípulos. Él los cuidaba, pero ellos también lo refrescaban y ministraban. La relación que surge de una mentoría no es una calle de un solo sentido. Como mentor, nunca pretendas representar a Superman o al Capitán América. Sé real. Pablo era un cristiano modelo, pero admitió que tenía un "aguijón en la carne" (2 Corintios 12:7). Se jactaba de sus debilidades porque eso le ayudaba a apoyarse en el poder de Cristo (v. 9). No seas falso. Sé un mentor auténtico y accesible que sangra, llora, cojea y lucha contra la tentación. Tu autenticidad dará esperanza a otros.

Hace varios años, cuando predicaba en Sudáfrica, sentí que el Señor me decía que compartiera una experiencia muy vergonzosa de mi pasado. No quería contar la historia porque no quería que la gente pensara mal de mí. Pero sentí que debía ser brutalmente honesto. Como resultado, muchos hombres se acercaron al altar y admitieron haber tenido una experiencia similar.

Si eres transparente en el púlpito, es más probable que la gente confiese sus pecados. Te corresponde marcar el camino. Nadie quiere escuchar a un predicador pomposo que presume de su dinero, sus coches, o sus logros. Si actúas como "Don Perfecto" la gente no se relacionará contigo. El apóstol Pablo dijo: "Prefiero alardear de mis debilidades" (2 Corintios 12:9). Un predicador humilde producirá humildad en quienes lo escuchen.

P. ¿Tiene el discipulado un costo económico?

R. Mi padre me enseñó el principio de la generosidad. Siempre diezmó a su iglesia, pero también fue generoso conmigo. Pagó mi primer automóvil y mi matrícula universitaria. Siendo ya mayor, siempre insistía en pagar la cuenta si íbamos a un restaurante, incluso cuando nos acompañaban mi esposa y nuestros cuatro hijos.

Cuando empecé a asesorar a mis discípulos, con frecuencia los llevaba a cafeterías o restaurantes. Siempre insistí en pagar la cuenta, incluso cuando algunos de los chicos se peleaban conmigo para hacerse cargo. Y rápidamente aprendí que Dios siempre nos recompensa por la generosidad, aun cuando se trata de algo tan simple como pagar un capuchino o un desayuno en Waffle House.

Hace unos años, cuando estaba predicando en Florida, invité a una cena especial a ocho chicos de los que he sido mentor. Los animé, escuché sus peticiones de oración, y luego oramos unos por otros. Después pagué la cuenta de cien dólares por lo que ordenamos. A la semana siguiente un amigo me entregó un cheque de cien dólares. Le di las gracias y luego le pregunté al Señor para qué era. Sentí que el Espíritu Santo decía: "Ese es el dinero de tu discipulado". Ni siquiera sabía que existiera el "dinero para el discipulado", pero me animó que el Señor estuviera al tanto de estos gastos. ¡Él está involucrado en los detalles de nuestras vidas!

Pablo dijo a los corintios: "Encantado gastaré todo y me desgastaré por vuestras almas" (2 Co. 12:15). El discipulado requerirá mucho tiempo, energía, amor, y dinero, pero no puedes poner un precio a la recompensa de ver crecer espiritualmente a tus discípulos. No tengo idea de cuántos miles de dólares he gastado en comidas para mis discípulos, o cuánto he transferido de otros recursos a mis Timoteos en el extranjero. Pero sé que Dios bendice el discipulado.

P. ¿Cómo organizar el tiempo con las personas a las que se orienta?

R. No hay una respuesta correcta para esto. Puedes ser flexible y creativo, pero he invertido mi tiempo siguiendo cinco formatos básicos: 1) Reuniones cara a cara —para mí son las mejores—, pero a veces hago un "café virtual" con alguien por medio de una llamada en FaceTime, WhatsApp, o Skype (también hago muchas llamadas telefónicas y envío mensajes de texto); 2) Grupos pequeños, por lo general entre dos y doce personas; 3) Viajes ministeriales, durante los cuales mi discípulo tiene pleno acceso a mí; 4) Retiros grupales, en los que un reducido grupo de discípulos se reúnen por un fin de semana de ministerio y compañerismo; y 5) Actividades de la vida normal. Los momentos más poderosos de impartición se producen de manera espontánea, especialmente durante una comida, una excursión a las montañas, en una piscina, o en el gimnasio. El tiempo libre con tus discípulos es un regalo invaluable.

P. ¿Cómo mantener motivados a tus discípulos?

R. Un discipulado sano está empapado de amor sincero. No es frío ni profesional. No inviertes en las personas por obligación sino porque Dios ha unido su corazón al tuyo. Pablo expresó este amor con palabras. No solo lo sintió: ¡lo dijo!

A mis discípulos, trato de decirles tres cosas constantemente: "Te amo", "Estoy orgulloso de ti" y "¡Me alegra tanto que estemos conectados!". ¡Como mentor, debes dejar que el amor de Dios fluya de ti como un río caudaloso!

Durante años he enviado a mis discípulos un texto semanal sobre el discipulado para animarlos. Lo envío individualmente (no como mensaje grupal) porque el discipulado es un proceso muy personal. Los discípulos se hacen a pulso, no son fabricados en una línea de ensamblaje. Me tomo el tiempo de enviar estos mensajes uno por uno porque me preocupo por ellos.

P. ¿Cómo debo confrontar a mi discípulo si continuamente cae en pecado?

R. Tus discípulos necesitan un estímulo constante. Pero hay ocasiones en las que debes decir cosas duras. Puede que tengas que corregir o incluso reprender. Pablo dijo que debemos "hablar la verdad en amor" (Efesios 4:15, NLT). Si todo lo que haces es calmar, consolar y afirmar a tus discípulos, no los estás amando. El amor también confronta.

Quiero ser un mentor amoroso, pero no puedo ser blando con el pecado. La confrontación es como una cirugía: debe practicarse con cuidado y precisión. No seas un carnicero que rebana con su afilado cuchillo. Cuando cortes, hazlo de tal manera que traigas sanidad. Tu discípulo te lo agradecerá después, aunque duela.

Pero también debes aprender a ministrar la corrección con altas dosis de gracia. La palabra *gracia* aparece en el Nuevo Testamento aproximadamente 122 veces (en la Nueva Biblia Estándar Americana; 156 veces en la versión King James).[2] Pablo dice "Gracia a vosotros" al principio y al final de la mayoría de sus epístolas. Y el último versículo de la Biblia dice: "La gracia del Señor Jesús sea con todos. Amén" (Apocalipsis 22:21). La gracia no implica indulgencia hacia el pecado. Pero revela que Dios siempre está dispuesto a perdonar y restaurar porque es un Padre compasivo.

Confía siempre en la gracia de Dios cuando asesores a otros. No depende de ti cambiar a las personas. Tú no eres el Espíritu Santo. Puedes instruir, animar y corregir, pero el poder vivificante de Dios está obrando en tus discípulos. Espera ver cambios poderosos. A medida que el Espíritu obre, ellos vencerán los hábitos pecaminosos, crecerán en la fe, se forjará su carácter, y descubrirán sus dones espirituales. ¡Verás milagros!

No puedes mostrar la gracia a quienes aconsejas si tú mismo no la has aceptado. Como mentor, tu vida también debe estar empapada de gracia. Comienza tu día agradeciendo a Dios por Su amor y perdón. Termina la jornada alabándolo por Sus bendiciones. No merecemos ser salvados. Aun así, Dios nos amó de todos modos y nos extendió Su gracia. Perdónate. Medita en el hecho de que tu Padre te ama a pesar de tus errores, pecados habituales, y debilidades. Cuando conoces Su asombrosa gracia de una manera profundamente personal puedes extenderla a los demás.

P. ¿Qué te mantiene motivado a seguir invirtiendo en tus discípulos?

R. A veces podemos cansarnos de ser mentores. ¡Es un trabajo duro! Implica muchas reuniones, llamadas telefónicas, escuchar los problemas y ofrecer orientación. Puede ser agotador cuando tus discípulos ignoran tus consejos o toman malas decisiones. ¿Cómo mantenerte motivado para seguir invirtiendo en ellos?

Pablo tenía un secreto. Amaba a sus discípulos como si fueran sus propios hijos. Dijo a los tesalonicenses: "Teniendo un afecto tan grande por vosotros, estábamos dispuestos a impartiros, no solo el evangelio de Dios, sino también nuestras propias vidas, porque habéis llegado a sernos muy queridos" (1 Ts. 2:8).

Cuando tienes esa clase de amor, cálido y que brota de Dios mismo hacia aquellos a quienes estás entrenando, nunca te darás por vencido con ellos. Continuarás entregándote y orando pacientemente por ellos hasta que maduren espiritualmente. El amor es el secreto.

P. ¿Cómo puedo ministrar a mí discípulo cuando él (o ella) están pasando por momentos difíciles?

R. Tus discípulos enfrentarán pruebas, tribulaciones y tentaciones. Tendrán lo que yo llamo "momentos de locura". Incluso pueden alejarse de ti, porque están descorazonados. Estos son algunos pasos que doy en estas situaciones:

- **Dales espacio.** No eres Dios, y no puedes arreglar sus problemas. No los atosigues ni los asfixies. Da un paso atrás, sabiendo que el Espíritu Santo intervendrá.

- **Mantén la calma.** No reacciones de forma exagerada, ni regañes, ni te enfades por sus problemas. Recuérdales con gentileza que estás disponible para conversar.

- **Ora por ellos.** Jesús sabía que sus discípulos se dispersarían después de ir a la cruz. El oró: "Padre santo, guárdalos en Tu nombre" (Juan 17:11). Eleva oraciones de protección. ¡Enfrenta al enemigo y lucha por ellos!

- **Comparte una palabra de esperanza.** Isaías 50:4 declara: "El señor DIOS me ha dado lengua de sabios, para que pueda sostener al cansado con una palabra". Una palabra de Dios puede romper la pesadez. Deja que Dios te use para traer esperanza y consuelo.

P. ¿Qué hacer si uno de tus discípulos se aleja de ti?

R. Tu discípulo puede estar atravesando un desierto de desánimo, como David; puede sentirse culpable por haber cedido a la tentación, como Pedro; incluso puede estar huyendo de Dios, como Jonás. ¿Esperas que se ponga en contacto contigo? ¿Lo persigues?

Lo más importante que puedes hacer es orar. Pide al Espíritu Santo que obre en su situación. Luego hazle saber que estás orando y que te encuentras disponible para hablar. Puede que no responda inmediatamente, pero necesite que le reafirmes tu amor. Incluso si no contesta el teléfono, puedes enviarle una nota de texto o dejarle un mensaje.

Demuéstrale tu amor incondicional absteniéndote de regañarle, ofenderle, o cortar la comunicación. Recuerda: "El amor es paciente" (1 Corintios 13:4). Sigue amando; sigue perseverando, sigue alentándolo, incluso cuando tu discípulo atraviese por momentos difíciles.

P. Si estás entrenando a alguien, ¿necesita estar también en una iglesia local? ¿O tu reunión de discipulado toma el lugar de la iglesia?

R. Nunca, nunca considero que mi reunión con un discípulo sustituya a la iglesia local. Estoy proporcionando un aporte vital en la vida de las personas que oriento, pero también necesitan estar conectados a la familia de Dios.

Muchos cristianos tienen una actitud de "yo y Jesús". Piensan que el cristianismo es simplemente una relación vertical. Oran, leen la Biblia, y escuchan podcasts populares o música de adoración, pero no están involucrados en una iglesia local. O si lo están, no construyen amistades cercanas. Pero el cristianismo no es solo vertical: es horizontal.

Hebreos 10:25 nos advierte acerca de los "rebeldes sin causa". Dice que no debemos "dejar de congregarnos juntos, como acostumbran algunos". La razón principal por la que nos reunimos en la iglesia es para fortalecernos unos a otros.

Pablo le dijo a su amigo Filemón: "Sí, hermano, permíteme beneficiarme de ti en el Señor; refresca mi corazón en Cristo" (Flm 1:20). ¡Dios quiere usarte para beneficiar y refrescar a otros! No cierres tu corazón a la familia de Dios. No seas un llanero solitario aislado. Forma estrechos lazos de compañerismo con tus hermanos y hermanas en Cristo, y ayuda a tus discípulos a encontrar el apoyo de una comunidad eclesial amorosa.

P. ¿Cómo puedo ayudar a mi discípulo o discípula si sigue incurriendo en el mismo pecado?

R. Oigo esta pregunta a menudo, especialmente sobre el tema de la pornografía porque es un problema muy extendido. Si tu discípulo está luchando con la pornografía o con otros pecados sexuales, por supuesto que puedes conseguir un compañero de rendición de cuentas, un filtro para instalar en su computadora, o sugerir un curso de pureza. Pero esas cosas no ayudarán hasta que tu discípulo haga una elección poderosa. Debe decidir resistir.

Tito 2:11–12 dice que la gracia de Dios se ha manifestado, "instruyéndonos a negar la impiedad y los deseos mundanos". *Negar* en este versículo significa "no aceptar, rechazar, rehusar algo que se ofrece."[3] Es un poderoso *no*. Y se necesita una verdadera columna vertebral para decir que no. Si estás cediendo constantemente a la tentación, tu columna vertebral está débil y tus músculos espirituales, flácidos. Debes comenzar un intenso entrenamiento de resistencia.

Siempre aconsejo a mis discípulos no permitir que la pornografía u otras tentaciones los conviertan en cristianos blandos y gelatinosos. Los desafío a desarrollar una espina dorsal. Deben poner los pies en el piso. Deben vetar al diablo y rechazar los deseos de la carne.

Hace mucho tiempo aprendí en el gimnasio que el entrenamiento de resistencia es la única forma de desarrollar los músculos. Tanto si haces flexiones como si levantas pesas, debes resistir en caso de que tu meta sea estimular el crecimiento muscular. La resistencia rompe las fibras musculares, y cuando vuelven a crecer aumentan el tamaño del músculo.

Lo misma verdad se aplica en el plano espiritual. Debes resistir la presión de la tentación si quieres desarrollar músculos espirituales. Santiago 4:7 dice: "Resistid al diablo, y huirá de vosotros". Resistir te hace fuerte en el Espíritu. Pero ganar masa muscular lleva tiempo.

Si tus discípulos son tentados en cualquier área, tienen dos opciones. Si resisten, se fortalecerán y desarrollarán carácter y pureza. Si ceden a la tentación, permanecerán flácidos y débiles. Siempre les recuerdo a quienes sirvo como mentor que si aprenden a resistir al diablo, ¡se convertirán en guerreros, desgarrados y destrozados!

A veces la vergüenza impedirá que tu discípulo confiese sus problemas. Recientemente, uno de mis jóvenes discípulos preguntó si podíamos hablar. Quería confesar algo de su pasado, pero tenía miedo de abrir su corazón. Esperé pacientemente, hasta que estuvo listo para ser vulnerable. Cuando me habló de su pecado (que había ocurrido varios años antes) estaba temblando, pero finalmente lo confesó.

Como mentor, debes estar preparado para esos momentos. No te escandalices cuando tu discípulo te confiese algo. No regañes, frunzas el ceño, jadees, o juzgues. Muestra una preocupación genuina y luego ora. Gálatas 6:1 dice: "Si alguno es sorprendido en alguna infracción, vosotros que sois espirituales, restauradlo con espíritu de mansedumbre".

El corazón de Dios es restauración, no condenación. Siempre recuerdo a mis discípulos que fueron limpiados por la sangre de Jesús. Los miro a los ojos y les digo que no hay ni rastro de sus pecados. Sus deudas se pagaron en su totalidad. Cuando conozcan el verdadero perdón, crecerán espiritualmente.

P. ¿Qué pasa si mi discípulo decide alejarse de Dios?

R. Hasta el apóstol Pablo guio a personas que optaron por dejar la fe. Uno de ellos fue Demas. Pablo llamó a Demas "colaborador" (Filemón 1:24), pero más tarde Demas abandonó a Pablo. El apóstol nos dice: "Demas, por amor este mundo, me ha abandonado" (2 Timoteo 4:10, NIV). No sabemos por qué Demas abandonó su fe (quizás tuviese miedo de la persecución), pero este caso nos recuerda que el discipulado puede ser doloroso.

Si inviertes en una persona y esta luego rechaza a Cristo, puedes ser tentado a culparte a ti mismo. O puedes mostrarte reticente a formar a otros porque no quieres ser lastimado de nuevo. Pero Pablo no dejó que el fracaso de Demas detuviera su misión. Tú tampoco puedes hacerlo. Está bien derramar lágrimas por los que recaen, pues te importan y duelen profundamente. Pero no dejes que las decisiones equivocadas de tu discípulo te descarrilen. Asume el riesgo. Sigue derramando tu vida en los demás.

Además, asegúrate de que la persona que se alejó sepa que estás disponible, en caso de que alguna vez decida volver al Señor.

Aunque ya no se reúnan con regularidad, está bien que lo veas de vez en cuando. Y puedes seguir orando por esa persona. La oración es una inversión eterna, y la respuesta a la tuya podría llegar después de que hayas entrado en la eternidad.

P. A veces me siento agotado después de pasar tiempo con mis discípulos. ¿Es normal esto?

R. Siempre me siento agotado después de predicar o ministrar por unas horas. El ministerio espiritual demandará mucho de ti. Ciertamente esto también se experimenta cuando aconsejas a tus discípulos, oras por ellos, o diriges un estudio bíblico. Cuando te derrames espiritualmente te sentirás exhausto. El ministerio es un trabajo espiritual, y el cansancio que experimentas puede incluso hacerte sentir deprimido. No te sorprendas por esto. Le pasó a Pablo, a David y a Elías. Es una respuesta normal cuando los vasos humanos llevan el poder de Dios.

Cuando predicas, diriges la adoración, organizas una actividad evangelística, entrenas a otros, o vas a un viaje misionero, la unción del Espíritu Santo se derrama sobre ti. Después, necesitas ser reabastecido. Luego de que Elías invocara fuego del cielo, se deprimió y escondió en una cueva. Durmió, comió y durmió un poco más antes de su siguiente tarea (véase 1 Reyes 19:4–8).

Después de ministrar necesitas descanso físico, mental, y espiritual. Esto no solo significa leer la Biblia y orar; necesitas dormir, comer, pasar tiempo en familia, recrearte, y tener pasatiempos. Tómate siempre el tiempo necesario para relajarte y permitir que Dios te llene de nuevo.

No te quejes nunca de que tus discípulos "tiren de ti". Agradece que Dios te haya considerado lo suficientemente fiel como para poner a estas personas especiales en tu vida. Cuando te hayas derramado, el Espíritu Santo repondrá tus fuerzas. Y recuerda que Dios no olvida tu sacrificio. Hebreos 6:10 dice: "Porque Dios no es injusto como para olvidar vuestra obra y el amor que habéis mostrado hacia Su nombre". Sigue invirtiendo. Sigue alentando. Verás la recompensa.

P. ¿Cuáles son los mayores errores que has cometido en la tutoría?

R. He cometido muchos errores a lo largo de los años al invertir en mis discípulos. También he visto a otros mentores cometer grandes errores, así que he conservado una lista actualizada de las cosas que debo evitar cuando ayudo a otros a crecer espiritualmente. Por fortuna, he evitado muchos de los errores garrafales de esa lista. Aquí están los diez desaciertos más grandes que, espero, tú también evites:

1. **Ignorar la comunicación de tus discípulos.** El discipulado requiere tu tiempo. Contesta las llamadas o los mensajes

de texto y asegúrate de que tus discípulos sepan que sigues disponible para ellos. No es necesario que dejes todo para atender una llamada, pero hazles saber cuándo puedes devolver la llamada.

2. **Reaccionar con disgusto si tus discípulos confiesan un pecado grave.** La verdadera sanidad emocional requiere transparencia y arrepentimiento. Pero debes mostrar misericordia y sensibilidad cuando tus discípulos decidan desnudar sus almas. Nunca, jamás los condenes.

3. **Traicionar la confianza de tus discípulos.** He conocido a cristianos que cerraron sus corazones e incluso dejaron de ir a la iglesia porque un pastor o mentor parloteaba de confesiones que le compartieron en privado. Si la persona a la que estás asesorando confía en ti lo suficiente como para admitir sus luchas más complejas, sé un administrador fiel con esa información. No es tuya para que la compartas.

4. **Mimar a tus discípulos.** Debes tratar a tus discípulos como adultos. No los mimes ni los consientas. El apóstol Pablo dijo: "Cuando llegué a ser hombre, dejé las cosas de niño" (1 Corintios 13:11, NKJV). Nunca llevarás a las personas a la salud espiritual si las tratas como si fueran niños. Espera crecimiento y madurez.

5. **Evitar la confrontación.** En estos tiempos de teología de la "hiper-gracia", algunos cristianos se han alejado de cualquier forma de amor firme porque tienen miedo de parecer legalistas o de mente estrecha. Debes superar este miedo. Si verdaderamente amas a tus discípulos, los corregirás, con amor pero con firmeza cuando sea necesario.

6. **Controlar o manipular.** Tú no diriges la vida de tus discípulos. Tu trabajo es ayudarles a escuchar a Dios por sí mismos, no escuchar a Dios por ellos.

7. **Ser posesivo.** Tu trabajo como mentor es servir a tus discípulos y ayudarlos a crecer. Pero tú no eres la única persona que necesitan en sus vidas. Deja espacio para sus amigos y otros mentores, y no te pongas celoso si acuden a alguien más en busca de ayuda.

8. **Permitir que la relación se vuelva codependiente.** Siempre debes encaminar tus discípulos a Jesús. No permitas que desarrollen una dependencia malsana de ti. Y nunca trates de satisfacer tus propias necesidades emocionales en una relación de discipulado.

9. **Explotar financieramente a tus discípulos.** A lo largo de los años he conocido a pastores o mentores que pidieron a sus aprendices que se unieran a su "línea descendente" en un negocio de mercadeo multinivel, o que invirtieran en clubes de compra de divisas o esquemas similares. Esto es un gran error. Utilizar una relación de tutoría para enriquecerse va en contra de todo lo que dijo Jesús sobre la pureza de corazón. Es inapropiado que pidas dinero a tus discípulos.

10. **Abandonar a tus discípulos.** ¿Te imaginas a Jesús echando a Pedro a la calle después de que lo negara? No, Jesús no descalificó a Pedro por su pecado: lo restauró. Quédate con tus discípulos en las buenas y en las malas, incluso si tienen fallos morales serios. Ámalos, perdónalos y nunca dejes de orar por ellos. Sé un mentor para toda la vida.

OREMOS AL RESPECTO

Señor, elijo apoyarme en Ti al comenzar la aventura de guiar a otros. Sé que no tengo todas las respuestas. ¡Necesito sabiduría! Santiago 1:5 dice que si a alguno de nosotros le falta sabiduría, podemos pedírtela a Ti, "que das a todos generosamente […] y nos será dada". Gracias de antemano por mostrarme cómo afrontar cada desafío, y por favor, concede a mis discípulos una gracia especial cada vez que me equivoque. Amén.

UN PENSAMIENTO **FINAL**

No estás en el mundo para ti mismo. Has sido enviado aquí para los demás. ¡El mundo te está esperando![4]

—Catherine BOOTH, COFUNDADORA, EL EJÉRCITO DE SALVACIÓN.

CONSEJO PARA EL DISCIPULADO

Sigue sembrando y cosecharás

El discipulado requiere mucho trabajo: sesiones de consejería, encuentros uno a uno, reuniones de grupos pequeños, llamadas telefónicas, mensajes de texto y horas de oración. Y es frustrante cuando un discípulo tropieza con el pecado, pierde su fuego espiritual, o se aleja de ti. Pablo dijo a Timoteo: "Porque ya estoy siendo derramado como una ofrenda" (2 Ti. 4:6). Puedo identificarme con su descripción. ¡A veces me siento derramado!

Pero me niego a quejarme de las tareas del discipulado. Nunca te quejes de que tus discípulos te presionen. Agradece que Dios te haya considerado lo suficientemente fiel como para poner a estas personas especiales en tu vida. Cuando te derrames, el Espíritu Santo repondrá tus fuerzas. Y recuerda que Dios no olvida tu sacrificio. Hebreos 6:10 dice: "Porque Dios no es injusto como para olvidar vuestro trabajo y el amor que habéis mostrado hacia su Nombre." Sigue invirtiendo. Sigue alentando. Verás la recompensa.

A veces puedes sembrar durante mucho tiempo sin ver resultados. Puede que te canses y te preguntes si tu labor está marcando la diferencia. Puedes tener la tentación de abandonar. Ten la seguridad de que Dios ve. Él convierte las pequeñas semillas en cultivos. Sigue sembrando con fe, incluso en los días en que la tierra está dura. Dios siempre trae un avance. El salmo 126:5 promete que "los que siembran con lágrimas cosecharán con alegría".

Volviendo al modelo del libro de Hechos

A PRINCIPIOS DE 2021 prediqué en Crossroads Church, una floreciente mega-iglesia en Newnan, Georgia, cerca de Atlanta. Crossroads tiene una filiación Bautista del Sur, pero la adoración es más apasionada que en muchas iglesias carismáticas que he visitado. Los fines de semana la iglesia reúne a grandes multitudes en su santuario, aunque cuando estuve allí, la mayoría de las personas usaban tapabocas y estaban socialmente distanciadas debido a la pandemia de coronavirus. Pero el brote de COVID-19 no impidió que esta iglesia alcanzara a su comunidad.

Lo más singular de Crossroads es su compromiso con el ministerio en grupos pequeños. Durante una semana cualquiera los miembros participan en más de dos docenas de ministerios de sanidad (que ofrecen de todo; desde la recuperación del divorcio hasta el consejo para tiempos de duelo y la liberación de las adicciones o los abusos sexuales). Los nuevos creyentes se reúnen en grupos pequeños para que puedan crecer en su fe.

Al pastor de la iglesia, Ken Adams, le encanta predicar la Palabra desde su púlpito, pero es un líder inusual porque cree que los cristianos no pueden crecer sin grupos pequeños y relaciones estrechas. No es la estrella de espectáculo, y eso le parece bien. Sabe que la iglesia del domingo por la mañana no es suficiente. Por eso organizó una cumbre de discipulado para el fin de semana que los visité, con el fin de animar a sus miembros a abrazar el llamado al discipulado bíblico.

Durante la cumbre, mi mentor desde hace cuarenta y siete años, Barry St. Clair, me pidió que me uniera a él en el escenario. Nos sentamos en unos taburetes y contamos la historia de cómo me invitó a formar parte de un pequeño grupo de discipulado de jóvenes cuando solo tenía quince años. Compartí con la audiencia cómo Barry, no solo me enseñó los fundamentos de la vida cristiana, sino que también fue un modelo de lo que significa hacer discípulos. Su humilde ejemplo me inspiró a pasar la mayor parte de mi vida adulta como mentor de los más jóvenes. Ahora mis discípulos hacen lo mismo.

Cuando estuve en Crossroads ese fin de semana pude percibir que lo que estaba ocurriendo allí no era un fenómeno aislado; era la evidencia de un tsunami avasallante que promete remodelar la Iglesia en los años venideros. En toda esta nación y en el mundo, la pandemia de COVID-19 nos obligó a revaluar nuestras prioridades fundamentales. Hemos sido divinamente perturbados.

No creo que Dios haya enviado un virus para matar a la gente; la enfermedad viene del diablo. Pero Dios puede utilizar cualquier cosa para cambiarnos. Él dispone que todas las cosas obren para el bien de los que le aman (véase Romanos 8:28). Así como los recios vientos de Pentecostés trajeron cambios radicales hace dos mil años a la iglesia primitiva, el cielo nos ha empujado a una incómoda comprensión de que volver a lo de siempre, no funcionará. (Véase Hechos 2).

Mirando hacia atrás, puedo ver que Dios usó esta dolorosa crisis internacional para podar las ramas muertas, de modo que pudiéramos llevar más fruto. (Véase Juan 15:1–2). El cambio ha comenzado, estemos o no preparados para ello. He descrito algunas de las formas en que el Espíritu Santo está renovando nuestros odres para que podamos contener lo que Él está enviando. (Véase Marcos 2:21–22).

Estamos pasando de la cantidad a la calidad. En los días previos al COVID asumíamos que éramos exitosos por tener grandes multitudes en un bonito edificio. Pero el apóstol Pablo dijo que el ministerio hecho con madera, heno, y hojarasca se quemará cuando sea probado por la santidad de Dios (véase 1 Corintios 3:12–13). El que un santuario esté lleno de gente no significa que estemos formando seguidores de Jesús fuertes. Nunca debemos evaluar nuestro éxito basándonos en los estándares mundanos. A Dios no le impresionan las multitudes; Él quiere seguidores fuertes y fieles que puedan influir en los demás.

Estamos pasando de espectadores a discípulos. Las iglesias que ya contaban con un ministerio sólido de grupos pequeños antes de la pandemia se mantuvieron fuertes durante la crisis y se recuperaron después. Pero las iglesias que invirtieron todos sus recursos en grandes eventos congregacionales fueron cerradas o perdieron un alto porcentaje de sus membresía. El experto en crecimiento eclesiástico Thom Rainer predijo en 2020 que el veinte por ciento o más de los feligreses marginales (es decir, que no estaban conectados a ningún grupo pequeño) nunca regresarían después de la crisis del COVID-19.[1]

Jesús no nos llamó a hacer feligreses. Nunca tuvo la intención de que Sus seguidores se limitaran a sentarse en las bancas año tras año, escuchando los mismos sermones, conformes con estar entretenidos. Les dijo: "Id, pues, y haced discípulos a todas las naciones" (Mateo 28:19). Ciertamente no quería que Sus seguidores continuaran siendo niños espirituales; nos invita a todos a crecer y a hacer las obras que Él hizo.

Estamos pasando de grandes eventos a grupos pequeños. No hay nada de malo en las grandes reuniones. Me encanta adorar con una multitud. Pero cuando convertimos la iglesia en una multitud, creamos un monstruo que no se parece a la iglesia primitiva descrita en el libro de Hechos. Las personas no crecen de manera efectiva si el único aporte que reciben proviene de un sermón semanal o mensual de treinta minutos. Necesitan un sólido entrenamiento de discipulado en un entorno cercano, con relaciones de apoyo.

Vivimos en un mundo lleno de miedo, soledad, y abuso. Y esa es una gran razón por la que muchas personas nunca pondrían un pie en una iglesia inmensa llena de extraños. Su ansiedad social les impide entrar en un concierto al estilo de los grandes escenarios para escuchar un sermón. Pero sí considerarían la posibilidad de visitar tu casa para una comida o un estudio en un grupo pequeño. ¿Por qué dificultamos tanto la conexión entre las personas?

Estamos pasando de celebridades inaccesibles a servidores accesibles. Hemos vivido los tiempos del predicador al estilo estrella de rock, y esta moda se desvanece rápidamente. No es coincidencia que durante la pandemia de COVID-19 de 2020 y 2021, varios ministros de alto perfil con seguidores masivos literalmente hayan desaparecido debido a trágicos fallos morales. No me alegré al escuchar las noticias sobre estos líderes porque sé que todos somos capaces de cometer errores horribles. Pero el colapso de estos gigantescos ministerios subrayó el hecho de que Dios nos está llamando a alejarnos del glamour tipo Hollywood y a volver a la humildad del Nuevo. Testamento.

Los verdaderos ministros del Evangelio no permiten que la gente los convierta en el centro de atención. Jesús es la estrella. Cuando abracemos la idea de que todos los cristianos pueden hacer discípulos —no solo los más elocuentes o los mejor pagados— impactaremos a las multitudes como lo hizo la iglesia primitiva.

Los ministros que lideran como lo hizo Jesús no tienen miedo de empoderar a otros, y no temen que sus seguidores puedan tener más éxito que ellos. De hecho, quieren que sus discípulos los superen. Cuanto más rápido nos alejemos del modelo de las celebridades, menos tiempo nos tomará alcanzar el mundo con el amor de Cristo.

Jesús nunca nos ordenó: "Id, pues y traed a las multitudes".

Nos llamó a "*hacer discípulos*" (Mateo 28:19, énfasis añadido), y eso no puede hacerse exclusivamente en una reunión a la semana, sin importar cuántas veces el predicador haga gritar a la gente o agitar sus pañuelos. Si no llevamos a los cristianos inmaduros a través de un proceso de discipulado (que se hace mejor en reuniones pequeñas o encuentros uno a uno), las personas terminarán en un estado perpetuo de inmadurez.

David Kinnaman, coautor del excelente libro *un Christian*, articuló el problema de esta manera: "La mayoría de las personas en Estados Unidos, cuando están expuestas a la fe cristiana, no son transformadas. Dan un paso hacia la puerta, y el viaje termina. No se les anima, ni se les equipa para que puedan amar o pensar como Cristo. Sin embargo, en muchos sentidos, un enfoque en la formación espiritual se ajusta a lo que realmente está buscando la nueva generación. La transformación es un proceso, un viaje, no una decisión única".[2]

Recuperar este proceso de discipulado requerirá una revisión total de cómo hacemos iglesia. ¿Realmente queremos producir discípulos maduros que tengan el carácter de Jesús y sean capaces de hacer Sus obras? ¿O nos conformamos con creyentes y una fe superficiales?

Un amigo mío tuvo que enfrentar esta cuestión mientras era pastor en Florida. Siendo un padre joven, tenía la costumbre de acomodar a su pequeño hijo en una silla de automóvil y pasearlo en la noche por su vecindario para adormecerlo. Luego, cuando el niño por fin se callaba, el padre entraba de puntillas en la casa y lo acostaba en su cuna. Una vez, durante ese ritual, el Espíritu Santo le habló al pastor sin rodeos mientras estaba en el auto. Dijo: "Esto es lo que estás haciendo en tu iglesia. Solo llevas a los bebés de un lado a otro".

Mi amigo cedió bajo tal convicción. Se dio cuenta de que había caído en la trampa de entretener a su congregación con eventos y programas, aunque la gente no estuviera creciendo espiritualmente. Se había contentado con mantenerlos en la infancia. Mientras ocuparan sus asientos cada domingo y entregaran sus diezmos, era feliz. Sin embargo nadie estaba creciendo, y ciertamente no estaban produciendo fruto al alcanzar a otros para Cristo.

En el primer siglo, el apóstol Pablo estaba frustrado por la inmadurez de sus seguidores en Corinto. Los reprendió en su primera carta a ellos:

> Y yo, hermanos, no pude hablaros como a hombres espirituales, sino como a hombres carnales, como a niños en Cristo. Os di a beber leche, no alimento sólido; porque aún no erais capaces de recibirlo. De hecho, aún no sois capaces, porque todavía sois carnales.
>
> —1 Corintios 3:1–3

A Pablo no le gustaba ser una niñera. Estaba llamado a ser el mentor de los líderes que crecerían y aprenderían a sacudir las naciones para Jesucristo. No sé si esos cristianos de Corinto llegaron a crecer; la Biblia no nos lo dice. Pero hoy nos enfrentamos a un reto similar.

El experto en pastoral juvenil Winkie Pratney escribió hace más de cincuenta años: "Demasiados asistentes a la iglesia no son canales, sino esponjas. Toda su filosofía es egocéntrica. Su mundo gira en torno al bien para ellos mismos, en lugar del bien para los demás. Piden a Dios bendiciones, pero no se dan cuenta de que una 'bendición' no puede bendecir verdaderamente hasta que se haya transmitido".[3]

Cuando Dios llamó a Abram a dejar su familia y sus ídolos mesopotámicos para seguirle (Génesis 12:1), dijo estas palabras: "Y haré de ti una gran nación, y te bendeciré, y engrandeceré tu nombre; y así serás una bendición" (v. 2). Luego, en el siguiente versículo, reafirma la promesa diciendo: "Y en ti serán benditas todas las familias de la tierra" (v. 3).

A lo largo de los años he escuchado a muchos predicadores hablando de las bendiciones de Abraham. Han prometido a sus congregaciones riqueza, autos, mansiones, jets privados, casas de verano, casas de invierno, negocios florecientes, e incluso billetes ganadores de la lotería. Esta es una forma infantil y carnal de interpretar la promesa abrahámica. El objetivo final no era que Abraham se volviera rico; el punto era que se convertiría en un canal de bendición para otros. Dios estaba diciendo: "Te bendeciré para que puedes bendecir a otros". Esta es la esencia de la madurez: crecer hasta tal punto de generosidad y servicio que estemos dispuestos a invertir todo lo que tenemos para ayudar a los demás.

Estoy seguro de que siempre habrá predicadores de la prosperidad que cuelgan espiritualidad ante las multitudes juveniles. Pero muchos cristianos hoy se sienten enfermos por esa dieta de comida basura. Ellos anhelan las cosas más profundas de Dios. Quieren la carne, no la leche. Quieren crecer y convertirse en dadores, no en tomadores. No quieren *acaparar* la bendición; quieren *darla*.

¿Cómo destetar a los cristianos egoístas de esta mentalidad de "dame"? ¿Cómo fomentamos el crecimiento espiritual? ¿Cómo podemos crear una cultura del discipulado en nuestras iglesias?

- Las iglesias deben dejar de centrarse exclusivamente en los grandes eventos y hacer que las gente se involucre en grupos pequeños, donde pueda tener lugar el ministerio personal.

- Debemos dejar de tratar a las personas como números y volver a valorar las relaciones.

- Los líderes deben rechazar el modelo del "predicador-celebridad" y comenzar a invertir en la vida de las personas.

- Todos los cristianos deben darse cuenta de que el discipulado no es solo trabajo del pastor: ¡es trabajo *de cada creyente*!

Cuando estemos ante Cristo y Él evalúe nuestros ministerios no nos preguntará cuántas personas se sentaron en nuestras bancas, vieron nuestros programas de televisión, siguieron nuestras cuentas de Instagram, o llenaron tarjetas de inscripción. No nos va a evaluar con base en cuántas personas repitieron la oración del pecador o cuántas sanidades registramos en nuestros servicios. Él preguntará: "¿Cuántos discípulos fieles hiciste? ¿En cuántas personas influiste para Mí? ¿Has ido más allá de *recibir* bendiciones y aprendiste a *ser* una bendición?". Mi ruego es que hagamos de esto nuestra prioridad.

Los grupos pequeños son idea de Dios

Me encantan las grandes reuniones de adoración cuando el pueblo de Dios se congrega para cantar y celebrar. En realidad no hay nada como adorar con cientos, incluso miles de cristianos. El rey David escribió sobre el regocijo de la asamblea corporativa. Dijo: "Te daré gracias en la gran congregación; Te alabaré entre una multitud poderosa" (Sal. 35:18). En tiempos de David estas grandes convocatorias probablemente se celebraban en las fiestas del Antiguo Testamento, que ocurrían siete veces al año.

Hoy en día disfrutamos de la emoción de las grandes reuniones corporativas, engalanadas por hábiles músicos, modernos equipos de sonido, y anchas pantallas con gráficas. Nuestra adoración ha llegado a definir a la iglesia estadounidense moderna —y no hay nada de malo en ello—.

Pero si todo lo que ofrecemos son grandes eventos tipo concierto, nos estamos perdiendo una parte esencial de la vida de la iglesia del Nuevo Testamento. En los días del libro de Hechos, los primeros cristianos no se daban cita solo para adorar en el templo. Se reunían en pequeños grupos para aprender, tener compañerismo, orar, y comer.

Y los que habían recibido su palabra [el sermón de Pedro en el día de Pentecostés] fueron bautizados; y aquel día se sumaron unas tres mil almas. Se dedicaban continuamente a la enseñanza de los apóstoles y a la comunión, al partimiento del pan y a la oración... Cada día, perseverando unánimes en el templo, y partiendo el pan *de casa en casa* comían juntos con alegría y sinceridad de corazón.

—HECHOS 2:41–46, ÉNFASIS AÑADIDO

Jesús ya había ascendido al cielo, por lo que no dio órdenes específicas de dividir a la multitud en grupos más pequeños. Sus discípulos, de alguna manera, sabían que esta sería una estrategia más efectiva. Tal vez recordaron cuando Jesús alimentó a la multitud de cinco mil personas. Ese día Jesús ordenó a sus seguidores que "se sentaran por grupos sobre la hierba verde" (Marcos 6:39). Entonces "se sentaron por grupos de cien y de cincuenta" (v. 40). Luego Él bendijo el pan y el pescado y los repartió a todos (v. 41).

Los primeros apóstoles entendieron intuitivamente que si iban a guiar de manera eficaz a un grupo de tres mil nuevos creyentes, no podrían hacerlo en medio de una multitud. La gente necesitaba atención personal e instrucción individualizada. Necesitaban poder ver al maestro de cerca, hacer preguntas, y conectarse con otros durante las comidas. Así pues, el día en que la Iglesia nació, se instituyó el ministerio de grupos pequeños. Esta fue la obra del Espíritu Santo. Debería seguir siendo el modelo para nosotros hoy.

El discipulado habría sido imposible si todos los conversos después de Pentecostés hubieran sido conducidos al templo para una serie de sermones (solo la falta de un sistema de sonido lo hubiera hecho inviable). Pero Pedro y los demás discípulos habían aprendido del Maestro que debían invertir en unos pocos. Así que enviaron a la gente a varios hogares. Estoy seguro de que los 120 discípulos que fueron llenos del Espíritu Santo en el Aposento Alto, en Pentecostés (Hch. 1:13–15; 2:1–4), estaban preparados para dirigir los debates.

Muchos líderes de la Iglesia de hoy se resisten al concepto de ministerio de grupos pequeños. Son adictos a lo grande. Quieren medir el número de personas por los asientos que ocupan. Ansían el ruido y la emoción de la multitud. Y, si somos honestos, todos admitiremos que el ministerio de grupos pequeños es duro porque requiere muchos líderes capacitados y puede ser un dolor de cabeza administrativo.

Es mucho más fácil para un buen predicador hablar a mil personas, que entrenar a cien y que cada uno hable a grupos de diez. Pero cuando nos tomamos el tiempo de invertir en el ministerio de grupos pequeños, el resultado es un crecimiento exponencial y una madurez medible. Los líderes crecen porque son empujados más allá de sus límites; las personas en los grupos pequeños crecen porque reciben una instrucción íntima y en persona; y los grupos se multiplican a medida que las personas comparten su experiencia con los demás.

Imagina que tienes un bebé de un año y planeas dejarlo en la guardería de tu iglesia. Cuando llegas, entras en un auditorio que parece una caverna, donde hay más de ochocientos bebés en el suelo, sobre mantas, en asientos de automóvil, cochecitos, o en portabebés. Los voluntarios de la guardería van de un lado a otro, ofreciendo biberones y cambiando pañales. Consuelan a los bebés que lloran y atienden a otros que están inquietos. ¿Dejarías a tu hijo en ese lugar?

¡Desde luego que no! No puedes atender a ochocientos bebés en un auditorio. Necesitan atención individual. Hay que separarlos por grupos, preferiblemente por edades. Probablemente no querrás tener a más de seis, máximo diez en la misma sala, con un buen promedio de profesores por bebé, para que los más pequeños reciban una atención adecuada.

Si esto es tan cierto, ¿por qué pensar que es prudente reunir a ochocientos o a mil nuevos creyentes en el gran auditorio de una iglesia y asumir que madurarán apropiadamente? Deben estar en grupos más pequeños. Si la iglesia va a crear una cultura saludable de discipulado, debemos trazar una estrategia sabia de grupos pequeños para facilitar el crecimiento.

A menudo me piden consejos sobre cómo dirigir grupos pequeños eficaces. Una de las preguntas más comunes que escucho es: "¿Cuántas personas deben estar en un grupo pequeño?". He liderado grupos de solo tres personas, y hasta de veinticinco. No existe un número mágico, pero tiene que ser lo suficientemente pequeño para que sus integrantes se conecten. Personalmente recomiendo que no haya más de veinte, pero el Espíritu Santo te guiará a medida que diriges.

Estas son algunas de las pautas que utilizo para un ministerio eficaz de grupos pequeños:

Tener un enfoque claro. Si comienzas un grupo, querrás definir el enfoque. ¿Es un discipulado para nuevos cristianos? ¿Un estudio bíblico para hombres? ¿Un estudio bíblico para mujeres? ¿Es para universitarios? Hay muchas opciones: puedes estudiar un libro de la Biblia, un libro cristiano, una serie de enseñanzas en video, ofrecer recursos de recuperación para alcohólicos, proporcionar apoyo a las madres solteras, o ayudar a las personas que están de duelo. Expón y reitera tu propósito con frecuencia.

Invita a las personas adecuadas. Si es un grupo para nuevos cristianos, invita solo a esos. Si es un grupo para jóvenes adultos, no cambies la fórmula. Y si estás haciendo discípulos, asegúrate de que todos son cristianos hambrientos que quieren crecer.

No invites a los vagos, a las personas frías, o a los engreídos y satisfechos de sí mismos. Solo te sentirás frustrado si tienes que arrastrar a la gente. Recuerda Isaías 55:1: "¡Oh! Todo el que tenga sed, acérquese a las aguas; y los que no tenéis dinero venid, comprad y comed. Venid, comprad vino y leche sin dinero y sin costo alguno". Hay que invitar a los hambrientos. Es imposible entrenar a alguien que no quiere ser discipulado.

Planifica tu horario. Es mejor tener fechas de inicio y finalización de las reuniones. No digas: "Vamos a tener este estudio bíblico todos los miércoles por las noches hasta que Jesús regrese". Usa un modelo semestral para que puedas reevaluar la necesidad y la estrategia.

A veces el Espíritu te dirá que un grupo ha concluido. No te encierres en algo para siempre. Si un grupo se basa en un libro, habrá terminado cuando el libro se acabe. Si se basa en un libro de la Biblia, como Marcos, su estudio durará dieciséis semanas. Un estudio sobre Hechos podría tomar veintiocho semanas, ya que tiene ese mismo número de capítulos.

Haz que todos participen. Cuando diriges un grupo eres un facilitador. Eso significa que no eres el que habla todo el tiempo; tratas de involucrar a todos. Puedes hacer algo tan sencillo como pedir a alguien que lea un versículo o diga una oración. La clave es hacer que todos hablen y, sobre todo, sacar a los más tímidos de su caparazón.

Haz comentarios que afirmen a los más reservados. Hay momentos en los que puedes hablar más, pero necesitas ver tu papel como el de un director de orquesta, que hace participar a todos los instrumentos. No pienses en tu grupo como un público compuesto solo por espectadores. Esta es la razón por la que resulta mejor sentarse en círculo y no en filas, como en las aulas de clase. Proverbios 20:5 dice: "El plan en el corazón del hombre es como aguas profundas, pero el hombre entendido lo saca a flote". Como líder, debes tratar de sacar respuestas de las personas, recordando que a menudo Jesús hacía preguntas a Sus discípulos.

Lee a tu auditorio. Como líder debes ser perceptivo. No te concentres solo en tu lección a tal punto que te pierdas lo que está pasando en la reunión. Algunas personas están sufriendo. Algunos llevan cargas. Algunos están distraídos por el estrés. Algunos se sienten solos y buscan una conexión. Mateo 9:4 nos dice que Jesús sabía lo que estaban pensando los fariseos. Debes confiar en el Espíritu Santo para que te ayuda a liderar. Ora antes de la reunión que puedas ser sensible en el Espíritu.

No admitas secuestradores. A veces ciertas personas tratarán de dominar la conversación o hacer que la lección sea sobre ellos. Ten cuidado con los buscadores de atención. Di cosas como: "Oigamos a alguien que esta noche no haya dicho nada" o, "Eso está bien, Juan. Pero dejemos que otra persona comparta esta vez". También es posible que tengas que dirigirte al secuestrador en privado y pedirle que se modere.

Además, vigila si alguien intenta imponer una doctrina favorita, un punto de vista político, o una teología falsa. No permitas que contaminen el pozo. Puede que incluso tengas que corregirlos públicamente.

Ten un tiempo de oración. Siempre quieres animar a las personas a buscar a Jesús, Sus respuestas y milagros. Esto es preparar un camino para el Señor. Puedes hacer eso de muchas maneras diferentes: 1) Pide a la gente que se reúna en grupos de tres; 2) Invita a orar a tres o cuatro personas; 3) Ofrece cerrar la reunión con una oración general; 4) Pide a la personas que compartan sus peticiones de oración y luego anima a todos a orar por ellas; o 5) Plantea una dinámica de "silla caliente", método que permite que cada persona con una petición de oración se siente en una silla en el medio, de modo que los demás puedan rodearlos, imponerles las manos y orar.

Sé un buen anfitrión. Hace parte de nuestra naturaleza humana querer reunirnos en torno a la comida y tener momentos de compañerismo. La comida calienta el corazón y nos conecta. Algunos de los momentos más significativos de Jesús con Sus discípulos tuvieron que ver con la comida, incluyendo la que compartieron en la cena de Pascua y Su último desayuno en la playa (véase Lucas 22:14–20 y Juan 21:12–13). Ofrecer comida también animará a las personas a quedarse y a conectarse después del aprendizaje en grupos pequeños.

Mantente conectado. Tu trabajo no está terminado cuando finaliza el tiempo del grupo. Mantente en comunicación. Usa mensajes de texto, llamadas, o interactúa por medio de las redes sociales. Haz seguimiento y averigua cómo están los miembros del grupo. Muestra un interés genuino.

Jesús pasó tiempo con los Doce, pero también tuvo momentos *uno a uno* con sus discípulos. Desarrolla el corazón de un pastor dispuesto a "dejar las noventa y nueve" (Mateo 18:12) para encontrar a la que falta. Esto es recorrer la milla extra, porque tu carne te dirá que ya has hecho la parte que te correspondía al acoger el grupo.

Apunta a multiplicar. Si el Espíritu Santo está obrando en tu grupo, los integrantes sentirán Su impacto. Serán inspirados por la enseñanza. Experimentarán sanidad. Serán alentados. Y traerán a otros. El crecimiento terminará duplicando el tamaño de tu grupo, y necesitarás dividirlo a fin de mantenerlo íntimo.

Ten en cuenta que el Señor levantará a otros para que codirijan contigo. Es posible que quieras designar a un colíder en caso de que no estés presente Esta persona puede ser el líder potencial de un nuevo grupo. A lo largo del proceso mantente expectante y verás la multiplicación sobrenatural de Dios.

Dios quiebra para poder multiplicar

Cuando Jesús alimentó a los cinco mil como se describe en Marcos 6:35– 41, hizo cuatro cosas: 1) *Tomó* el pan y el pescado; 2) *Bendijo* la comida; 3) *Partió* la comida; 4) *Dio* la comida a la multitud. Así es como Dios trabaja con nosotros. Él nos *toma*, nos *bendice*, nos *quebranta*, y luego *comparte Su vida* a través de nosotros.

Todos queremos ver milagros. Y a todos nos encanta el cuarto paso, cuando se manifiesta la comida en abundancia —más que suficiente para saciar a la multitud—. Pero si de verdad quieres ser usado por Dios, no puedes saltarte el tercer paso. Nos encanta ser *bendecidos*, pero pocos queremos ser *quebrantados*. Sin embargo, este es el camino del discipulado.

Si no has sido quebrantado, no puedes alcanzar tu pleno potencial. Tu influencia estará determinada por la medida en que permitas el quebrantamiento de Dios en tu vida. Dios utiliza las pruebas y las dificultades para formar tu carácter. Debes aceptar tus pruebas y permitir que Dios te moldee. Debes someterte a Su trato. Si dejas que Jesús te quebrante en sus amorosas manos, tu vida tocará a una multitud.

La historia de la alimentación de los cinco mil nos da una idea de cómo Jesús quiere usarnos a cada uno. La vida cristiana no consiste en conseguir más para nosotros mismos, sino en darnos a los demás. Así es como se mide el éxito en el reino: no por lo que tienes, sino por lo que das.

El discipulado es un concepto sencillo, tal vez demasiado para algunos de nosotros que nos hemos vuelto adictos a las campanas y silbatos de la religión centrada en las celebridades. Pero si escuchas con atención en medio de las distracciones de la ruidosa multitud, oirás al Espíritu Santo llamándonos a la simplicidad de los fundamentos del Nuevo Testamento.

El libro que tienes en tus manos es peligroso. El mensaje que he compartido contigo requiere que cambies. El llamado al discipulado bíblico reordenará por completo tus prioridades, reconfigurará tu agenda, y te obligará a superar viejos hábitos. Jesús nos dijo que si queremos ser fructíferos debemos pasar por un proceso de poda. Nos advirtió: "Toda rama que en mí no da fruto, Él la quita; y toda rama que da fruto, la poda, para que pueda producir más fruto" (Juan 15:2).

Jesús estaba compartiendo una verdad incómoda en este versículo. Si queremos crecer espiritualmente, y si anhelamos más fruto espiritual, debemos someternos al plan del Padre, no al nuestro. Él tiene que cortar cosas para que aparezca lo nuevo que está por crecer. Es posible que tenga que podar las cosas a las que nos aferramos. No podemos simplemente deslizarnos en la comodidad, obteniendo siempre lo que queremos. Si deseamos el fruto de una vida cristiana madura, debemos dar la bienvenida al cambio.

El predicador británico Charles Spurgeon, al disertar sobre Juan 15, dijo: "Todos los santos que dan fruto deben sentir el cuchillo".[4]

¡No me gusta el cuchillo! La poda es una experiencia fea, dolorosa y vergonzosa. Si alguna vez has visto una hilera de árboles podados, sabes a qué me refiero. Las vides podadas son recortadas tan drásticamente que parecen muertas. Cuando recorto los rosales frente a mi casa, se ven desnudos y   expuestos. ¿Estás dispuesto a vivir una vida de poda? Considera estas realidades:

La poda corta lo que es ineficaz. La pandemia de COVID fue dolorosa, pero cuando miremos hacia atrás, descubriremos que Dios la utilizó para eliminar cosas en nuestras vidas que no estaban funcionando. Algunas iglesias, por ejemplo, se dieron cuenta de que estaban vertiendo toneladas de recursos financieros en programas o edificios que no tenían un impacto espiritual. La poda reveló lo que es esencial para que tengamos un impacto poderoso, al estilo del libro de Hechos, en nuestras comunidades.

La poda trae nueva vida y más frutos. Un árbol que nunca ha sido podado tiene buen aspecto. Pero a menos que se corte la madera muerta junto con las vistosas hojas, nunca veremos nuevas flores. El árbol necesita el cuchillo (y nosotros también). La Iglesia no se verá igual en los próximos años. En este momento somos un espectáculo feo, despojado de nuestras grandes audiencias, nuestros predicadores famosos, y nuestras geniales bandas de adoración. Hemos sido reducidos a lo básico. Pero con el recorte viene algo fresco y poderoso, algo mucho mejor que la iglesia como la conocíamos antes.

La poda nos acerca a Jesús. Más que nada, el cuchillo nos lleva a una conexión más profunda con Jesús, la "vid verdadera" (Juan 15:1). Él promete que aquellos que se sometan a su proceso de poda permanecerán cerca de Él. ¿No es esto lo que queremos? No podemos permanecer en Él si mil cosas más nos distraen. La vida antes de la pandemia estaba demasiado ocupada y dispersa. Jesús quiere que nuestro enfoque esté en Él. El proceso de poda elimina todo lo demás para que podamos amarlo y confiar plenamente en Él.

Pide al Señor que te cambie. Ora para que Él haga de Sus prioridades las tuyas. Permítele realizar esta cirugía divina. Disponte a recibir el corte de cualquier cosa que obstaculice tu capacidad de hacer discípulos para Jesús.

OREMOS AL RESPECTO

Señor, quiero dar mucho fruto para Ti. Pero sé que el fruto solo llega cuando nos rendimos al proceso de poda del cielo. Doy la bienvenida a tu poda en mi vida. Corta mis ramas infructuosas. Tienes permiso para cambiar mis prioridades y desbaratar mi agenda. Ayúdame a hacer del discipulado mi pasión. Y purifica Tu Iglesia para que podamos acoger un nuevo movimiento de tu Espíritu Santo.

UN PENSAMIENTO **FINAL**

Dame cien predicadores que no teman sino al pecado y no deseen nada más que a Dios, y me importa muy poco sí son clérigos o laicos, solo ellos sacudirán las puertas del infierno y establecerán el reino de Dios en la tierra.[5]

—John Wesley,
Revivalista y fundador, metodismo

CONSEJO PARA EL DISCIPULADO
Tienes una fecha de caducidad

Espero tener muchos años más para servir a Dios. Pero ahora que tengo sesenta y tantos, nunca he sido más consciente de la brevedad de la vida. Solo tenemos un corto tiempo en esta tierra para cumplir la misión que Dios nos ha asignado. Sé que tengo una fecha de caducidad, y esa es la razón por la que soy tan insistente con el discipulado. Antes de ir al cielo quiero invertir en tantas personas como sea posible para Jesucristo.

El apóstol Pablo centró su vida en hacer discípulos. Les dijo a los corintios: "Por eso os he enviado a Timoteo […] y él os recordará mi proceder" (1 Co. 4:17). Dondequiera que Pablo enviara a su amado hijo espiritual, Timoteo llevaba el mismo corazón y mensaje que Pablo. Y tras la muerte de Pablo, Timoteo continuó con su legado. ¡Dios puede hacer lo mismo a través de ti! No permitas que tu testimonio del Evangelio termine contigo. Sé diligente. Invierte tu vida en tus Timoteos para que continúen difundiendo el amor de Cristo mucho después de que los carros del cielo te hayan llevado a la gloria.

CAPÍTULO 11

¡Es hora de salir de tu barca !

S I ELIGES seguir a Jesús, tarde o temprano Él te pedirá que hagas algo que te asuste y requiera más fe de la que crees que puedes reunir. Eso está garantizado. A Jesús le gusta estirarnos. Nunca nos deja como nos encuentra. Nadie lo sabía mejor que su discípulo Pedro.

El sencillo pescador de Galilea había sido llamado Simón toda su vida. Era simplemente "Simón, el hijo de Juan". Pero cuando Jesús lo conoció, el Salvador cambió de inmediato su nombre. Dio a su discípulo una nueva identidad al decirle: "Te llamarás Cefas" (Juan 1:42).

Cefas es la palabra aramea para *roca*; Pedro es el término griego para lo mismo.[1] Obviamente Jesús vio algo en Pedro —algo que Pedro no vio en sí mismo—. Jesús vio estabilidad y fuerza. Vio a un líder al mando. Básicamente estaba diciendo a Pedro: "Sígueme y descubrirás quién eres realmente. Voy a utilizarte. Voy a hacer de ti un hombre muy influyente". A partir de ese día Pedro se adentró en un proceso maravilloso y a la vez aterrador. Al seguir a Jesús, dio permiso al Maestro para moldear la humilde arcilla de su vida. Probablemente Pedro era consciente de sus defectos: era impaciente, impulsivo, se apresuraba a abrir la boca y, a veces, confiaba en sí mismo más de la cuenta. Pedro también se dejaba llevar por las opiniones de la gente, y esta debilidad lo llevó a negar al Señor. Pero Jesús vio el potencial en Pedro desde el principio, y estuvo dispuesto a soportar sus fallas. Sabía lo que Pedro llegaría a ser.

Todo lo que Jesús necesitaba que Pedro tuviera era un corazón dispuesto.

De todas las extenuantes lecciones de liderazgo que Pedro aprendió durante su proceso de formación, su experiencia a bordo de la barca en pleno Mar de Galilea debió ser la más aterradora. Tendemos a olvidar que cuando Jesús llamó a Pedro a caminar sobre el agua, fue durante la cuarta vigilia de la noche, es decir entre las 3:00 y las 6:00 a.m.

¿En serio? Si alguna vez Jesús me llamara a caminar sobre el agua, preferiría que la lección fuera a plena luz del día en un lago tranquilo. Las tormentas ya son lo suficientemente malas, pero, ¿tormentas en la oscuridad de la noche con relámpagos, truenos, vientos violentos y olas agitadas? Sin embargo, fue en ese turbulento escenario que Jesús apareció, en el mar, y llamó a Pedro: "¡Ven!" (Mateo 14:29).

Es obvio que Jesús no se la estaba poniendo fácil a Pedro; de hecho diseñó este extenuante ejercicio de entrenamiento para engrandecer su fe. Tampoco esperes que Jesús lo haga más cómodo para ti. Él permite pruebas y tribulaciones para que crezcamos. Él estructura nuestro proceso de formación, como lo hizo con el de Pedro:

> Pedro le dijo: "Señor, si eres Tú, mándame ir a ti sobre el agua". Y Él dijo: "¡Ven!". Y Pedro salió de la barca, caminó sobre el agua y se acercó a Jesús. Pero al ver el viento, se asustó, y empezando a hundirse, gritó: "¡Señor, sálvame!". Inmediatamente Jesús extendió la mano, lo agarró, y le dijo: "Hombre de poca fe, ¿por qué dudaste?". Cuando subieron a la barca, el viento se detuvo.
>
> —Mateo 14:28–32

Cuando leemos esta historia, solemos enfocarnos en que Pedro no mantuvo la mirada en Jesús, o en el hecho de que se hundiera. Pero nota que, después de la crisis, Jesús y Pedro "subieron a la barca" (v. 32). Evidentemente Pedro caminó sobre las aguas arremolinadas, aunque se aferrara a su Maestro para salvar su vida. ¡Pasó el examen! Su poca fe se había hecho más grande cuando se sentó con sus amigos en la barca. Ahora estaba fuera de su zona de confort, y aprendería a vivir en forma más osada a partir de ese momento.

Este es el reto al que se enfrenta todo cristiano. Preferiríamos seguir a Jesús desde la comodidad del que está "al margen", pero ese no es el camino del discipulado bíblico. Jesús no juega a lo seguro. Nos llama al centro de la tormenta, y luego nos invita a dejar toda sensación de seguridad. Nos llama a una vida incómoda.

Fue el evangelista Billy Graham quien dijo: "La salvación es gratis, pero el discipulado cuesta todo lo que tenemos". Espero que estés dispuesto a pagar el precio completo.

A lo largo de este libro he compartido cómo Jesús nos invita a una vida de madurez y fecundidad. Él nos invita a crecer espiritualmente para que podamos ayudar a otros a madurar espiritualmente. Quiere que invirtamos en los demás para que puedan crecer. Pero no podemos hacerlo desde la comodidad de un asiento acolchado. Tenemos que levantarnos, pasar por encima del borde del bote e internarnos en las aguas turbulentas. No hay atajos. Si vas a hacer discípulos debes seguir el ejemplo de Pedro.

Deja de descalificarte

Mi amigo Jesse Laubach ha estado siguiendo al Señor fielmente durante veinticinco años, y él y su esposa, Jari, están criando a dos hijas para que amen a Jesús. Jesse ha sido un elemento clave de la Life Church en Allentown, Pensilvania, desde 1997, y ha servido —donde se le ha requerido— como ujier, anfitrión, en el ministerio matrimonial, y en el equipo para alcanzar a las personas sin techo.

Pero como muchos cristianos que conozco, sé que Jesse se ha mantenido detrás de una línea invisible con respecto a ciertas responsabilidades de liderazgo. En especial, no es amigo del micrófono, aunque la gente se sienta bendecida cuando comparte algo desde el púlpito. Se siente tan inseguro al tocarse el tema de hablar en público, que la idea de dar un sermón le produce una intensa ansiedad.

Dios también ha estado llamando a Jesse a hacer discípulos. Sabe que debe ponerse a disposición de los hombres que necesitan dirección, instrucción y un afecto paternal. Esa es una de las razones por las que se puso en contacto conmigo en 2021. Sabía que necesitaba formación adicional para convertirse en mentor. Pero, por supuesto, Jesse se siente más cómodo en su "barca".

Puedo identificarme con Jesse porque solía vivir en las sombras de la inseguridad y el miedo. Dios comenzó a llamarme fuera de mi cómodo escondite en 1998, y luché con Él durante meses antes de rendirme.

Sospecho que te está llamando a ti también.

Cuando el Señor envió al profeta Samuel para ungir al próximo rey de Israel, David estaba en la parte trasera de la granja familiar. Ni siquiera fue invitado a saludar a Samuel. Aparentemente el padre de David, Isaí, y los demás, no consideraban a David digno de presentarse a esta entrevista de trabajo. Pero después de que Samuel conociera a siete de los hermanos de David, Dios dijo a través suyo: "El Señor no ha elegido a estos" (1 Samuel 16:10).

Tras preguntar Samuel si había más candidatos, Isaí admitió que tenía otro hijo, el menor, que estaba ocupado cuidando ovejas. David fue presentado torpemente al profeta como una ocurrencia tardía. Pero cuando Samuel derramó el aceite sobre él y "el Espíritu del Señor vino poderosamente sobre David" (v. 13), el no calificado se convirtió de repente en un guerrero.

Siempre que oro por la Iglesia global en este tiempo, veo una gran multitud de personas al borde de un campo de batalla. Algunos llevan aparatosamente la armadura de guerra; otros están sentados en bancos; todos evitan el centro de la acción. Esta multitud representa a los guerreros reacios que Dios quiere utilizar. Se saben llamados, pero sus sentimientos de inseguridad, descalificación, y miedo, los han paralizado. Saben que Dios quiere usarlos para entrenar a otros guerreros y hacer discípulos. Pero están atrapados en un valle de sombras.

Oigo al Espíritu Santo decir esto: "Ahora es tiempo de que mis guerreros reacios se rindan. Quitaos las etiquetas de fracaso que habéis estado usando. Dejad de escuchar las acusaciones del enemigo. ¡Yo no os he descalificado! Poneos la armadura y tomad vuestras posiciones en la batalla. Estoy movilizando a Mi ejército y necesito que mis tímidos soldados salgan de su escondite".

Si eres uno de esos reclutas reticentes, te invito a tomar una decisión poderosa. Has estado atrapado en el "limbo", pero Dios puede librarte de tu parálisis. Te aconsejo que adoptes una postura de bendición: ponte de rodillas, levanta las manos, y dile a Dios que harás todo lo que Él te diga, que irás a donde Él te ordene que vayas, y que dirás todo lo que Él te diga.

Tu oración debería ser: "No se haga mi voluntad sino la Tuya" (Lucas 22:42). Entonces, sigue estos tres pasos:

1. Entrega tus miedos. Ya sea miedo a hablar en público, a liderar un grupo pequeño, a la interacción social, o a las críticas, renuncia a tus miedos en el nombre de Jesús. Segunda de Timoteo 1:7 dice: "Porque no nos ha dado Dios espíritu de timidez, sino de poder, de amor, y de disciplina". No esperes a que las mariposas desaparezcan de tu estómago o a que tus manos dejen de sudar. Nunca te liberarás realmente hasta que salgas y hagas lo que temes. Goliat puede parecer intimidante, pero la verdad es que nos tiene miedo porque Dios está de nuestro lado.

2. Entrega tus comodidades. Muchas personas se han vuelto complacientes en este época, en parte debido a la cuarentena del COVID-19. La vida es más fácil cuando nos refugiamos en nuestras casas, viendo la televisión en pijama, y escondiéndonos del estrés de la vida. Pero Dios no nos creó para un aislamiento egoísta. Te apetezca o no, aventúrate a salir. Te sentirás muy incómodo cuando salgas por primera vez de tu barca, pero si mantienes tus ojos en Jesús y no en las olas, aprenderás a caminar de una manera nueva.

3. Entrega tus planes. La mayoría de nosotros nos hemos conformado con menos. Nos hemos encasillado en lo ordinario y predecible. Disponte a dejar de lado lo que pensaste que era mejor y pídele a Dios que te revele Sus grandes sueños para ti. Simplemente ora: "Señor, no me dejes vivir una vida resignada al statu quo. Me someto a Tus planes, por más que sean mucho más altos que los míos".

Si quieres que Dios te use, abre tus válvulas

Hace unos años el Señor me desafió acerca de mi nivel de hambre espiritual. Me mostró que aunque había cantado repetidamente las palabras: "Señor, quiero más de ti", no estaba tan apasionado por Él como pensaba.

En 1999 mi iglesia patrocinó una conferencia sobre el Espíritu Santo. Al final de un servicio, me encontraba tirado en el piso, cerca del altar, pidiéndole a Dios otro toque de su poder. Varias personas estaba arrodilladas junto a la barandilla del comulgatorio y oraban en silencio unas por otras.

De repente tuve una visión. En mi mente pude ver una gran tubería de al menos dos metros y medio de diámetro. La miraba desde el interior, y podía ver un chorrito poco profundo de líquido dorado brotando en el fondo. El aceite de la gigantesca tubería tenía solo unos pocos centímetros de profundidad. Comencé a conversar con el Señor.

"Qué me estás mostrando?", pregunté.

"Estás viendo una imagen del flujo del Espíritu Santo en tu vida", me respondió.

El cuadro no era nada alentador; ¡sino lamentable! La capacidad del oleoducto era enorme, suficiente para transportar un río de petróleo que fluyera a raudales. Sin embargo, solo se veía un hilillo. Entonces noté algo más: varias válvulas grandes estaban alineadas a lo largo del oleoducto, y cada una de ellas permanecía cerrada.

Quería preguntarle al Señor por qué había tan poco aceite en mi vida. En lugar de eso, le dije: "¿Qué son esas válvulas y por qué están cerradas?". Su respuesta me dejó atónito. "Estas representan los momentos en que me dijiste que no. ¿Por qué debería aumentar el nivel de la unción si no estás dispuesto a usarla?".

Las palabras fueron como aguijones. ¿Cuándo había dicho que no a Dios? La emoción me invadió y empecé a arrepentirme. Entonces recordé las diferentes excusas que había aducido y las limitaciones que había impuesto a la forma en que Él podía utilizarme.

Le había dicho a Dios que no quería esta frente a multitudes porque no era un buen orador. Le había dicho que si no podía predicar como un ministro famoso de la televisión, no quería hablar en absoluto. Le había dicho que prefería no tratar ciertos temas o ir a determinados lugares. ¡Había puesto tantas condiciones a mi obediencia!

Después de un rato empecé a ver algo más en mi espíritu. Era una gran multitud de personas africanas, reunidas en un gran estadio. Y me vi a mí mismo predicándoles.

Nadie me había pedido nunca que ejerciera el ministerio en África, pero en ese momento supe que necesitaba rendir mi obstinada voluntad. Lo único que se me ocurrió decir fue la oración de Isaías: "Heme aquí. ¡Envíame!" (Véase Isaías 6:8.). Le dije a Dios que iría a cualquier parte y diría cualquier cosa que me pidiera. Puse mis inseguridades, miedos e inhibiciones sobre el altar.

Tres años más tarde me encontraba detrás de un púlpito en un escenario deportivo en Port Harcourt, Nigeria. Mientras me dirigía a una multitud de ocho mil pastores que se habían reunido allí para una conferencia de capacitación, recordé haber contemplado sus rostros en aquella visión. Y me di cuenta de que Dios había abierto una nueva válvula en mi vida ese día de 1999. Porque yo había dicho que sí, Él aumentó el flujo de Su aceite para que pudiera llegar a miles de personas.

Muchos de nosotros tenemos la costumbre de pedir más del poder y la unción de Dios. Pero, ¿para qué los usamos? Él no los envía solo para hacernos sentir bien.

Nos encanta ir al altar para recibir un toque de Dios. Nos gusta que se nos ponga la piel de gallina, estremecernos, y todas las emociones del momento. Nos encanta caer al suelo y experimentar que el Espíritu Santo nos llena, una y otra vez. Pero me temo que algunos de nosotros estamos absorbiendo la unción y no la entregamos. Nuestra experiencia con el Espíritu Santo se ha vuelto algo hacia adentro, egoísta. Solo nos levantamos del suelo y vivimos como queremos.

Si de verdad queremos ser empoderados, debemos ofrecer a Dios un *sí* incondicional y sin reservas. Debemos crucificar cada *no*. Debemos convertirnos en un conducto para alcanzar a los demás, no en un depósito sin salida. Busca en tu corazón y comprueba si hay válvulas cerradas en tu tubería. Al entregarlas, los canales cerrados se abrirán, y Su aceite fluirá hacia un mundo que anhela saber que Él es real. Solo a través de esta profunda rendición puedes convertirte en un hacedor de discípulos.

¿Eres uno de los Gedeones de Dios?

Durante una de las épocas más oscuras del antiguo Israel, los invasores madianitas comenzaron una campaña de terror. El pueblo de Dios se escondía en cuevas y fortalezas en las montañas. Habían visto al Señor hacer milagros en el pasado para liberar a Israel, pero esta vez perdieron la fe del todo (véase Jueces 6:1–6).

Pero entonces el ángel del Señor visitó a un joven asustado llamado Gedeón, que estaba escondido en un lagar. Gedeón suponía que Dios se había dado por vencido con Israel. Seguramente se sorprendió cuando el ángel lo saludó diciendo: "El Señor está contigo, oh guerrero valiente" (Jue 6:12, MEV). Pensó que el ángel se había equivocado de persona.

"*¿Guerrero?* Me hablas a *mí?*".

Se sentía un cobarde. Sin embargo Dios anunció que había reclutado a Gedeón para que fuera un libertador de la nación (¡y Gedeón no lo estaba aceptando!). Le dio al ángel varias razones por las que no estaba calificado. "¿Cómo libraré a Israel?", preguntó Gedeón. "He aquí que mi familia es la más pequeña de Manasés, y yo soy el menor en la casa de mi padre" (Jue 6:15).

Gedeón intentaba convertirse en el primer evasor de la historia. Pero el Señor ignoró cada una de sus pobres excusas. Finalmente, luego de una serie de dramáticas confirmaciones —incluyendo fuego del cielo— Gedeón se preparó y marchó a la batalla. Y él y su pequeño grupo de trescientos soldados derrotaron sobrenaturalmente a las hordas madianitas. La historia demuestra que una persona que confía en Dios es más poderosa que la mayoría (véase jueces 6:15–7:25).

Como Gedeón, muchos cristianos están escondidos. Asisten a la iglesia. Escuchan los sermones. Entonan cantos de adoración junto a todos los demás en la congregación. Pero en su corazón se han ausentado cuando se trata de participar activamente en el ministerio.

Son espectadores tímidos, esperando que alguien más actúe. Se han desvinculado. No creen que Dios pueda utilizarlos.

Como Gedeón, tienen una lista de excusas: "He cometido muchos errores". "Soy demasiado viejo". "Soy demasiado joven". "Mi familia es un desastre". "Estoy divorciado". "No tengo formación". "Lucho contra las adicciones". "Tengo demasiadas dudas y complejos". "Creo que Dios está decepcionado conmigo". Bla, bla, bla. ¿Algo de esto te suena familiar?

Creo que el Espíritu Santo quiere interrumpir todo diálogo interno negativo. Él dice: "¡Estoy llamando a todos los Gedeones a salir de sus escondites!". Este es el momento para que los débiles digan: "Soy fuerte". Es el momento para que los espectadores vuelvan a entrar en el juego. ¡Nos dirigimos a un conflicto espiritual feroz, y necesitamos que todos se pongan manos a la obra!

La historia de Gedeón está en la Biblia porque todos, sin excepción, somos como él. Nos cuesta creer que Dios quiere usarnos para llevar Su mensaje y Su poder a un mundo destrozado. Todos somos tentados a escondernos en nuestras cuevas.

Sin embargo, Dios pone Su Espíritu en vasos imperfectos. El apóstol Pablo dijo a los corintios: "Pero tenemos este tesoro en vasos de barro, para que la supereminente grandeza del poder sea de Dios y no de nosotros" (2 Co. 4:7). Si has estado escondido, sal de la cueva y da estos importantes pasos:

Deja ir tu vergüenza. Muchos cristianos no creen que Jesús los haya perdonado del todo por sus pecados pasados. Al diablo le encanta repetir nuestros pecados una y otra vez para que nos revolquemos en la condenación. Tú debes creer en la Palabra de Dios y renunciar a las mentiras del diablo. Tus pecados han sido lavados, y has sido hecho justo.

Trágate tus miedos. El temor puede paralizar. Evitará que te arriesgues. No obstante, la Biblia promete: "Dios no nos ha dado espíritu de temor" (2 Timoteo 1:7, MEV). Gedeón empezó siendo un hombre temeroso, pero al final se convirtió en un campeón. Tú puedes experimentar la misma transformación.

Deja de descalificarte. He conocido a muchos seguidores de Cristo que piensan que en realidad no hacen parte del equipo. Se esconden en las sombras, prefieren los asientos de atrás en la iglesia, y nunca se ofrecen para hacer algo porque se ven a sí mismos como "los que no encajan". ¿No te das cuenta de que a Dios le encanta tomar los fracasos y convertirlos en éxitos? Si Él pudo restaurar a Pedro —que lo negó tres veces— y convertirlo en un apóstol, también puede redimir tus errores del pasado.

No compares. La mayor parte de mi vida he luchado contra la inferioridad. Me comparaba con otros hombres y sentía que no estaba a la altura, ya fuera en cuestiones de dinero, éxito, aspecto físico o capacidad atlética. Luego, cuando empecé a ejercer el ministerio, me comparaba con otro predicadores. Ellos parecían más populares, y su predicación, más ungida que la mía. La comparación, deprime.

Pero Dios nos hace únicos a cada uno de nosotros, y yo debo aceptar quién soy. El salmo 139:14 dice: "Estoy hecho de manera temible y maravillosa". No tengo que predicar como T. D. Jakes o

Steven Furtick. ¡Dios me hizo para ser yo mismo! Pablo dijo que cada cristiano tiene un don único. Escribió: "Si el pie dice: 'Porque no soy mano, no soy parte del cuerpo' no por ello es menos parte del cuerpo" (1 Co. 12:15).

No codicies los dones de los demás, ni menosprecies los tuyos. Disfruta de cómo te hizo Dios, y celebra los dones de los otros. Sobre todo, sé obediente y utiliza tus dones para el avance del reino de Dios.

Arranca toda etiqueta. Muchos de nosotros hemos sido programados para la derrota por nuestras experiencias pasadas. Puede que tus amigos, profesores, jefes, o familiares te hayan menospreciado. Los matones pueden haberte dicho que eres estúpido, feo, irresponsable, o inútil. Pero esas personas no tienen el poder que te define. Deja que Dios sane esas heridas.

Abraza tu nueva identidad. Después de que Gedeón hizo lo que Dios le ordenó, su padre le dio un nuevo nombre. Fue llamado Jerobaal, que significa: "Que Baal pelee contra él" (Jue. 6:32). El nombre claramente significaba que Gedeón se había convertido en una seria amenaza después de derribar al falso dios Baal. ¡El pusilánime se había convertido en un guerrero!

Por favor, deja de esconderte en las sombras. La alarma ha sonado. Como Pedro, tienes que salir de tu barca. Como Gedeón, necesitas alistarte y correr a la batalla. Dios solo puede utilizar a aquellos que se han rendido por completo ante Su invitación. Por favor, tómate un momento para rendirte a Su llamado en tu vida.

OREMOS AL RESPECTO

Señor, Tú has llamado a cada cristiano a hacer discípulos. Parece una tarea abrumadora, pero hoy elijo obedecerte. Como hizo Pedro, escojo salir de mi barca y seguirte, aunque se sienta imposible y aterrador. Dame tu audacia sobrenatural. No quiero vivir una vida cómoda, según el statu quo. Prefiero estar contigo entre las intimidantes olas. Elijo caminar contigo sobre el agua. Amén.

UN PENSAMIENTO FINAL

Si te sientes débil, limitado, ordinario, eres el mejor material a través del cual Dios puede trabajar.[2]

—Henry Blackaby, Coautor,
MI EXPERIENCIA CON DIOS

CONSEJO PARA EL DISCIPULADO

Necesitas rendirte por completo

Como ya lo mencioné, Jesús hizo cuatro cosas cuando alimentó a los cinco mil (véase Marcos 6:33–44). Primero, *tomó* el pan y el pescado; segundo, *bendijo* la comida; tercero, *partió* la comida; y cuarto, *dio* la comida a la multitud. Así es como Dios trabaja con nosotros. Nos *toma*, nos *bendice*, nos *quebranta*, y luego *da* Su vida a los demás por medio de nosotros.

Si quieres ser usado por Dios, no puedes saltarte el tercer paso. Nos encanta ser bendecidos, pero pocos queremos ser quebrantados. Si no has sido quebrantado, no puedes alcanzar tu pleno potencial para impactar a otros a tu alrededor. Tu influencia estará determinada por la medida en que permitas el quebrantamiento de Dios en tu vida. Sométete a Su trato. Ríndete a Su plan. Si abrazas íntegramente Su voluntad en total rendición, tu vida alimentará a una multitud.

¡No intentes esto sin el Espíritu Santo!

DE TODOS LOS lugares que visité durante mi viaje a Israel en 2018, mi favorito fue el pozo de Jacob, el lugar donde Jesús ministró a la mujer samaritana. La autenticidad de muchos lugares de Tierra Santa es discutida, pero no hay duda sobre este famoso pozo, ubicado en la moderna ciudad de Nablus, en Cisjordania.[1]

El pozo, que ahora se encuentra en el interior de una iglesia ortodoxa griega, está tallado en roca sólida. Los visitantes pueden bajar un recipiente al pozo, sacar agua y beberla. Me fascinó el tiempo que tomaba obtener el agua. Y cuando vertí un poco de ella en el pozo, esperé varios segundos antes de oír una débil salpicadura. Este pozo tiene una profundidad de 131 pies, (¡casi la de un edificio de nueve pisos!).

Me quedé asombrado. Jesús se sentó en el mismo lugar donde yo estaba parado. Y fue allí donde le dijo a la mujer de Samaria: "Todo el que beba de esta agua volverá a tener sed; pero el que beba del agua que yo le daré no tendrá sed jamás; sino que el agua que yo le daré se convertirá en él en una fuente de agua que salte para vida eterna" (Juan 4:13–14).

Jesús se sentó junto a un pozo profundo que representaba la fe de los patriarcas judíos. Sin embargo, le dijo a esta mujer que había algo más. Algo mejor. Algo más profundo de lo que jamás había imaginado. El pozo de Jacob era increíblemente profundo, pero Jesús nos llama a una profundidad mucho mayor. Estaba invitando a la mujer samaritana a encontrarlo a Él, único Salvador del mundo. Sus palabras la hicieron sentir más y más sedienta, y su decisión de creer en el Mesías dio lugar a que todo un pueblo abrazara la fe en Él. (Véase Juan 4:10–15, 28–30, 39).

El encuentro de Jesús con esta mujer nos recuerda cómo quiere usarnos en Su plan de redención. Miró a los ojos a aquella mujer cuyo nombre no había sido dicho y vio todo el dolor que había soportado. Había vivido cinco matrimonios difíciles. Lo más probable es que fuera una marginada en su pueblo debido a sus problemas no especificados. Vivía con un hombre que no era su marido, y probablemente se escondía detrás de su velo todos los días debido a su vergüenza. (Véase Juan 4:16–18). Pero cuando conoció a Jesús, Él le quitó de encima el peso de su carga.

Se sintió libre por primera vez en su vida. Jesús se fijó en la oscuridad de su dolor y le dijo todo lo que había hecho (Juan 4:29), y aun así, ella no se sintió condenada. Fue liberada. Se sintió perdonada. Por eso corrió al pueblo y anunció a todos que el Mesías había venido (v. 28).

Una mujer desbaratada, con un pasado desagradable, tuvo un encuentro casual con el Salvador, y antes de que terminara el día se había convertido en una audaz evangelista. ¡Jesús la transformó! Probó al agua fría y refrescante que fluye de Su corazón y la compartió con otros.

Puede que nunca visites el pozo de Jacob en Israel, pero Jesús te está llamando a explorar las profundidades de quién es Él. Te pide que dejes la frivolidad del cristianismo superficial. Independientemente de lo que hayas experimentado, Él ofrece más. Nos invita a todos a profundizar.

El apóstol Pablo experimentó milagros, recibió ayuda de los ángeles, escuchó la voz audible de Jesús, y contempló visiones del tercer cielo (véase Hechos 9:4–5, 18; 27:23–24; y 2 Corintios 12:2). Sin embargo, escribió sobre "las insondables riquezas de Cristo" en Efesios 3:8. La palabra griega para *insondable* también puede significar "ilocalizable", "indiscernible" o "inescrutable."[2]

Pablo utilizó esta misma imagen cuando oró para que los efesios pudieran comprender "cuál es la anchura, la longitud, la altura y la profundidad, y conocer el amor de Cristo que sobrepasa todo conocimiento, para que seáis llenos de toda la plenitud de Dios" (Ef. 3:18–19).

¿Deseas experimentar esta plenitud? ¿Quieres incrementar tu capacidad de conocer a Cristo? ¿O te conformas con quedarte donde estás? Te animo a permitir que Dios te llame a Su profundidad.

Me identifico con el salmista que escribió: "Mi alma tiene sed de Dios, del Dios vivo" (Sal. 42:2). A medida que su pasión se intensifica, continúa: "Lo profundo llama a lo profundo con el ruido de Tus cataratas; todas tus ondas y tus olas pasaron sobre mí" (v. 7, MEV). Cuando elegimos profundizar, el viaje se hace más intenso. El crecimiento espiritual no es fácil. Tenemos que presionar y atravesar todas las resistencias. Debemos dejar de lado toda nuestra apatía y egoísmo.

¿Cuánto trabajo necesitaron Jacob y sus hijos para perforar un pozo de 131 pies de profundidad en roca sólida? Ignoro cuántos años o cuánto sudor requirió, pero sé que el agua no brotó de la noche a la mañana. La salvación es gratuita, pero una relación profunda con Cristo lleva tiempo, y muchos cristianos se dan por vencidos, conformándose con una experiencia mediocre.

Dios está esperando una respuesta de tu parte. Jesús no llamó a Pedro a caminar sobre el agua hasta que este le pidió el milagro primero. Pedro dijo: "Señor, si eres Tú, mándame ir a Ti sobre el agua" (Mt. 14:28, MEV). Solo entonces Jesús dijo: "¡Ven!" (v. 29).

Jesús quiere que camines sobre las olas con Él. Nos invita a todos a vivir una aventura milagrosa de fe. Quiere que te conviertas en un hacedor de discípulos para que puedas multiplicar Su vida en otros. Pero Él espera a que tú mismo desees esa vida multiplicada.

El profeta Ezequiel tuvo una visión de un río espiritual que fluía hacia el este desde el templo de Jerusalén (véase Ezequiel 47:1–2). El agua comenzó como un hilillo desde el lado sur del edificio, pero a medida que fluía hacia afuera se hacía cada vez más profunda. Un ángel midió el agua, que de dar apenas hasta los tobillos pasó al nivel de las rodillas y de la cintura (vv. 3–4). Luego se convirtió en un río ancho y extenso, "un río que no se podía vadear" (v. 5).

La visión de Ezequiel nos recuerda que hay diferentes niveles en Dios. Experimentamos las aguas poco profundas cuando abrazamos por primera vez la fe en Jesús. Pero Él no quiere que pasemos toda nuestra vida en la piscina de los bebés. Nos llama a ser discípulos, a crecer en la oración y en otras disciplinas espirituales, y a aprender a confiar en Él. Luego nos invita a profundizar aún más, hasta que nuestros pies no puedan tocar el fondo y permitamos que Su fuerte corriente nos lleve a donde Él quiere.

Este libro te ha venido llamando a lo más profundo del río de Dios. Solo aquellos que se aventuren a las profundidades serán usados de forma que influyan en otros para Jesús. Los hacedores de discípulos no se conforman con dar patadas y chapotear en la parte poco profunda, o con tumbarse en la playa viendo pasar los barcos de pesca. Los hacedores de discípulos son arrastrados por la corriente embravecida y van a donde Dios los lleve.

Hace muchas décadas, el revivalista A. W. Tozer desafió a los cristianos a avivar el fuego de la pasión espiritual. Escribió: "La complacencia es un enemigo mortal de todo crecimiento espiritual. Un intenso deseo debe estar presente o no habrá manifestación de Cristo a Su pueblo. Él espera ser anhelado. Lástima que con muchos de nosotros espere tanto tiempo, demasiado tiempo, en vano".[3]

Me pregunto qué pensaría Tozer si viera nuestro nivel de hambre espiritual hoy en día. Pocos creyentes hoy están dispuestos a ahondar para descubrir las profundidades del "más" de Dios. Somos engreídos y complacientes. Te reto a que salgas de tu barca y le digas a Jesús: "Pídeme que vaya a Ti sobre el agua". Es hora de que dejes atrás toda complacencia y empieces a beber de las profundidades.

La cruda realidad es que la mayoría de los cristianos de hoy no leerán este libro, y no tienen ningún interés en hacer discípulos. Para ellos, hacer discípulos es tarea de los pastores de tiempo completo, y de aquellos cristianos "especiales" que van a la iglesia con frecuencia. Se puede afirmar que el ochenta por ciento de los cristianos nacidos de nuevo que creen en la Biblia, simplemente no están interesados ni motivados para guiar a otros a Cristo o para enseñarles.

Eso significa que el veinte por ciento de los cristianos altamente comprometidos tiene que trabajar más duro y comprometerse más. Afortunadamente no tenemos que depender de nuestro sudor para hacer el trabajo. El Espíritu Santo promete darnos poder. El discipulado es Su misión, así que está ansioso de darnos la habilidad sobrenatural para hacerlo.

Sé lleno del Espíritu Santo

Si pudieras retroceder en el tiempo y visitar el tabernáculo de Moisés, algo llamaría tu atención de inmediato. Olerías la fuerte fragancia del aceite de la unción. Todo al interior de la tienda debía estar empapado de este compuesto de olor dulce, hecho de canela machacada, mirra, y otras especias mezcladas con aceite de oliva (véase Éxodo 30:22–25).

Dios le dijo a Moisés que derramara el aceite de la unción sobre todo lo que había en ese lugar santo. El Señor indicó que la tienda misma debía ser ungida con aceite, así como el arca de la alianza, la mesa del pan de la proposición, el candelabro, el altar del incienso, la fuente y su soporte, el altar del holocausto, y todos los utensilios que debieran emplearse durante el culto. (Véase Éxodo 30:26–28).

Dios también ordenó a Moisés que ungiera a los sacerdotes (Ex. 30:30). No bastaba con que la estructura y todo el mobiliario interior estuvieran cubiertos con el aceite santo de la unción. Cualquier persona a la que se permitiera entrar a ese santuario tenía que ser ungida.

Después de que Moisés construyera el tabernáculo, Dios envió fuego del cielo para encender el sacrificio (Lv. 9:24). Y el Señor le dijo a Moisés que mantuviera el fuego encendido siempre (Lv. 6:9, 12–13). Lo mismo ocurrió cuando se construyó el templo de Salomón (2 Crónicas 7:1). Dios envió un fuego sagrado desde el cielo. Ahora, en la era del nuevo pacto, el fuego de Dios no arde en los edificios. Él envía el fuego del Espíritu Santo para que arda dentro de nosotros.

La iglesia de hoy debería ser la contraparte contemporánea del antiguo tabernáculo. En esta era del nuevo pacto, Dios quiere que Su Iglesia se impregne —¡no con aceite físico, sino con el poder sobrenatural del Espíritu Santo! —.

No es esto lo que vemos en las iglesias hoy. Dios le dijo a Moisés que preparara el aceite de la unción en grandes recipientes de un galón y medio[4] (véase Éxodo 30:22–24). Hoy en día los pequeños frascos de aceite que tenemos en los altares de nuestras iglesias son un fiel reflejo de nuestro bajo nivel de unción. Nos hemos conformado con poco o nada de aceite. Estamos secos e impotentes.

El teólogo John Stott dejó claro que no podemos hacer discípulos de forma efectiva en nuestras propias fuerzas y capacidades. Dijo Stott: "Sin el Espíritu Santo el discipulado cristiano sería inconcebible, incluso imposible. No puede haber vida sin el Dador de la vida, ni entendimiento sin el Espíritu de verdad, ni comunión sin la unidad del Espíritu, ni semejanza con Cristo sin Su fruto, ni un testimonio efectivo sin Su poder. Como un cuerpo sin aliento es un cadáver, así la Iglesia sin el Espíritu está muerta".

Ralph Vogel, un pastor amigo en Pittsburgh, me dijo hace varios años que había estado estudiando sobre la manera en que los sacerdotes del Antiguo Testamento eran ungidos para el servicio. Estaba intrigado por el hecho de que uno de los salmos de David hace referencia al aceite santo de la unción que rocía las vestiduras de los ministros de Dios:

> He aquí, ¡cuán bueno y cuán agradable es que los hermanos habiten juntos en la unidad! Es como el aceite precioso sobre la cabeza, que desciende sore la barba, la barba de Aarón, que desciende hasta el borde de sus vestiduras.
>
> —SALMO 133:1–2

Obviamente si el aceite goteaba desde la barba de Aarón y alcanzaba el dobladillo de su indumentaria, no estaba siendo ungido con pocas gotas de un pequeño frasco. Ralph descubrió que el aceite fragante no se utilizaba con moderación en los antiguos servicios de unción. Los sacerdotes eran literalmente embadurnados con aceite, recordándonos que necesitamos el poder del Espíritu Santo en abundancia para hacer Su trabajo.

Acompañaba a Ralph el fin de semana en Pittsburgh cuando me compartió esta revelación, y me preguntó si me gustaría experimentar este tipo de ceremonia de unción. De hecho había comprado varios recipientes grandes de aceite de oliva, y se ofreció a realizar un servicio de unción al estilo del Antiguo Testamento solo para que yo pudiera entender cómo se pudo haber llevado a cabo en los días de Moisés.

Mi discípulo Dante y yo nos ofrecimos como voluntarios. Nos pusimos pantalones cortos y camisetas, y el pastor Ralph y algunos miembros de su iglesia colocaron toallas en el suelo. Entonces Ralph oró por nosotros y vertió casi un galón de aceite encima de ambos. ¡Estábamos saturados!

No creo que todo el mundo tenga que pasar por una experiencia como esta. Dios puede llenarte con su Espíritu Santo sin valerse del aceite de un frasco o jarra. Pero la lección es clara: si quieres que Dios te use, debes tener la plenitud de Su poder. No puedes confiar en tu propia capacidad.

Efesios 5:18 ha sido un versículo de vida para mí desde que era joven, cuando fui lleno del Espíritu Santo. Dice: "Y no os embriaguéis con vino, porque esto es disipación, sino sed llenos del Espíritu". Dios quiere que estés lleno hasta rebosar de Su unción. ¿Por qué estar seco cuando puedes estar saturado?

Pablo le dijo a Timoteo: "enciende de nuevo el don de Dios que está en ti por la imposición de mis manos" (2 Ti. 1:6). Al igual que Timoteo, debes alimentar las llamas de la devoción personal y mantener tu fe al rojo vivo. ¡Jamás dejes que algo la apague! Como mentor, necesitas más que un fuego mediocre. Tu vida debería ser una hoguera enfurecida. Debes graduar tu termostato en alto para que puedas encender a otros.

No seas solo una vela; sé un soplete. Tu nivel de unción determinará el alcance de tu influencia. Debes cuidar tu fuego como si tu vida dependiera de ello.

Ora por el Poder

En la iglesia bautista tradicional en la que crecí, hablábamos mucho de Jesús, pero rara vez se mencionaba al Espíritu Santo. Había una canción en nuestro himnario titulada "Poder Pentecostal" pero nunca la cantábamos. Siempre me pregunté por qué.

La falta de énfasis en el Espíritu Santo es una triste realidad para muchas iglesias hoy en día. No predicamos sobre el Espíritu Santo; no damos cabida a los dones o ministerios del Espíritu Santo. Y en muchas iglesias los líderes bien podrían estar parados en la puerta principal para mantener al Espíritu Santo fuera. Él no es bienvenido.

Incluso hoy, en muchas iglesias que llevan la etiqueta de "llenas del Espíritu", cada vez menos personas saben lo que significa ser bautizado en el Espíritu. Y en muchas iglesias bíblicas sin denominación los sermones siguen un guion tan estricto y los sermones están tan orientados a los nuevos creyentes, que rara vez desafían a los creyentes a profundizar en su fe.

Si tu iglesia acoge al Espíritu Santo y anima a las personas a ser llenas de Su vida y poder, eres parte de un nuevo y maravilloso movimiento de Dios que está surgiendo en nuestra generación. Lo mejor que puedes hacer es mantenerte en el fuego y extender la llama a otros.

Creo que todas las iglesias necesitan un Pentecostés. No una celebración anual de un evento en la historia de la iglesia, sino un encuentro vivo, inspirador y sobrecogedor con el Espíritu Santo que sacuda hasta la médula a todos los miembros de la iglesia. Hacer iglesia sin Pentecostés, en realidad, es antibíblico. Pasar año tras año sin el poder de Dios es inexcusable. Cualquier pastor que se contente con seguir los pasos de la iglesia sin la plena participación del Espíritu Santo no es un buen administrador de la gracia que recibió al aceptar el llamado de Dios.

Puedes pensar que estas son palabras fuertes, pero el predicador británico Charles Spurgeon lo dijo con más fuerza que yo en el siglo XIX. El escribió: "La falta de reconocer claramente el poder del Espíritu Santo subyace en la raíz de muchos ministerios inútiles".[6] Es cierto. Si no confiamos en el poder del Espíritu Santo y animamos a las personas en nuestras iglesias a experimentar su poder, entonces la iglesia es inútil. ¿Por qué? ¡Porque el Espíritu Santo es Quien da poder a los creyentes a fin de que vivan para Dios y alcancen al mundo para Cristo!

Hay una diferencia entre *recibir* el Espíritu Santo en la conversión y *ser bautizado* en el Espíritu Santo. Recibí el Espíritu Santo en el momento en que me convertí en un cristiano nacido de nuevo. El Espíritu comenzó a guiarme. Sentí su consuelo cuando estaba pasando por una prueba o tribulación. Empecé a escuchar el suave susurro de Su voz.

Pero años más tarde aprendí que necesitaba ser lleno, o bautizado con el Espíritu Santo según Su propósito de empoderarme. Para mí, fue una segunda experiencia. Lamentablemente, muchos, pero muchos cristianos, pasan toda su vida sin aprovechar este recurso vital porque varias iglesias no enfatizan la necesidad del poder del Espíritu Santo. Hemos inventado una versión débil del cristianismo que carece de Pentecostés.

Cuando estás lleno del Espíritu, comienzas a caminar en una dimensión mayor de su poder. Puedes empezar a tener visiones y sueños. Dios puede liberar en ti los dones de profecía, sanidad, o hablar en lenguas. En el pasado algunas iglesias trataron de restringir estos dones, pensando que las personas que decían tener dones espirituales eran fanáticas. Pero cada día es más obvio que la Iglesia necesita la plenitud del Espíritu Santo si vamos a alcanzar a este mundo descarriado. Necesitamos caminar en el mismo poder que la Iglesia experimentó en el libro de Hechos.

Recibí el bautismo del Espíritu Santo cuando tenía dieciocho años, justo antes de ir a la universidad. Mi vida fue transformada por esa experiencia. Y desde entonces he orado para que incontables personas tengan la misma unción. Les he recordado que no tienen que depender de una pequeña botellita de aceite cuando tienen el contenedor gigante del poder del Espíritu Santo.

Algunas personas reciben el bautismo del Espíritu Santo de inmediato cuando oro por ellas. Otras parecen necesitar más tiempo. Puede ser un proceso para ti. Pero también he descubierto que algunas personas no lo reciben porque tienen bloqueos en sus vidas que impiden que el Espíritu fluya en plenitud. Algunos luchan con la duda o el orgullo intelectual; otros están atados por las tradiciones religiosas; algunos de hecho les tienen miedo a los milagros del Espíritu Santo; y hay quienes son estorbados por pecados ocultos que nunca han confesado. Con todo, me he dado cuenta de que uno de los obstáculos más comunes para ser lleno del Espíritu Santo es una actitud inflexible.

No puedes ser lleno del Espíritu Santo si estás repleto de ti mismo. Algunas personas son demasiado voluntariosas. No han rendido sus planes, finanzas, relaciones, o tiempo a Dios. Tienen su vida planeada y no quieren que Dios interrumpa su agenda. Sin embargo Dios busca llenar los corazones que se han vaciado y rendido. Solo los que se entregan completamente pueden experimentar la plenitud de Su poder.

Cuando Jesús llamó a sus primeros seguidores, no se lo puso fácil. Trazó una línea en la arena. Dejó claro que el discipulado no es para los que ojean los escaparates con indiferencia, ni para los curiosos esporádicos. Seguir a Cristo requiere una decisión; demanda una entrega total. Exige el arrepentimiento del pecado, la consagración total a Dios y la voluntad de entregar la vida hasta la muerte. Jesús dijo: "El que quiera venir en pos de mí, que se niegue a sí mismo, que tome su cruz, y que me siga" (Mateo 16:24). El teólogo alemán Dietrich Bonhoeffer lo dijo de esta manera: "Cuando Cristo llama a un hombre, lo invita a que venga y muera".[7]

Este libro es tu invitación a entregarte por completo a una vida de servicio. Dios quiere que todos Sus seguidores inviertan sus vidas en los demás, y solo podemos hacerlo vaciándonos de nosotros mismos y pidiéndole a Su Espíritu Santo que nos llene, para luego derramarse desde nosotros. ¿Te gustaría ser su vaso? ¿Quieres hacer discípulos? Levanta tus manos y ríndete ahora mismo al llamado.

Jesús nos dio Su mandato, lo que llamamos la Gran Comisión, justo antes de ascender al Padre. Dijo: "Id, pues, y haced discípulos a todas las naciones, bautizándolas en el nombre del Padre y del Hijo y del Espíritu Santo, enseñándoles a guardar todo lo que os he mandado; y he aquí, yo estoy con vosotros todos los días hasta el fin del mundo" (Mateo 28:19–20).

La Gran Comisión no fue una sugerencia. Jesús no nos estaba invitando a debatir sobre Sus palabras, o a votar si debíamos tomarlas en serio. Jesús nos estaba dando órdenes de marcha. Esperaba obediencia de Sus seguidores del primer siglo, y espera la misma obediencia de nosotros hoy.

No te resistas. No inventes excusas. No busques una puerta de escape. No te retuerzas en el altar. No te engañes a ti mismo, pensando que una vida de hacer discípulos es solo para aquellos que están en el ministerio a tiempo completo. Si eres un seguidor de Jesús, Él ya ha exigido todo tu tiempo. Te ha llamado a morir a ti mismo y a morir a tus propias ambiciones, planes y sueños.

Solo responde sí al llamado de Dios. Cuando te hayas rendido por completo, te resultará más fácil llenarte del Espíritu Santo. A Él le encanta llenar los recipientes vacíos. Te empoderará para esta aventura. Él te empapará con Su aceite.

Prepárate para tu propio Pentecostés personal. Dios quiere derramar el aceite de la unción sobre ti hasta que estés totalmente saturado, para que la vida de Jesús pueda rebosar en la vida de muchos otros. Él ha hecho esto por mí. Sé que lo hará por ti.

OREMOS AL RESPECTO

Señor, muchos cristianos se contentan con experimentar solo tus beneficios y bendiciones. Pero no quiero vivir en la parte poco profunda de Tu río. No quiero ser un seguidor egoísta de Cristo. Quiero compartir Tus bendiciones. Quiero ser un conducto de Tu amor. Lléname con tu Espíritu Santo para que Tu poder se desborde de mí hacia las personas que me rodean. Bautízame en el Espíritu Santo para que pueda ser un testigo audaz. Amén.

UN PENSAMIENTO **FINAL**

Tratar de hacer la obra del Señor en tus propias fuerzas es el trabajo más confuso, agotador y tedioso de todos. Pero cuando estás lleno del Espíritu Santo, entonces el ministerio de Jesús simplemente fluye de ti.[8]

—CORRIE TEN
Boom, Evangelista Neerlandesa

Renueva tu mente con la Palabra de Dios

Escrituras sobre tu identidad en Cristo para renovar tu mente

GEDEÓN ERA UN hombre tímido que luchaba contra la inferioridad. Pero el ángel del Señor se acercó a él y le dijo: "Dios está contigo, oh poderoso guerrero" (Jue. 6:12, MSG). Gedeón no creyó esas palabras. Se veía a sí mismo como un fracaso. Pero finalmente se convirtió en un campeón. ¡Fue transformado de un pusilánime a un guerrero al creer lo que Dios dijo de él!

Dios quiere cambiar la forma en que te ves a ti mismo. Puede que durante la vida hayas sido programado para pensar que eres un fracaso, un estúpido, débil, inferior, que no calificas, o que no mereces ser amado. No obstante hay muchas escrituras que describen tu verdadera identidad. Serás transformado al meditar en lo que Dios dice acerca de ti. Medita en estos versículos bíblicos diariamente para que puedas superar las mentiras que has creído sobre ti mismo.

Soy amado. Jeremías 31:3 dice: "Te he amado con un amor eterno; te he atraído con una bondad inagotable"(NIV). El amor de Dios por mí es tan grande que resulta difícil de comprender.

Tomará toda la eternidad comprender plenamente cuán grande es Su amor. A pesar de mis errores, mis debilidades y mis pecados, Dios es bondadoso y misericordioso, y me ama incondicionalmente.

Soy un hijo de Dios. Mi Padre se deleita en mí habiéndome recibido como su hijo/hija. No está enojado conmigo. Mi Padre amoroso me acepta y me celebra. Efesios 1:6 dice: "Él nos hizo aceptos en el Amado"(NKJV). ¡Soy bienvenido en la casa de mi Padre!

Soy perdonado. He sido lavado en la sangre de Cristo. Estoy limpio. El no guarda un archivo de mis pecados. ¡Él ha eliminado todo de mi expediente! Incluso eligió olvidar mis pecados. Efesios 1:7 dice: "Tenemos redención por su sangre, el perdón de pecados, según las riquezas de Su gracia" (NKJV).

Soy libre de culpa. Cuando Dios me mira, ve la justicia de Jesús, no mi pecado. Él tomó mis ropas andrajosas y me dio un nuevo manto de justicia. Efesios 1:4 dice que Él nos escogió antes de la fundación del mundo "para que fuésemos santos e irreprochables delante de Él".

He sido adoptado. El Padre me quería en Su familia. Él pagó el precio más alto para que yo pudiera ser Su hijo. Me atrajo desde muy lejos para que pudiera vivir con Él para siempre. ¡Le pertenezco! Romanos 8:15 dice que he "recibido el Espíritu de adopción, por el cual clamamos, '¡Abba, Padre!'". ¡Puedo llamar a Dios mi papá!

Soy heredero con Cristo. Tengo una herencia espiritual. Todo lo que pertenece al Padre me ha sido dado. Dios no retiene su bondad para privarme de ella. Romanos 8:17 dice que soy heredero de Dios y coheredero con Cristo. Según Efesios 1:3 hemos sido bendecidos con toda bendición espiritual en Cristo.

Soy libre del pecado. El pecado no tiene poder sobre mí. Puedo huir de la tentación. Romanos 6:18 dice que ahora soy "esclavo de la justicia" porque he sido liberado de mis pecados y adicciones pasadas. Segunda de Corintios 5:17 declara que si alguno está en Cristo, las cosas viejas han pasado y "todas son hechas nuevas" (NKJV).

Soy victorioso. No solo soy un conquistador. Romanos 8:37 dice que somos "más que vencedores" gracias a Aquel que nos amó. Por la victoria que Cristo ganó en la cruz por mí, también he vencido al pecado y a la muerte. Primera de Juan 4:4 dice: "Mayor es el que está en vosotros que el que está en el mundo". ¡El diablo ha sido derrotado!

Soy el templo del Espíritu Santo. El Espíritu Santo de Dios vive en mí, según 1 Corintios 6:19. Nunca estoy solo. La presencia de Dios siempre está conmigo porque Su Espíritu Santo mora en mí para siempre. Y Jesús prometió que nunca me dejará ni me desamparará. Él nunca me quitará su Espíritu Santo.

He recibido poder. He sido lleno del Espíritu Santo. Ahora puedo imponer las manos sobre los enfermos y verlos sanados. Puedo expulsar demonios. Tengo autoridad sobre todo poder del diablo. Jesús dijo en Lucas 10:19: "Os he dado autoridad para pisar serpientes y escorpiones, y sobre toda fuerza del enemigo".

Soy un guerrero espiritual. Llevo la armadura de Dios. Tengo el escudo de la fe, el casco de la salvación y la espada del Espíritu. El diablo no podrá derrotarme. ¡Efesios 6:10 dice que soy fuerte en el Señor y en su poder irresistible! Incluso cuando me siento débil, soy fuerte, porque el Espíritu Santo me da poder.

Tengo la paz de Dios. No seré sacudido por la preocupación, el miedo, o la ansiedad. Dios me conforta y calma mis temores. Filipenses 4:7 dice que la paz de Dios, que sobrepasa toda comprensión, guardará mi corazón y mi mente en Cristo Jesús. El miedo no me controla. El salmo 118:6 dice: "El Señor está a mi favor; no temeré".

Soy guiado por el Espíritu Santo. El Señor es mi pastor, y Él me guía y conduce. Puedo oír su voz, suave y apacible. El salmo 32:8 me promete: "Yo te instruiré y te enseñaré el camino que debes seguir". Dios dirige mis pasos, me da sabiduría, y me ayuda a tomar la decisiones correctas.

Estoy lleno del gozo de Dios. Mi alegría no se basa en mis circunstancias. Puedo alegrarme sin importar lo que ocurra en mi vida. Cuando me siento desanimado, Nehemías 8:10 promete: "El gozo del Señor es vuestra fortaleza". Incluso cuando paso por momentos difíciles, sé que el dolor no durará para siempre. Tengo la promesa del salmo 30:5: "El llanto puede durar toda la noche, pero un grito de alegría viene en la mañana".

Soy un embajador de Cristo. Puedo reconciliar a otros con Jesucristo. Donde quiera que vaya la gente se sentirá atraída por Jesús. Segunda de Corintios 5:20 dice que Dios me ha hecho embajador. Y según 2 Corintios 3:6 Dios me ha hecho un ministro adecuado del nuevo pacto. Estoy calificado, no por mis propias capacidades sino porque Dios me ha calificado.

Soy la obra maestra de Dios. Dios me creó para un propósito especial. Me usará para hacer buenas obras que traerán gloria al Padre. Efesios 2:10 dice que soy "hechura de Dios"—lo que significa, una obra maestra—. ¡Tengo una asignación divina, y cumpliré la misión de Dios para mi vida!

Soy bendecido. Dios me ve y se preocupa por mí. Es un buen Padre. Él provee para mis necesidades diarias. Lucas 6:38 dice que cuando doy a otros, Dios me dará en buena medida "repleta, remecida, y rebosante". Experimentaré Su provisión sobrenatural. Y Filipenses 4:19 dice que mi Dios suple todo lo que necesite conforme a Sus riquezas en gloria en Cristo Jesús.

Estoy creciendo como discípulo. Cada día soy más estable, porque Jesús es mi fundamento. Cuando me sienta débil, confundido, o atormentado, encontraré paz y estabilidad en Cristo, quien es mi refugio. Colosenses 2:7 dice que estoy "firmemente arraigado [...] edificado y establecido en [mi] fe." Debido a que tengo raíces fuertes en Cristo, daré mucho fruto para Dios.

Siempre tengo acceso a Su gracia. Jesús me ha dado fuerza para cada prueba que enfrento. Él me promete en 2 Corintios 12:9: "Mi gracia te basta, porque mi poder se perfecciona en la debilidad". Siempre habrá fuerzas suficientes para enfrentar cada día, sin importar cuán débil me sienta. ¡La gracia de Dios nunca se agotará!

Viviré para siempre con Cristo. Romanos 6:23 dice: "El don gratuito de Dios es la vida eterna en Cristo Jesús, Señor nuestro". Pasaré la eternidad en la presencia de Dios. Apocalipsis 21:27 dice que mi nombre ha sido escrito en el libro de la vida del Cordero; por lo tanto habitaré en la ciudad celestial con Cristo cuando esta vida termine.

Notas

NOTA DEL AUTOR

1. Blue Letter Bible, s.v. "*ichthýs*," consultado: junio 29, 2021,https://www.blueletterbible.org/lexicon/g2486/kjv/tr/0- 1/; Greg B. Dill, "The History of the Ichthus," Plymouth Church of Christ, consulta: septiembre 17, 2021,http://www.plymouthchurch.com/ichthus.html.

2. New World Encyclopedia, s.v. "*Ichthys*," consultado: septiembre 17, 2021, https://www.newworldencyclopedia.org/entry/ichthys; Dill, "The History of the Ichthus."

3. Dill, "The History of the Ichthus"; New World Encyclopedia, s.v. "*Ichthys*."

CAPÍTULO 1

1. Ken Albert, Susan Fletcher, and Doug Hankins, eds., *Dawson Trotman: In IIis Own Words* (Colorado Springs, CO: NavPress, 2011), 205.

CAPÍTULO 2

1. Blue Letter Bible, s.v. "*typos*," consultado: junio 29, 2021, https://www.blueletterbible.org/lexicon/g5179/kjv/tr/0-1/.

2. Michael Safi, "Why Kumbh Mela in Prayagraj Is Festival to End All Festivals," *The Guardian*, Enero 14, 2019, https:// www.theguardian.com/world/2019/jan/15/why-kumbh- mela-in-prayahraj-is-festival-to-end-all-festivals.

3. "Largest Free Rock Concert Attendance," Guinness World Records, consultado: septiembre 20, 2021, https://www.guinnessworldrecords.com/world-records/73085-largest- free-rock-concert-attendance.

4. Valeriya Safronova, "James Charles, From 'CoverBoy' to Canceled," *New York Times*, Mayo 14, 2019, https://www.nytimes.com/2019/05/14/style/james-charles-makeup-artist-youtube.html.

5. Ira M. Price, "The Schools of the Sons of the Prophets," *The Old Testament Student* 8, no. 7 (Marzo 1889): 245–246, https://www.jstor.org/stable/3156528?seq=1#metadata_info_tab_contents. Este artículo enumera las escuelas de Ramah, Betel, Gilgal, Jericó, Carmel y Samaria.

6. Durante su ministerio, Elías realizó ocho milagros por el poder del Espíritu Santo. A su muerte, Eliseo solo había realizado quince milagros (uno menos que el doble). Pareciera que la promesa de Dios se hubiese quedado corta, pero sabemos que esto no puede ocurrir. Dios siempre cumple Su palabra, aunque se requiera el más increíble despliegue de su poder. Eliseo había muerto y su cuerpo fue depositado en un sepulcro. Poco después, un ejército invasor de moabitas llegó a Israel y pasó cerca de la tumba de Eliseo. Cuando uno de los soldados moabitas murió, su compañero arrojó su cuerpo al sepulcro de Eliseo, y el cadáver entró en contacto con los huesos del profeta. El moabita recién caído fue resucitado y se puso de pie. Así, Eliseo acabó realizando dieciséis milagros, el doble que su mentor.

7. Walter A. Henrichsen, *Disciples Are Made Not Born* (Wheaton, IL: Victor Books, 1981), 147–148.

8. "Born to Reproduce: Dawson Trotman," Discipleship Library, consultado: Octubre 11, 2021, http://turret2.discipleshiplibrary.com/AA094.mp3, https://ww downloadable-documents1/spiritual-formation-folder/ Born%20to%20reproduce%20 Dawson%20Trotman.pdf.

9. Henrichsen, *Disciples Are Made Not Born*, 141.

10. C. H. Spurgeon, "Wanted, A Guest Chamber!," sermón, Metropolitan Tabernacle, diciembre 15, 1867, Spurgeon's Sermons, https://www.ccel.org/ccel/spurgeon/sermons13. lviii. html.

CAPÍTULO 3

1. Blue Letter Bible, s.v. "*agapētos*," consultado: Junio 30, 2021, https://www.blueletterbible.org/lexicon/g27/kjv/tr/0-1/.

2. Ellie Cambridge, "Who Is Nikolas Cruz, Where Is the Parkland School Shooting Suspect Now, and When Will His Trial End?," *The Sun*, febrero 14, 2019, https://www. thesun. co.uk/news/5582904/nikolas-cruz-florida-shooting- marjory-stoneman-douglas-trial-rifle/.

3. Joel Rose, "Parkland Shooting Suspect: A Story of Red Flags, Ignored," NPR, March 1, 2018, https://www.npr.org/2018/02/28/589502906/a-clearer-picture-of-parkland-shooting-suspect-comes-into-focus.

4. Erin Calabrese and Elisha Fieldstadt, "Charleston Church Shooter Dylann Roof Was Loner Caught in 'Internet Evil': Family," NBC News, junio 20, 2015, https://www. nbcnews.com/storyline/charleston-church-shooting/relatives-charleston-church-shooter-dylann-roof-describe- quiet-sweet-kid-n379071; Rachel Kaadzi Ghansah, "A Most American Terrorist: The Making of Dylann Roof," *Gentleman's Quarterly*, agosto 21, 2017, gq.com.

5. Edgar Sandoval, Chelsia Rose Marcius, y Ginger Adams Otis, "Orlando Shooter Was Regular at Pulse Gay Club; Former Classmate Says Omar Mateen Was Homosexual," *New York Daily News*, junio 13, 2016, https://www.nydailynews.com/news/national/orlando-shooter-reported-pulse-club-regular-patrons-article-1.2672445.

6. The Associated Press, "Victims of Pulse Nightclub Massacre Remembered 5 Years Later," ABC News, junio 12, 2021, https://abcnews.go.com/US/wireStory/victims-pulse-nightclub-massacre-remembered-years-78245699.

7. Zusha Elinson, "One Year Later, Experts Dig Deeper to Find Vegas Shooter's Motive," *Wall Street Journal*, septiembre 30, 2018, https://www.wsj.com/articles/one- year-later-experts-dig-deeper-to-find-vegas-shooters- motive-1538305200.

8. "Strong Relationships, Strong Health," Better Health Channel, consultado: Septiembre 17, 2021, https://www. betterhealth. vic.gov.au/health/healthyliving/Strong-relationships-strong-health?viewAsPdf=true.

9. Christine Comaford, "Are You Getting Enough Hugs?" *Forbes*, agosto 22, 2020, https://www.forbes.com/sites/christinecomaford/2020/08/22/are-you-getting-enough-hugs/?sh=3ab12f9368da.

10. Jena McGregor, "This Former Surgeon General Says There's a 'Loneliness Epidemic' and Work Is Partly to Blame," *Washington Post*, Octubre 4, 2017, https://www. washingtonpost.com/news/on-leadership/wp/2017/10/04/this-former-surgeon-general-says-theres-a-loneliness-epidemic-and-work-is-partly-to-blame/.

11. Jacqueline Olds, MD, y Richard S. Schwartz, MD, *The Lonely American: Drifting Apart in the Twenty-First Century* (Boston: Beacon Press, 2010), 58.

12. Blue Letter Bible, s.v. "*ektenōs*," consultado: Junio 28, 2021, https://www.blueletterbible.org/lexicon/g1619/kjv/tr/0-1/.

13. Blue Letter Bible, s.v. "*koinōnia,*"consultado: Junio 30, 2021, https://www.blueletterbible.org/lexicon/g2842/kjv/tr/0-1/.

14. Blue Letter Bible, s.v. "*koinōnia.*"

15. Blue Letter Bible, s.v. "*dynamis,*"consultado: Junio 30, 2021, https://www.blueletterbible.org/lexicon/g1411/kjv/tr/0-1/.

16. Charles Haddon Spurgeon, "The Queen of the South, or the Ernest Enquirer," sermón, Metropolitan Tabernacle, octubre 4, 1863, The Spurgeon Center, https://www. spurgeon.org/resource-library/sermons/the-queen-of-the-south-or-the-earnest-enquirer/#flipbook/.

17. C. H. Spurgeon, "Spurgeon's Maxims for Living: Friendship," Exploring the Mind and Heart of the Prince of Preachers, consultado Junio 30, 2021, http://www.spurgeon.us/mind_and_ heart/quotes/f2.htm#friendship.

18. Nick McKeehan, "Loneliness and the Risk of Dementia," Cognitive Vitality, abril 26, 2019, https://www.alzdiscovery. org/cognitive-vitality/blog/loneliness-and-the-risk-of- dementia.

19. Tom Carter, ed., *Spurgeon at His Best: Over 2200 Striking Quotations From the World's Most Exhaustive and Widely- Read Sermon Series* (Grand Rapids, MI: Baker, 1988), 72.

CAPÍTULO 4

1. Walter A. Henrichsen, *Thoughts From the Diary of a Desperate Man* (Colorado Springs, CO: Leadership Foundation, 2007), 63.

2. C. H. Spurgeon, "Friendship."

3. C. H. Spurgeon, "Others to Be Gathered In," sermón, Metropolitan Tabernacle, octubre 6, 1878, Spurgeon's Sermons, https://www.ccel.org/ccel/spurgeon/sermons24. xlvii.html.

4. C. S. Lewis, *The Four Loves* (New York: Harcourt Brace, 1960), 169–170.

CAPÍTULO 5

1. "Most Teenagers Drop Out of Church When They Become Young Adults," Lifeway Research, enero 15, 2019, https:// lifewayresearch.com/2019/01/15/most-teenagers-drop-out- of-church-as-young-adults/.

2. LeRoy Eims, *The Lost Art of Disciple Making* (Grand Rapids, MI: Zondervan, 1978), 45–46.

3. Blue Letter Bible, s.v. "*hāḡâ*," consulta: Septiembre 17, 2021, https://www.blueletterbible.org/lexicon/h1897/kjv/wlc/0-1/.

4. Dale Reeves, "Chewing the Cud," Christ's Church, consultado: septiembre 17, 2021, https://ourchristschurch.com/chewing-the-cud/.

5. "Notes on Psalm 119" in *NASB Study Bible*, ed. Kenneth Barker (Grand Rapids, MI: Zondervan, 1999), 864.

6. Eric W. Hayden, "Charles H. Spurgeon: Did You Know?," Christian History Institute, consultado: septiembre 20, 2021, https://christianhistoryinstitute.org/magazine/article/ spurgeon-did-you-know.

7. Charles H. Spurgeon, citado en David Kakish, "Paul, His Cloak, and His Books," *Theology in the Middle*, febrero 5, 2015, https:// theologyinthemiddle.com/thoughts/2015/02/05/paul-his-cloak-and-his-books.

8. Abarim Publications, s.v. "Ziklag," consultado: Septiembre 17, 2021, https://www.abarim-publications.com/Meaning/ Ziklag. html.

9. Blue Letter Bible, s.v. *"isopsychos,"* consultado: Julio 1, 2021, https://www.blueletterbible.org/lexicon/g2473/kjv/tr/0-1/.

10. Eims, *The Lost Art of Disciple Making,* 72.

CAPÍTULO 6

1. "Bear Bryant," AZ Quotes, consultado: Septiembre 20, 2021, https://www.azquotes.com/quote/537649

2. "Bear Bryant," BrainyQuote, consultado: Septiembre 20, 2021, https://www.brainyquote.com/quotes/bear_bryant_381718.

3. Blue Letter Bible, s.v. *"agōn,"* consultado: Julio 2, 2021, https://www.blueletterbible.org/lexicon/g73/kjv/tr/0-1/; *Merriam-Webster,* s.v. "agony," consultado: Julio 2, 2021, https://www.merriam-webster.com/dictionary/agony.

4. "World Child Hunger Facts," World Hunger Education Service, consultado: Septiembre 17, 2021, https://www. worldhunger. org/world-child-hunger-facts/.

5. Howard Hendricks, citado en Janet Renner Loyd, "Thinking of Spiritual Fathers," *A Branch in the Vine* (blog), junio 13, 2013, https://www.abranchinthevine.com/blog/ thinking-of-spiritual-fathers.

CAPÍTULO 7

1. "What Does John 6:7 Mean?" BibleRef.com, consultado: Julio 8, 2021, https://www.bibleref.com/John/6/John-6-7.html#commentary.

2. Robert D. Foster, *The Navigator* (Colorado Springs, CO: NavPress, 1983), 78.

3. William Shakespeare, Act II, Scene 2 of *Romeo and Juliet*

4. *Merriam-Webster,* s.v. "morrow," consulta: Octubre 6, 2021, https://www.merriam-webster.com/dictionary/morrow.

5. William Shakespeare, Act II, Scene 2 of *King Lear.*

6. *Merriam-Webster,* "7 Shakespearean Insults to Make Life More Interesting," septiembre 16, 2021, https://www. merriam-webster.com/words-at-play/shakespeare-insults/hempen-homespun.

7. Blue Letter Bible, s.v. "*metadidōmi*," consultado: Julio 2, 2021, https://www.blueletterbible.org/lexicon/g3330/kjv/tr/0-1/.

8. Vocabulary.com, s.v. "impart," consultado: Septiembre 17, 2021, https://www.vocabulary.com/dictionary/impart.

9. Francis Chan with Mark Beuving, *Multiply: Disciples Making Disciples* (Colorado Springs, CO: David C. Cook, 2012), 36.

CAPÍTULO 8

1. Blue Letter Bible, s.v. "*ekdapanaō*," consultado: Julio 2, 2021, https://www.blueletterbible.org/search/dictionary/viewtopic.cfm?topic=VT0002729.

2. Erin E. Clack, "This Instagram Account Calls Out Celeb Church Pastors for Their Pricey Sneakers," FN, abril 8, 2019, https://footwearnews.com/2019/focus/athletic-outdoor/preachers-n-sneakers-instagram-celebrity-pastors- fashion-1202769231/.

3. Henry and Richard Blackaby and Claude King, *Experiencing God* (Nashville, TN: B&H Publishing Group, 2008), 148.

4. Blue Letter Bible, s.v. "*epipiptō*," consultado: Julio 6, 2021, https://www.blueletterbible.org/lexicon/g1968/kjv/tr/0-1/.

5. John Stott, "Pride, Humility, and God," in *Alive to God*, ed. J. I. Packer and Loren Wilkinson (Downers Grove, IL: InterVarsity Press, 1992), 119.

CAPÍTULO 9

1. J. Warner Wallace, "The Brief Case for Peter's Influence on Mark's Gospel (Bible Insert)," Christianity.com, abril 9, 2015, https://www.christianity.com/blogs/j-warner-wallace/ the-brief-case-for-peters-influence-on-marks-gospel-bible- insert.html.

2. "Word Counts: How Many Times Does a Word Appear in the Bible?," Christian Bible Reference, consultado: Septiembre 17, 2021, https://www.christianbiblereference.org/faq_Word Count.htm.

3. Blue Letter Bible, s.v. "*arneomai*," consultado: Julio 6, 2021, https://www.blueletterbible.org/lexicon/g720/kjv/tr/0-1/.

4. Catherine Booth, citada en Robert W. Mitchell, *The Awakening Word* (Bloomington, IN: AuthorHouse, 2011), 164.

CAPÍTULO 10

1. Thom S. Rainer, "Five Types of Church Members Who Will Not Return After the Quarantine," Church Answers, agosto 9, 2020, https://churchanswers.com/blog/five-types-of-church-members-who-will-not-return-after-the- quarantine/.

2. David Kinnaman and Gabe Lyons, *unChristian: What a New Generation Really Thinks About Christianity…and Why It Matters* (Grand Rapids, MI: Baker Books, 2007), 82.

3. Winkie Pratney, *Youth Aflame!* (Lindale, TX: Ministry of Helps, 1970), 190.

4. Charles Haddon Spurgeon, "A Sharp Knife for the Vine Branches," sermón, Metropolitan Tabernacle, octubre 6, 1867, The Spurgeon Center, https://www.spurgeon.org/ resource-library/ sermons/a-sharp-knife-for-the-vine- branches/#flipbook/.

5. John Wesley, writing to Alexander Mather, citado en: Luke Tyerman, *The Life and Times of the Rev. John Wesley, M.A.: Founder of the Methodists, Vol. III* (London: Hodder & Stoughton, 1870), 632.

CAPITULO 11

1. Blue Letter Bible, s.v. *"kēphas,"* consultado: Julio 6, 2021, https://www.blueletterbible.org/lexicon/g2786/kjv/tr/0-1/; Blue Letter Bible, s.v. *"petros,"* consultado: Julio 6, 2021, https://www. blueletterbible.org/lexicon/g4074/kjv/tr/0-1/.

2. Henry Blackaby, *Experiencing God: Knowing and Doing the Will of God* (Nashville, TN: B&H Publishers, 2008), 48.

CAPÍTULO 12

1. "Jacob's Well," See the Holy Land, consultado: Septiembre 20, 2021, https://www.seetheholyland.net/jacobs-well/.

2. Blue Letter Bible, s.v. *"anexichniastos,"* consultado: Julio 6, 2021, https://www.blueletterbible.org/lexicon/g421/kjv/tr/0-1/.

3. Warren W. Wiersbe, comp., *The Best of A. W. Tozer* (Chicago: Moody Press, 1975), 29.

4. La receta de Dios para el aceite de la unción requería un hin de aceite de oliva, y un hin es el equivalente aproximado a un

galón y medio estadounidense. Véase *Merriam-Webster*, s.v. "hin," consultado: Septiembre 20, 2021, https://www.merriam-webster.com/ dictionary/hin.

5. John Stott, *Acts: Seeing the Spirit at Work* (Madison, WI: InterVarsity Press, 2020), 10.

6. Charles H. Spurgeon, *Lectures to My Students* (Grand Rapids, MI: Zondervan, 1954), 195.

7. Dietrich Bonhoeffer, *The Cost of Discipleship* (New York: Touchstone, 1959), 99.

8. Corrie ten Boom with Jamie Buckingham, *Tramp for the Lord* (Fort Washington, PA: CLC Publications, 2011), 63.

Sobre el Autor

J. LEE GRADY sirvió durante años como periodista cristiano antes de convertirse en ministro itinerante a tiempo completo. Trabajó en la revista *Charisma* de 1992 a 2010 y se desempeñó como editor durante once de esos años. En 2000 fundó el Proyecto Mardoqueo, una organización humanitaria internacional dedicada a ayudar a mujeres y niñas que sufren diversas formas de abuso y opresión. En la actualidad el Proyecto Mardoqueo patrocina proyectos en América Latina, África y Asia para llevar la sanidad de Jesucristo a quienes sufren la discriminación y violencia de género. La labor misionera de Grady lo ha llevado a treinta y seis países. Obtenga más información visitando: themordecaiproject.org.

Entre los libros anteriores de Grady se encuentran: *10 Mentiras que la Iglesia le Dice a las Mujeres*, *La Verdad Libera a las Mujeres*, *10 Mentiras que los Hombres Creen*, *Hijas Intrépidas de la Biblia*, *El Espíritu Santo No está en Venta*, y *Pon mi corazón en llamas* —un estudio bíblico sobre el Espíritu Santo—. También escribe la columna semanal: "Fuego en mis Huesos," leída por miles de suscriptores de *Charisma*. Puede acceder a ella de forma gratuita en: fireinmybones. com.

Desde 2010 Grady ha seguido una directriz especial en el sentido de formar y guiar a los jóvenes adultos y a los líderes ministeriales emergentes. Lo hace a través de retiros regionales de Bold Venture para hombres y mujeres así como a través de tutorías individuales. El presente libro, *Sígueme*, es un resultado directo de su ministerio de discipulado. Puede saber más acerca de Grady en leegrady.com.

Si desea obtener más información sobre el Proyecto Mardoqueo o cualquiera de los ministerios de Grady, envíe un correo electrónico a themordecaiproject@gmail.com o escriba a:

The Mordecai Project / Bold Venture Ministries
PO Box 2781
LaGrange, GA 30241

Lea todos estos inspiradores libros de J. Lee Grady:

Disponible en otros idiomas en Charisma Media, 600 Rinehart Road, Lake Mary, Fl 32746 USA email: rights@charismamedia.com

9 789587 372298